Fritz Oser / Paul Gmünder

Der Mensch – Stufen seiner religiösen Entwicklung

Ein strukturgenetischer Ansatz

Gütersloher Verlagshaus Gerd Mohn

Die Deutsche Bibliothek – CIP-Einheitsaufnahme

Oser, Fritz:
Der Mensch – Stufen seiner religiösen Entwicklung :
ein strukturgenetischer Ansatz / Fritz Oser ; Paul Gmünder. –
3. Aufl. – Gütersloh : Gütersloher Verl.-Haus Mohn, 1992
    ISBN 3-579-00221-X
NE: Gmünder, Paul:

ISBN 3-579-00221-X
3. Auflage, 1992
© Gütersloher Verlagshaus Gerd Mohn, Gütersloh 1988

Das Werk einschließlich aller seiner Teile ist urheberrechtlich geschützt.
Jede Verwertung außerhalb der engen Grenzen des Urheberrechtsgesetzes ist ohne
Zustimmung des Verlages unzulässig und strafbar.
Das gilt insbesondere für Vervielfältigungen, Übersetzungen, Mikroverfilmungen
und die Einspeicherung und Verarbeitung in elektronischen Systemen.

Satz: Druckvorbereitungsstudio GmbH, Rheda-Wiedenbrück
Druck und Bindung: Weserdruckerei Rolf Oesselmann GmbH, Stolzenau
Umschlagentwurf: Dieter Rehder, B-Kelmis
Printed in Germany

Inhalt

Vorwort 9

1 Zur Entwicklung der religiösen Persönlichkeit 15

1.1 Religiöses Bewußtsein im Wandel. Mögliche Stadien
    und ihre universelle Bedeutung. 16
1.2 Die Beziehung zu einem Letztgültigen (Gott) als
    qualitatives Hauptmerkmal religiösen Bewußtseins 21
1.3 Das religiöse Urteil 26
1.4 Gleichgewichts- und Ungleichgewichtsdimensionen des
    religiösen Urteils 31
1.5 Religiöse Wissensstrukturen – religiöse Tiefenstrukturen 41
1.6 Reduktion des religiösen Urteils auf Kontingenzbewältigung 43
1.7 Bisherige Forschung zur Entwicklung des religiösen Urteils 47

2 Die religiöse Denkstruktur als Mutter-Struktur 57

2.1 Der Streit um die Abgrenzung 58
2.2 Der Begriff der Mutter-Struktur 61
2.3 Religiöse Mutter-Struktur 62
2.4 Verobjektivierte religiöse Mutter-Strukturen 64

3 Die Stufen des religiösen Urteils 67

3.1 Entwurf einer Stufenhierarchie 68
3.2 Die Inhalt-Struktur-Differenz 70
3.3 Die Stufenmerkmale des religiösen Urteils 75
3.4 Höhere Koordination, oder die Dichotomie von Sein und
    Haben als Hilfsmitel zur Beschreibung entwicklungspsycholo-
    gischer Progression 77

3.5	Stufenbeschreibung unter dem Gesichtspunkt der Dezentrierung	79
3.6	Die Doppelspirale der Stufenentwicklung	97
3.7	Regulierung durch höhere Reversibilität religiöser Denkstrukturen	102

4   Die Methode zur Erfassung des religiösen Urteils 111

4.1	Methodische Einführung: Das semi-klinische Interview	112
4.2	Das religiöse Dilemma	116
4.3	Das Paul-Dilemma	118
4.4	Beschreibung der Fragetypen des Paul-Dilemmas	122
4.5	Der Messwirkungsprozeß	126
4.6	Beispiele religiöser Urteile nach den Entwicklungsstufen	130
4.7	Horizontale Differenzen: Die Modi des Transzendenzbegriffes	159

5   Erste Validierung des Stufenkonzeptes der religiösen Entwicklung mittels einer Querschnitt-Untersuchung 163

5.1	Einleitung, Stichprobe und kontrollierte unabhängige Variablen	164
5.2	Untersuchungsplan, Datenerhebung und Darstellung des Dilemmamaterials	165
5.3	Datenanalyse, Hypothesen und ihre Begründung	169
5.4	Resultate	174
5.5	Zur Diskussion der ersten empirischen Befunde: Nachbemerkungen	201

6   Zur Validierung des Stufenkonzeptes der religiösen Entwicklung: Ein Forschungsprogramm 205

6.1	Das Messinstrument zur Erfassung des religiösen Urteils	206
6.2	Weitere Forschungen (mit Anton Bucher)	209

7   Zum Problem der Reichweite der kognitiven religiösen Strukturen ... 217

7.1	Die Basis für jedes Bildungsideal im Bereich der Wissensvermittlung	218
7.2	Die Entwicklung des religiösen Urteils und erzieherisch-didaktische Konsequenzen	219
7.3	Das religiöse Urteil und der motivatorische Aspekt	222
7.4	Konsequenzen für die Theologie: die Genetisierung theologischer Aussagen	225

Literaturverzeichnis 233

Vorwort

Als wir 1979 zum erstenmal eine Erhebung zum religiösen Urteil durchführten, fiel uns auf, daß Personen das Interview oft zum Anlaß nahmen, um ihre »wirklichen« religiösen Interpretationen von der Welt wiederzugeben. Sie erzählten von Erlebnissen, die ihr religiöses Denken fundamental gewandelt hatten, die sie autonomer, angstloser, freier werden ließen. Es war ein Wandel festzustellen, ein Fortschritt; und das beschäftigte diese Personen. Sie sprachen nicht nur davon, wie sie die Dinge jetzt sahen, sondern wie sie sie vorher gesehen hatten. Diese erlebten Transformationen führten uns zur Frage nach der Entwicklung eines allgemeinen religiösen Urteils.

Da sich aus den Interviews bestimmte Gesetzmäßigkeiten herausarbeiten ließen, faßten wir den Mut, eine Stufenhierarchie des religiösen Urteils nach dem Paradigma des genetischen Strukturalismus zu entwickeln. Zwar hatten wir a priori eine Stufenkonzeption in Anlehnung an Kohlberg entworfen. Aber die Daten (mit der entsprechenden Schritt-bei-Schritt- oder »bootstrapping-Analyse«) ergaben eine eigenständige Diskontinuitätssequenz, die nur in den unteren Stufen derjenigen von Kohlberg ähnlich ist. Wir testeten dieses Stufensystem an neuen Querschnittdaten. Es zeigte sich, daß das Konstrukt »religiöses Urteil« stabil war.

Dabei stellte sich nun die Frage, was denn eigentlich als Religion zu bezeichnen ist und was den motivatorischen Aspekt darin ausmacht. Wir haben versucht, beides vom Subjekt her zu bestimmen:

a) Religion als Auseinandersetzung des Menschen mit der Wirlichkeit angesichts eines Letztgültigen, das die gegebene Wirklichkeit transzendiert. Dies wird als Herstellung von »unbedingtem« Sinn erfahren.

b) Den motivatorischen Aspekt haben wir dann vom Begriff der Erfahrung her interpretiert, der kondensierten Erfahrung, die sich in den Strukturen des religiösen Urteils offenbart und in lebensgeschichtlichen Interaktionen gewonnen worden ist. Nicht »Religion« als solche oder in ihren historischen Gestalten steht hier zur Diskussion, sondern »Religiosität« als besondere, subjektive Form von Lebensbewältigung.

Die hier vorgelegte Theorie versucht die Entwicklungslinien des religiösen Urteils anhand eines breiten Datenmaterials nachzuzeichnen. Als nach Möglichkeit widerspruchsfreies, begrifflich präzisiertes und empirisch überprüftes Strukturgebilde möchte sie beschreiben und vorhersagen, wie die Entwicklung des religiösen Urteils verläuft und zugleich erklären, warum Personen gemäß ihren kognitiven Grenzen Urteile unterschiedlicher Reichweite abgeben. Aus ihr läßt sich ein besseres Verständnis der Beziehung des Menschen zu einem Letztgültigen (zu Gott oder einem Göttlichen) gewinnen.

Was aber leistet diese Theorie nicht? Obwohl sie sich primär als eine psychologische Erklärungsweise versteht, will sie den sog. Reduktionismus vermeiden, also nicht etwa die Gottesidee auf ein Bedürfnis des Menschen zurückführen und als eine Projektion erklären. Sie will ferner nicht aufdecken, woher Religion komme, was ihr Ursprung sei. Sie kann nichts aussagen über die Wahrheit von Religionen und über die Rechtfertigung des Glaubens. Sie beschäftigt sich mit den Beziehungen[1] des Menschen zu einem Letztgültigen in einer konkreten Situation, soweit diese auf der Subjektseite faßbar sind. Am wenigsten aber kann und will diese Theorie Aussagen machen über das Referenzobjekt »Gott«. Dies wäre eine Anmaßung. Sie will vielmehr untersuchen, wie Personen dieses Referenzobjekt in einer konkreten Situation ihres Lebens einbringen und symbolisch und begrifflich zu fassen versuchen. Und obwohl die Daten die Theorie stützen, haben wir nie die Gewißheit, daß diese richtig ist.

Die Annahme der progressiven Konstruktion religiöser Erkenntnisstrukturen ist der genetischen Epistemologie Piagets einerseits und dem Interaktionismus Meads andererseits verpflichtet. Sie setzt *erstens* voraus, daß religiöse Denkstrukturen anhand religiöser Erkenntnisleistungen, d.h. des religiösen Urteils genuin erfaßbar sind; *zweitens,* daß es so etwas gibt wie einen spezifisch religiösen Bereich überhaupt, der über die Inhalte verschiedenster religiöser Bekenntnisse hinweg als Beziehungsgeschehen gleich bleibt und als Form oder Struktur von Religion allgemein faßbar ist, wobei »jede Generalisierung oder Funktionalisierung des Religionsbegriffs ... als *Religion*sbegriff nur dann plausibel« bleibt, »wenn die allgemein gedachten Funktionen oder Gehalte von Religion noch im Verhältnis zur bestimmten Religion erläutert und erklärt werden können« (Rendtorff 1980, S. 198); *drittens* schließlich setzt sie voraus, daß die religiösen Erkenntnisfunktionen für die Selbstregulierung religiöser Interaktion derart verantwortlich sind, daß verschiedenste Strukturcharakteristika eindeutig identifiziert werden können (vgl. Piaget 1979, S. 231). Die beiden letzten Bedingungen sind von der ersten abhängig, d.h. von der Erfaßbarkeit dessen, was als religiöse Denkstruktur bezeichnet werden kann. Deshalb ist es notwendig, formale Charakteristika dafür anzugeben.

Die genetische Epistemologie Piagets ist inzwischen als das Paradigma einer sich abzeichnenden »genetischen Wende« (Holenstein 1980, S. 42) erkannt worden

---

1 Vergote hat diesen Aspekt gut herausgearbeitet: »Das Erforschen der Religion ... läßt uns einsehen, daß die Wissenschaft darauf verzichten muß, die Religion zu ›erklären‹ d.h. sie auf eine psychologische oder soziologische Kausalität zu reduzieren. Doch können die Humanwissenschaften die Faktoren untersuchen, welche die Verhaltensweisen in der religiösen Beziehung prägen.« (1980, S. 51)

(vgl. auch Maier 1978, Kesselring 1981). Sie kann insofern als eine »fundamentale Transformation modernen Denkens« angesehen werden, als sie die Absicht verfolgt, »die Erkenntnis- und Wissenschaftstheorie, die seit Kant als die letzte typisch philosophische Disziplin gelten konnte, einer wissenschaftlich-empirischen Fragestellung zuzuführen. Vereinfacht läßt sich dieser Vorgang etwa so umschreiben, daß an die Stelle der globalen philosophischen Problematik ›Was *ist* Erkenntnis?‹ die Frage ›Wie *wird* Erkenntnis?‹, genauer: ›Wie wird *mehr* Erkenntnis?‹ gesetzt wird« (Fetz 1979, S. 221 f.). Im Rahmen des Piagetschen genetischen Strukturalismus wird das Erkenntnissubjekt nicht einfach als etwas so Seiendes, sondern zusätzlich als ein so Gewordenes betrachtet, wobei das Werden das Sein in dem Maße zu erklären vermag, als das Subjekt auf allen seinen Stufen das Resultat der zu ihm führenden Entwicklung ist.

Die genetische Epistemologie hat, wie ihr Name andeutet, speziell das Werden der *episteme,* das heißt das Wachstum wissenschaftlicher Erkenntnis, untersucht. Der strukturgenetische Ansatz hat jedoch von allem Anfang an seine Anwendbarkeit nicht nur auf die Wissenschaftsentwicklung, sondern in den verschiedensten Bereichen der menschlichen Erkenntnis geltend gemacht. Jean Piaget konnte in seinen weitgespannten Untersuchungen der zwanziger Jahre zeigen, daß es nicht nur im logisch-mathematischen Denken und in der Naturerklärung, sondern auch bezüglich der Wirklichkeitsinterpretation schlechthin – und entsprechend auch im moralischen und religiösen Urteil – fundamentale Unterschiede zwischen dem Kind und dem Erwachsenen gibt.

Die Erforschung dieser verschiedenen Entwicklungslinien menschlicher Kognition – der logisch-mathematischen, ontologischen, moralischen und religiösen – hat also ihre Einheit im gemeinsamen strukturgenetischen Ansatz. Aber auch der Methodenweg weist einen gemeinsamen Grundzug auf, nämlich die symboltheoretische Orientierung. »My own approach«, sagt L. Kohlberg, »does not go from sign to sign, but rather from expressions or ›symbols‹ to what is postulated as common theme or ›symbols‹ to what is postulated as common theme or ›structure‹« (Kohlberg 1979, S. 15). Anhand der Äußerungen oder »Symbole« des Subjekts wird die ihnen zugrunde liegende Organisationsform oder »Struktur« erschlossen, welche die Entwicklungsstufe des Subjekts festlegt. Eine solche Strukturermittlung bezweckt auch die Analyse des religiösen Urteils. Wie Kohlberg den Bereich der Moral, so möchte das vorliegende Projekt den Bereich des Religiösen unter strukturgenetischem Vorzeichen interpretativ erschließen.

Der hier angedeutete Ansatz hat zu einem größeren Forschungsprojekt geführt, dessen Resultate in verschiedenen Schriften dargestellt werden sollen.

Der vorliegende Band weist sieben Kapitel auf. Nach der Einleitung werden im ersten Kapitel religiöse Identität und der Begriff des religiösen Urteils thematisiert. Ebenfalls wird die bisherige Forschung dargestellt; im zweiten Kapitel geht es um die Frage nach der Existenz eines spezifisch religiösen Bereichs. Der Begriff der »Mutter-Struktur« wird eingeführt. Im dritten, zentralen Kapitel werden die Stufen des religiösen Urteils unter den verschiedensten Gesichtspunkten (z. B. unter dem Aspekt der Übergänge oder höherer Reversibilität) vorgestellt. Es folgt im vierten Kapitel die Reflexion über die Methode der Erfassung des religiösen Urteils mit den entsprechenden Beispielen zu den vorangegangenen Stufenbeschreibungen. Das fünfte Kapitel wird die erste große Querschnittstudie als Validierung des Konstruktes »Stufenhierarchie« vorstellen sowie allgemeine Überlegungen zum Forschungsprogramm. Das sechste Kapitel handelt vom Forschungsmaterial und zeichnet das Untersuchungsprogramm der letzten acht Jahre nach. Im siebten und letzten Kapitel schließlich sollen die theologischen, erkenntnistheoretischen und pädagogischen Konsequenzen des Ansatzes reflektiert und Grenzen festgestellt werden.

Die Autoren gestehen, daß es schwierig war, den Duktus der religionswissenschaftlichen Auseinandersetzung so zu gestalten, daß beides, die religionsphilosophische Begründung und die empirische bzw. religionspsychologische Überprüfung, im selben Sprachkode gehalten ist. Für den Religionsphilosophen scheint die Empirie oft zu einfach, für den Religionspsychologen die religionsphilosophische Rationalität oft zu abstrakt. Wir versuchten aber in einem ersten Teil das, was wir empirisch leisten, an die gegenwärtige religionsphilosophische Diskussion zurückzubinden. Den mehr empirisch orientierten Leser, will er diese Rückbindung, verweisen wir auf die jedem Abschnitt vorangestellten Zusammenfassungen,[2] dann auf die Abschnitte 1.3 und 1.6, 2.2 und 2.3 und Kapitel 3 ff. Wer mehr an religionsphilosophischer und religionswissenschaftlicher Argumentation interessiert ist, möge alle einleitenden Teile kritisch lesen und somit auch die Verwurzelung religiöser Urteilsforschung im Erkennntnispostulat schlechthin widerspiegeln sehen.

Im übrigen ist es den Autoren ein Anliegen, die Differenz von Religionsphilosophie und Religionspsychologie zu betonen. Ein normativer und prinzipieller Rahmen ist nur von der Religionsphilosophie zu erwarten; allein die Religionspsychologie aber kann ihn an der Wirklichkeit überprüfen. Wenn es der Religionsphilosophie zusteht, das Wesen des religiösen Urteils zu bestimmen, so fällt die Abklärung des Wie in den Zuständigkeitsbereich der Religionspsychologie. Sowenig die Psychologie in der Moralforschung zu entscheiden vermag, was Gerechtigkeit ist und was sie sein soll, sowenig kann sie in unserem Fall sagen, was höhere »Religiosität« im Sinne der Entwicklung des religiösen Urteils ist, aber sie allein kann rationale Theorien an der Wirklichkeit prüfen. So möge der Leser akzeptieren, daß in den Entwurf der Stufen theologische und religionsphilosophische Gesichtspunkte eingingen, Anstoß und Überprüfung aber durch die Religionspsychologie zu leisten ist. In diesem Sinne ist die »Herausforderung des

---

2 Wir haben sie angefügt, um ein leichteres Verständis zu ermöglichen.

Glaubens durch die Psychologie« (vgl. Concilium, Heft 6/7, 1982) nicht abgeschlossen.

Die beiden Autoren zeichnen gemeinsam für den vorliegenden Band. Die Abfassung der Hauptteile erfolgte in der Tat in Gemeinschaftsarbeit. Einzelne Abschnitte hingegen wurden ausschließlich von einem der beiden Autoren verfaßt, so etwa der Abschnitt »Die Entwicklung des religiösen Urteils und erzieherisch-didaktische Konsequenzen« vom erstgenannten, der Abschnitt »Konsequenzen für die Theologie: die Genetisierung theologischer Aussagen« vom zweitgenannten Autor. Der Leser wird hier ohne Zweifel die jeweilige Intention des Autors herausspüren. Im übrigen sind sich beide Autoren der Vorläufigkeit so mancher ihrer Formulierungen wohl bewußt. Sie erklärt sich aus dem Umstand, daß gerade der strukturgenetische Ansatz multidisziplinärer Abstützung bedarf, wie das Beispiel der genetischen Epistemologie zeigt. In der Religionsforschung bedingt der strukturgenetische Ansatz die Zusammenarbeit von Religionshistorikern, Religionspsychologen und -soziologen, von Religionsphilosophen und Theologen. Wenn sich die beiden Autoren, die sich nicht von Anfang an einer solchen Zusammenarbeit versichern konnten, manchmal auf Gebiete vorgewagt haben, für die sie nicht voll zuständig sind, so geschah das im Bewußtsein, daß die strukturgenetische Religionsforschung nicht die Sache einer einzelnen Disziplin sein kann, und mit der Absicht, eine interdisziplinäre Diskussion der anstehenden Probleme anzuregen.

Die zweite Auflage dieses Buches beinhaltet zwei wesentliche Veränderungen im Vergleich zur 1984 erschienenen ersten Auflage. Einmal haben wir die ersten Kapitel vereinfacht und mit mehr Beispielen bestückt. Dann haben wir vor allem Kapitel 6 abgeändert, weil es sich hier nicht mehr nur wie in der alten Auflage um den Vergleich von moralischem und religiösem Urteil handelt, sondern um ein Forschungsprogramm, dessen Resultate teilweise in anderen Schriften veröffentlicht sind. Ein Begriff, nämlich »das Ultimate«, wurde in der zweiten Auflage meistens durch »das Letztgültige« ersetzt. Der Grund hierfür liegt in der Tatsache, daß der Begriff »Ultimates« eher im englischen Sprachkontext gebräuchlich ist und die Konnotationen nicht eindeutig ins Deutsche übertragbar sind.

Es bleibt uns die Aufgabe, jenen zu danken, die an der Entstehung des Buches mitgewirkt haben: Allen voran möchte der erste Autor Lawrence Kohlberg in Dankbarkeit gedenken, denn mit ihm hat er so viel wissenschaftlich gestritten; Kohlberg war lange Zeit davon überzeugt, daß die moralischen Strukturen »hard structures« seien, während man die religiösen nur zu den »soft structures« zählen dürfe. Das würde bedeuten, daß Religion quasi in Moral aufgeht. Weiter zu danken ist Ulrich Fritzsche, der mit vielen Mitarbeitern die Datenerhebung organisiert und durchgeführt hat, der auch drei Jahre Arbeit in das Gesamtprojekt investiert hat. Für die Nachanalyse der Daten und den Aufbau des empirischen Teils zeichnet Richard Klaghofer. Ohne seine strenge und klare Auswertung würde diese Schrift viele Lücken aufweisen. Die Skizzen und Darstellungen hat Eugen Hinder gezeichnet. Ferner sei gedankt: Konrad Widmer für die warme Unterstützung und das Zurverfügungstellen der Infrastruktur für das Projekt, mit ihm durfte ich den Start des Projektes in Zürich vornehmen; Rainer Döbert und Norbert Mette für kritische Bemerkungen; James Fowler für viele Gespräche und Clark Power für die Anregung zum Ganzen und die ersten Projektskizzen. Wolfgang Edelstein, Reto Luzius Fetz und Hans Ulrich von Brachel haben uns das Manuskript »zerzaust« und brillante Verbesserungsvorschläge angebracht. Othmar Frei und Anton Bucher haben wichtige redaktionelle Hilfe geleistet, Frau Thérèse Binggeli tippte große Teile des Manuskripts neu. Wolfgang Althof hat die zweite Auflage redaktionell betreut. Nur durch die finanzielle Unterstützung schließlich des Schweizerischen Nationalfonds ist das Projekt möglich geworden.

Fritz Oser / Paul Gmünder

1 Zur Entwicklung der religiösen Persönlichkeit

Im ersten Kapitel möchten wir darstellen, was die Entwicklung des religiösen Bewußtseins (religiöses Urteil) des Menschen ausmacht und wie sie verläuft. Wenn Menschen Ereignisse ihres Lebens religiös verarbeiten, so benötigen sie dazu ihr Denken, Sprechen, Fühlen und Handeln. Hinter diesen Tätigkeitsweisen versteckt sich ein subjektives Muster der Beziehung des Menschen zu einem Letztgültigen (Gott). Dieses Muster bezeichnen wir als religiöses Urteil. Wir stellen die Elemente zur Bestimmung dieses Urteils vor, heben es ab vom religiösen Wissen und geben eine erste Übersicht über die Stufen der religiösen Entwicklung. Daß unsere Theorie sich von anderen Forschungsansätzen unterscheidet, zeigt der Abschnitt über bisherige Forschung. Wir wollen also den Spuren nachgehen, die jeder einzelne als »religiöser« Mensch in seinem eigenen Denken hinterläßt.

1.1 Religiöses Bewußtsein im Wandel. Mögliche Stadien und ihre universelle Bedeutung

> In unterschiedlichem Alter urteilen Menschen religiös unterschiedlich. Ihre Beziehung zum Letztgültigen erhält eine je andere Qualität. Die Entwicklung verläuft, sofern man diese Qualität berücksichtigt, in Stadien. Es stellt sich die Frage, ob diese Stadien universell gültig sind. Zur Entwicklung notwendig sind jedenfalls Ausdifferenzierung der religiösen Erschließung von Lebenswelt und Integration einer je reiferen und sozial bedingten Beziehung zu einem Letztgültigen. Wichtig sind die Konsequenzen: Menschen in verschiedener religiöser Entwicklung interpretieren wichtige Fragen des Lebens (Theodizee, Weltentstehung, Leid und Tod, Chance und Glück, religiöse Texte, die sie lesen) je anders, eben entwicklungsspezifisch.

Kinder denken anders, verarbeiten anders, sehen die Welt anders, beurteilen das Woher und das Wohin des menschlichen Lebens anders als Erwachsene. Nimmt man diese Tatsache ernst, so ist daraus ein fundamentaler Schluß zu ziehen: Nicht nur im logisch-mathematischen, ontologischen[1], moralischen und sozialen Bereich, sondern auch dann, wenn es darum geht, das menschliche Leben unter religiösen Gesichtspunkten zu betrachten, gibt es vermutlich fundamentale Unterschiede im Denkprozeß zwischen Kind und Erwachsenem. Bereits Paulus wußte darum, wenn es im I Kor 13, II heißt: »Anfangs, als ich noch ein Kind war, da redete ich wie ein Kind, fühlte und dachte ich wie ein Kind. Dann aber wurde ich ein Mann und legte die kindlichen Vorstellungen ab.« Entwicklung des religiösen Urteils meint, daß Personen im Laufe ihrer Lebensgeschichte je anders, qualitativ je differenzierter persönliche und soziale Erfahrungen unter dem Gesichtspunkt eines »Religiösen« verarbeiten. Inhaltlich spiegelt sich dies wider in der Herausarbeitung einer religiös fundierten Sinnerschließung, einer religiös fundierten politischen Anschauung, einer religiös fundierten Kosmologie und Metaphysik, einer religiös fundierten Ethik, eines religiös fundierten Engagements am anderen Menschen. Struktural geschieht es dadurch, daß die Wieder-in-Beziehungssetzung eines Letzten, eines Unbedingten zum jeweiligen Ich in einer neuen Situation je neu geleistet wird.

---

1 Im Unterschied zur »logischen« Entwicklung, das heißt zum Aufbau der formalen Denkstrukturen, bezeichnet die »ontologische« Entwicklung die Psychogenese der Realkategorien, durch welche die Wirklichkeit konzeptualisiert und interpretiert wird. Vgl. Piaget 1927, 338; dazu Fetz 1982, 1983; ähnlich Broughton 1980.

Das unterschiedliche Bewußtsein kann an einem Beispiel erläutert werden. Wir erzählen Personen unterschiedlichen Alters folgende Situation:
»In einer kleinen Stadt lebte ein wohlhabender Mann. Er war glücklich verheiratet, hatte vier Kinder und besaß ein großes Haus. In seinem Beruf als Oberrichter der Stadt war er sehr erfolgreich. Der Mann betete regelmäßig und vergaß dabei nicht, Gott für sein glückliches Leben zu danken. Er spendete auch viel Geld für soziale Projekte. Für die armen Leute setzte er sich persönlich ein.
Doch viele Leute in der Stadt fürchteten den Richter, weil er zwar gerecht, aber doch sehr streng war. Deshalb sprachen gewisse Kreise in der Stadt schlecht über ihn und verleumdeten ihn. So verlor er unverschuldet seinen guten Ruf. Nach einer gewissen Zeit mußte er deshalb auch sein Amt als Oberrichter aufgeben. Das war nicht alles: Eines Tages wurde seine Tocher sehr krank. Sie bekam eine eigenartige Lähmung, die jeden Tag schlimmer wurde. Der Ex-Richter konnte die Kosten für die Heilung nicht mehr aufbringen. So mußte er sein schönes Haus verkaufen und all sein Geld für die Arztrechnung aufbrauchen. Seine Tochter aber wurde dennoch nicht gesund.«

Wir stellen nun eine Reihe von Fragen. Einige davon seien hier abgedruckt:
– Der Ex-Richter betrachtet sein Unglück und wundert sich über Gottes Rolle darin. Wie soll er in dieser Situation über Gott denken?
– Ist es Gottes Wille, daß dies so geschehen ist? Warum oder warum nicht?
– Der Ex-Richter fühlte sich weder für die Entlassung als Oberrichter noch für die Erkrankung seiner Tochter verantwortlich. Glauben Sie, das Gott ihn für vergangenes Unrecht strafen wollte? Warum oder warum nicht?
– Straft Gott die Menschen? Unter welchen Bedingungen? Wie? Ist es nicht ungerecht von Gott, solches Leiden zuzulassen? War Gott unfair oder unmoralisch in dieser Situation?
– Wenn Sie glauben, daß Gott ungerecht war, erklären Sie, wieso? Warum läßt Gott das Leiden unschuldiger Menschen zu, z. B. in Krankheiten, Naturkatastrophen und Kriegen?
– Wenn Gott allmächtig wäre, könnte er dies nicht verhindern und dem Menschen helfen?

Ein Kind von fünf oder sechs Jahren würde vielleicht sagen, daß Gott dem Richter eine Strafe schickt, daß die Menschen das tun sollen, was Gott will, daß Gott dem Richter auch wieder helfen kann, daß Gott alles auf der Welt wiedergutmachen könne und zudem bewirke, daß keine Ungerechtigkeiten geschehen, daß er die Menschen gern habe etc.
Ganz anders ein Kind von zwölf Jahren. Es sagt etwa, daß der Richter beten oder etwas Gutes tun müsse, dann werde Gott ihm helfen. Gott wolle eben den Richter prüfen (testen), ob er an ihn glaube. Je mehr er, der Richter, auf Gott vertraue, um so mehr werde ihm Gott wieder helfen. Gott strafe die Menschen nur, wenn

sie nicht an ihn glauben. Wenn man ein Opfer bringe (auf etwas verzichte), dann sei Gott wieder ganz gut und tue das Beste für den Richter.

Und wiederum anders urteilt ein Jugendlicher von 15 Jahren. Er meint z. B., die ganze Geschichte habe gar nichts mit Gott zu tun, das sei ein Zufall oder Selbstverschulden, Gott strafe nicht, und der Mensch müsse selber wissen, was er in einer solchen Situation tue. Gott sei viel geheimnisvoller, er trete dort in Erscheinung, wo Leben entstehe oder wo der Tod eintrete. Wenn er überhaupt existiere, habe er genug andere Aufgaben.

Ein 35jähriger Erwachsener meint beispielsweise, diese Geschichte beinhalte ein menschliches Problem. Natürlich strafe Gott nicht, aber daß Menschen am Richter so handelten, habe mit der Gottverlassenheit der Welt zu tun. Zwar sei es den Menschen freigestellt, so abscheulich zu handeln, aber dadurch würden sie Gott aus der Welt verbannen, denn Gott wolle nur das Gute, aber der Mensch müsse es tun.

Man sieht deutlich, daß diese vier Urteile je einen ganz anderen Charakter haben. Sie sind qualitativ je komplexer und integrierter. In ihnen drücken sich Stadien der Entwicklung aus. Eine zusammenfassende und damit auch verkürzte Form dieser Stadien sei in Tabelle 1.1 wiedergegeben. In den nächsten Kapiteln sollen sie ausführlicher rekonstruiert werden:

Tab. 1.1: Eine komprimierte Stufendarstellung der Entwicklung des religiösen Urteils

Stufe 1: Das Letztgültige, was immer für eine Form es hat, beschützt dich oder läßt dich im Stich, gibt Gesundheit oder Krankheit, Freude oder Verzweiflung. Es beeinflußt den Menschen (auch alle andern lebendigen Wesen) in direkter Weise. Der Wille des Ultimaten muß stets erfüllt werden, sonst wird die Beziehung zu ihm zerbrochen.
Stufe 2: Der Wille des Letztgültigen kann beeinflußt werden durch Gebete, Opfer, Einhalten von religiösen Regeln u. a. Wenn jemand sich um das Letztgültige kümmert und all die Prüfungen, die es schickt, besteht, dann wird er von ihm wie von einem liebenden, vertrauensvollen Vater gehegt, und er wird glücklich, gesund und erfolgreich sein. Der Mensch kann das Letztgültige beeinflussen, oder er kann dies verpassen. Das hängt von seinen Bedürfnissen und seinem freien Willen ab.
Stufe 3: Das Individuum nimmt an, der Mensch sei vollständig selbstverantwortlich für sein eigenes Leben und für alles, was in der Welt ist. Freiheit, Sinn, Hoffnung sind Größen, die mit der eigenen Entscheidung zusammenhängen. Das Letztgültige stellt eine Größe außerhalb des Menschlichen dar. Es hat sein eigenstes Aktionsfeld, seine Ganzheitlichkeit hat eine Freiheit, einen Sinn und eine Hoffnung, die ganz anders sind als diejenigen des Menschen. Zwar befindet sich das Transzendente außerhalb des Individuums, aber es ist Repräsentant für die Grundordnung des Lebens und der Welt.
Stufe 4: Die Beziehung zu einem Letztgültigen ist nun indirekt vermittelt, d. h. das Individuum fährt fort, sich selbst verantwortlich zu sehen, aber es fragt sich nun, welches die Bedingungen der Möglichkeit dafür sind. Das Letztgültige stellt diese Bedingung dar. Im Überwinden von Sinnlosigkeit, Hoffnungslosigkeit, negativer Abhängigkeit bedeutet das Letztgültige das »daß« und die verborgene Immanenz dieser Tatsache. Oder anders gesagt: Das Letztgültige wird auf dieser Stufe gesehen als die Bedingung für Freiheit, Verantwortung, Hoffnung. Diese aber wird realisiert durch den »göttlichen Plan« (das, was Gott für die Welt durch uns tut).
Stufe 5: Das Letztgültige durchdringt in allem die mitmenschliche Verpflichtung eines jeden von uns und transzendiert diese gleichzeitig. Geschichte und Offenbarung zeigen dies an der Stelle, wo Menschen aufeinander zugehen und füreinander da sind. Transzendenz und Immanenz durchdringen sich gegenseitig und ermöglichen so universale Solidarität mit allen Menschen. Das »Königreich Gottes« wird Hüter für den sich immer am andern engagierenden Menschen, der so Sinn schafft und das Göttliche nicht ohne den Menschen denken kann.

Setzt man voraus, daß es solche Phasen oder Stadien der religiösen Entwicklung gibt und daß in einem bestimmten Stadium die religiösen Bewältigungsmuster einer Person für verschiedene Situationen ähnlich bzw. gleich sind, dann muß man annehmen, daß das Kind, der Jugendliche, der Erwachsene a) die Welt je anders religiös interpretiert, seinen Erfahrungen qualitativ je einen anderen religiösen Stellenwert zuordnet und b) je von einem Stadium zum anderen große Wandlungen (Transformationen) durchmacht. Indikatoren solcher Transformationen sind z. B. eine neue Interpretation bisher tradierter religiöser Formen, Entmythologisierungsprozesse oder Reintegrationsvorgänge, wo Mythisches plötzlich wieder in neuen Symbolen (z. B. Zeichen der Freundschaft, der Gottverbundenheit usw.) auftaucht. Indikatoren solcher Transformationen sind aber auch eine Rekonstruktion des Weltbildes unter neuen Gesichtspunkten, etwa in Übereinstimmung mit den vom Subjekt neu akzeptierten wissenschaftlichen oder künstlerischen Standards. Indikatoren dieser Transformationen sind auch eine neue Sichtweise der Freiheit im praktisch-philosophischen Bereich oder eine neue Art, das Transzendente als die Bedingungsmöglichkeit unbedingten sozialen Engagements zu sehen und Letztbegründungen im Zusammenhang mit diesem Engagement vorzunehmen. Letztlich sind Indikatoren dieser Transformation immer Krisen, in denen etwas aufgegeben wird und etwas Neues entsteht. Aber Indikatoren genügen nicht, es muß klarer faßbar werden, was unter Stadium und unter Transformation zu verstehen ist.

Versuchen wir die Sichtweise von hinten: Eine Person, die ein ganz bestimmtes religiöses Bewußtsein, man könnte auch sagen, eine bestimmte religiöse Identität[2] erreicht hat, ist vermutlich durch eine Reihe vorhergehender Wandlungen (Transformationen) hindurchgegangen. Die inhaltlichen Erfahrungen, die partikularen Kerne, die jeweils die neue Stufe bewirkten, sind biographische Spuren, die dazu beitragen, sich der jetzigen religiösen Identität bewußt zu werden.

Die Entwicklung der religiösen Persönlichkeit bzw. die Ontogenese des religiösen Bewußtseins ist also in jedem ihrer Momente das Resultat von biographischen Spuren, von Lebenserfahrungen des Subjekts, die mit den Erwartungen anderer, angesichts der Gesellschaft und der Geschichte, in ein Gleichgewicht gebracht und auf ein Verhältnis zu einem Unbedingten bezogen werden[3]. Sie ist Durchgang einer Reihe von diskontinuierlichen Schritten unter der Fragestellung, wie sich dieses Unbedingte angesichts unterschiedlicher sozialer Situationen durch kognitive Konstruktion dieser Wirklichkeit in ihr selbst vernetzt. Diese Vernetzung geschieht kaum mehr unter fraglosen Voraussetzungen, sondern sie ist reflexiv. Der Grad dieser Reflexivität hat für eine bestimmte Stufe seine genauen Kriterien, seine genauen Abgrenzungen und seine strukturale Definition.

---

2 Wir verwenden hier religiöses Bewußtsein und religiöse Identität synonym. Das ist zwar nicht ganz korrekt, aber es ist insofern berechtigt, als Identität die strukturalen Aspekte der auf den S. 26 ff. beschriebenen Kategorien denkender und deutender Persönlichkeiten, also nicht Sachidentität (vgl. Parsons 1977, S. 74 ff.; Erikson 1971, 1963, S. 229 ff.; Marcia 1966) meint. Sie ist zugleich im Sinne Noams und Kegans (1982, S. 422) das konstitutive Wirken jenes überwölbenden Systems, »das die Unterscheidung zwischen dem Selbst und dem Anderen als solche konstruiert«. Vgl. auch Krappmann 1973 und Habermas 1976 sowie Mette 1983, S. 97 ff.

1.2 Die Beziehung zu einem Letztgültigen (Gott) als qualitatives Hauptmerkmal religiösen Bewußtseins

> Beziehung versteckt sich in dem, wie wir erklären, daß ein Letztgültiges (Gott) mit uns ist, wie es zu uns steht und uns trägt. Es geht also um subjektive Sichtweisen. Aus dem inhaltlich Einzelnen soll das übergreifend Strukturale dieser Sichtweisen herausgeschält werden. Die Vergleichbarkeit ist durch ähnliche Grundelemente des religiösen Denkens aller Personen aller Kulturen möglich.

Wir haben schon angedeutet, daß das Wachstum zu einer höheren Religiosität eine reflexive Ausweitung und Vertiefung der Beziehung zu einem Unbedingten in der jeweils zu deutenden Lebenssituation darstellt. Man könnte angesichts einer solchen Aussage den falschen Schluß ziehen, religiöse Interpretation löse sich mit der Entwicklung der religiösen Persönlichkeit und durch die entsprechenden Transformationen in situationsbezogene Rationalität auf, Religiosität ließe sich durch den Rationalitätsbegriff aufheben und hätte keinen realen Boden mehr. Sie wäre etwas zu Überwindendes.

Wir möchten demgegenüber behaupten, daß unter strukturalem Gesichtspunkt religiöse Entwicklung so verläuft, daß höhere Stufen eine je anders rational durchdrungene Religiosität beinhalten, die *nicht* auflösbar ist. Rationalisierung heißt in diesem Sinne nicht nur Sicherung der Weltbewältigung durch freie Konstruktion der erfahrenen Wirklichkeit, Rationalität heißt in diesem Sinne, nicht nur kritisch distanziert über menschliche Wirklichkeiten nachzudenken. Es heißt vielmehr das, was eine Letztbegründung erfordert, mit allen Gegebenheiten integrieren bzw. assimilieren und sich an sie akkommodieren (dies auch mit den entsprechenden expressiven Mitteln, die einer Person zur Verfügung stehen).

---

3 Wir verwenden in dieser Schrift immer wieder die Begriffe »Unbedingtes«, »Ultimates« und »Transzendentes«. Grundsätzlich wird mit allen Begriffen die Annahme einer sich universal zur Geltung bringenden Religiosität anvisiert. Der Begriff »Ultimates« rekurriert auf ein Letztgültiges, auf eine letzte Wirklichkeit. »Letztgültiges« ist deshalb – wie bereits im Vorwort erwähnt – synonym mit »Ultimatem« gebraucht. Der Begriff »Unbedingtes« meint die Bedingung der Möglichkeit oder das, was schon immer gegeben ist, wenn wir uns zu einem Letztgültigen in Beziehung setzen. Der Begriff »Transzendentes« meint jene andere Wirklichkeit, die wir in einem transzendierenden Akt erahnen (vgl. auch Fußnote Nr. 13).

Mit der gleichen Grundsätzlichkeit, die im Subjekt-Objekt-Bereich die Wandlung der eigenen Wirklichkeit begleitet, entsteht in der Auseinandersetzung mit Weltbildern, mit Kontingenzen, mit Fragen nach Ursprung und Möglichkeit der Praxis täglicher »religiöser« Sinnerschließung. Wie immer sie inhaltlich geartet ist, positiv oder negativ, gläubig oder zweifelnd, theistisch oder atheistisch, dieser oder jener Religion verpflichtet, sie führt durch Entwicklung nicht zu Bezauberung, Angst, Entrückung usw., sondern zu einer immer adäquateren »Verarbeitung« dieser expressiven Phänomene in eine kommunikative Wirklichkeit: Für die Person ist dies alles ein Ausdruck der Beziehung. Man nähert sich dem Letztgültigen, indem man es stets neu auf Distanz bringt, um es auf einer neuen Ebene wieder existentiell nachzuvollziehen. Zur Ausdifferenzierung der Form der religiösen Erschließung von Erfahrung gesellt sich deshalb auch eine je bessere Integrierung der Beziehung zu einem Letztgültigen. Ausdifferenzierung und Integrierung müssen sich die Waage halten.

Aus den oben wiedergegebenen (vgl. S. 17 f.) Antworten zur »Richter-Geschichte« können wir herauslesen, daß das, was die jeweilige Identität und Transformation der religiösen Persönlichkeit ausmacht, die Art und Weise des In-Beziehung-Setzens eines Letztbegründeten, absolut Gültigen zu jeder Wirklichkeit der menschlichen Existenz ist. Viele Fragen, die sich in diesem Zusammenhang stellen, sind nicht neu: Theologische Strömungen unserer Zeit haben sie aufgegriffen und intensiv unter dem Titel »Anthropologie und Theologie« abgehandelt (vgl. z. B. Pannenberg 1972, 1983). Der Begriff der »Korrelation« zum Beispiel – von den Sozialwissenschaften übernommen und nun religionswissenschaftlich und theologisch gefüllt (vgl. Schillebeeckx 1971, Bitter 1981, Raske 1981) – besagt, daß zwischen dem angenommenen Letztgültigen und der konkreten Situation des Menschen Zusammenhänge bestehen, und daß nicht das eine oder andere je wichtig sei, sondern nur die Korrelation beider. In diesem Sinne sind Theologie und Anthropologie voneinander abhängige Funktionen einer Gleichung geworden, setzt die Religionsthematik die Anthropologie als Fundament voraus. Insofern birgt der Ansatz Wiederholungen in sich. Neu hingegen sind das genetische Moment, die Sicht der Progression und die Frage der Allgemeinheit von Entwicklungsstrukturen. Die Antworten zum Richter-Dilemma lassen sich leicht strukturell ordnen. Man kann z. B. beim fünf- oder sechsjährigen Kind sagen, daß es glaube, das Letztgültige greife direkt in die Welt ein, es mache, daß es Menschen gut gehe. Es liebe sie, wenn es ihnen etwas schenke usw. Wenn Gott zornig sei, dann liebe er sie nicht, und wenn er nicht zornig sei, dann helfe er. Die Liebe, das Vertrauen, die Freiheit, die Strafe, alle diese Kategorien sind direkt vermittelt, physisch sichtbar und über dieses konkret Sichtbare erschließenswert. Das Letztgültige steht außerhalb des Menschen, über ihm, macht aber, daß der Mensch gut, stark, schnell, gescheit ist. Ganz anders die späteren Stadien.

Wenn solche Merkmale aber bei jedem Stadium so verallgemeinernd herausgeschält werden können, dann stellt sich sofort die Universalisierungsfrage: Vermutlich nirgends so wie im Feld religiöser Weltbewältigung und Weltdeutung ergibt sich das Problem, ob die Entwicklungssequenz der zugrundeliegenden Strukturen universell abläuft und ob die einzelnen Stufen kulturell invariant sind. Können z. B. ein Tibetaner, ein Dominikaner, ein Atheist usw. eine ähnliche religiöse Tiefenstruktur aufweisen? Gibt es Elemente des religiösen Bewußtseins, die universell sind? Wir postulieren beides: Die Tiefenstruktur religiöser Identität und die grundsätzliche Entwicklungssequenz sind universell. Nun gibt es aber die Position der Kulturrelativisten[4]. Sie besagt, daß sich die faktisch vorgefundenen religiösen Überzeugungen aller Völker und Kulturen grundlegend voneinander unterscheiden, daß es kein kulturübergreifendes System faktisch geltender religiöser Inhalte gibt und daß somit auch keine Kriterien zur Beurteilung unterschiedlicher religiöser Überzeugungen möglich sind. Kann man angesichts dieser Position eine kognitive, formale Gleichförmigkeit religiöser Strukturen postulieren? Ist es möglich, diese Strukturen in eine universelle Sequenz zu rücken? Sofern Religiosität eine Bedeutung im Leben einer Person hat, nehmen wir diese Möglichkeit an und versuchen sie theoretisch und empirisch zu belegen.

Um im nächsten Abschnitt die Elemente, die das religiöse Bewußtsein konstituieren, und die mögliche Universalität besser beschreiben zu können, sind Voraussetzungen zu nennen, die ihre Möglichkeit bedingen:

a) Wir betonen den subjektiven Aspekt des Religiösen, also die Art und Weise, wie Personen tatsächlich in konkreten Situationen des Lebens die Wirklichkeit religiös rekonstruieren[5] und interpretieren. Nicht so sehr tradierte Systeme religiösen Glaubens und religiöser Riten stehen zur Diskussion, sondern die Art und Weise, wie Erfahrungen religiös verarbeitet werden.

Unter den früheren religionsgeschichtlichen Studien sind Überlegungen zu finden, die Emile Durkheim unter dem Titel »Les formes elementaires de la vie religieuse« (1912) zusammengefaßt hat[6]. Während Durkheim aus einem soziologi-

---

[4] vgl. Ginters, R.: Relativismus in der Ethik. Düsseldorf: Patmos 1978, S. 10. Wir haben versucht, die Kriterien des Kulturrelativismus in bezug auf universale Moral von R. Ginters für das religiöse Urteil zu adaptieren.

[5] Dieses »Rekonstruieren« ist als Interpretationsvorgang insofern von jedem »Konstruieren« abzuheben, als es nicht ein Setzen des Referenzobjektes meint; damit ist nicht gesagt, daß das Letztgültige (Gott, Absolutes etc.) ein bloßes Konstrukt des religiösen Subjektes sei.

[6] Durkheim geht sogar so weit, daß er sagt, das individuelle religiöse Denken sei nur ein Abbild religiöser Systeme, dem das Individuum angehöre (wir zitieren die englische Fassung): »... it becomes clearly evident that these individual cults are not distinct and autonomous religious systems, but merely aspects of the common religion of the whole church, of which the individuals are members.« (S. 61).

schen Blickwinkel die Entwicklung und Transformation religiöser Systeme beschreibt, geht es uns um die lebensgeschichtlichen Transformationen. Auf den ersten Blick scheinen diese nur als Ansammlung idiographischer Partikel (unter dem Gesichtspunkt religiöser Identitätsentwicklung) möglich. Wir werden aber sehen, daß die Übertragung der Methodologie des genetischen Strukturalismus gerade die Möglichkeit bietet, idiographisches Denken zu überwinden. Wenn Durkheim also in seiner Schrift das »religiöse Phänomen« definieren möchte, so geht es uns im Unterschied dazu um die Definition der religiösen Persönlichkeit bzw. um Religiosität und das reflektive Verhalten zu ihr.

b) Innerhalb der jüdisch-christlichen Religionstradition leben Individuen, die ihre Erfahrungen religiös verarbeiten und interpretieren. Sie fragen sich, z.B., warum Gott dieses Leid zugelassen hat, wie man an Gott glauben kann, was eine Gottesbeziehung bedeutet, was als letzter Sinn hinter dem Geheimnis des Entstehens und Vergehens von Leben steht, ob es überhaupt etwas Übernatürliches gebe; sie fragen sich, was nach dem Tode geschieht, ob es eine letzte Gerechtigkeit gibt usw. Auf diese Fragen versuchen sie in Form einer Aussage eine Antwort zu geben. Hier wird man nun einwenden, daß dies nur Beweise dafür seien, daß die Entwicklung hin zu einer höheren religiösen Identität durch die betreffende Kultur bedingt sei, partikulär verlaufe und somit keinen Universalitätsanspruch erheben dürfe.

Aber genau an diesem Punkt ist Einspruch zu erheben. Wir betonen, daß sich nach unserer Meinung die kognitiven Strukturen zwar immer auf eine partikuläre *inhaltliche* Gegebenheit beziehen. Universelle kognitive Deutungsmuster zeichnen sich jedoch gerade dadurch aus, daß sie einerseits in Auseinandersetzung mit partikulären Inhalten gewonnen wurden, andererseits aber situationsübergreifend zur Anwendung gelangen. Deshalb glauben wir, daß das Universalitätspotential, das in jeder Religion vorhanden ist, durch subjektive Entwicklung gefördert wird und schließlich die Bedingung der Möglichkeit höherer religiöser Identität darstellt. Wir haben deshalb den Begriff der Mutterstruktur (vgl. S. 61 ff.) eingeführt.

c) Ein weiterer Aspekt ist anzufügen: Über das angenommene Universalitätspotential hinaus ist das, was konstant und regulär ist, für die Beschreibung der religiösen Entwicklung von Personen primordial. Konstanz und Regularität heben sich von der Partikularität durch Äquivalenz der Funktionen ab. Kognitive religiöse Strukturen, wo und wie immer entwickelt, dienen (funktional) der Rekonstruktion von Ereignissen unter denselben Gesichtspunkten. Damit ist nicht gesagt, daß es nicht die unterschiedlichsten religiösen Sozialisationsprozesse gibt und daß diese Prozesse in unterschiedlichen Religionen nicht unterschiedlich ablaufen würden; wir nehmen lediglich an, daß die auf der fruchtbaren inhaltlichen

Erde erwachsenen Regularitäten über eine gewisse Zeit hinaus stabil sind und zugleich zur Assimilation und Akkommodation neuer Inhalte verwendet werden[7].

d) Es wurde bereits darauf hingewiesen, daß der gemeinsame Kristallisationspunkt von allgemeiner und spezifisch religiöser Sozialisation die Ich-Identität der Person ist. Ich-Identität meint etwas *Ganzheitliches mit spezifischen Qualifikationen*. Auch wenn in dieser Schrift die kognitiv-religiösen Entwicklungsprozesse des dynamischen Selbst im Mittelpunkt stehen, so bedeutet dies zwar forschungsmäßig eine Ausgrenzung in bezug auf die Gesamtvarianz dessen, was eine Ich-Identität konstituiert, nicht aber auf das, was Religion als ausgegrenzter Sektor innerhalb des Sozialisationsprozesses bedeutet. Vielmehr versteht sich der vorliegende Ansatz als integraler Bestandteil von Versuchen, die Ontogenese der Person zu beschreiben. Es geht darum, wie menschliche Kommunikation, im Gelingen und Scheitern angesichts eines Letztgültigen, das in diesem Handeln nicht aufgeht, erfahren und reflektiert wird. Die Entwicklung der »religiösen Persönlichkeit« ist also an jene Basisstruktur kommunikativen Handelns zurück- und in sie eingebunden, die als unbedingte gegenseitige Anerkennung gleichberechtigter Freiheit den unhintergehbaren Kern von Interaktion ausmacht. Aber dies ist nur die eine Seite. Die andere orientiert sich an den stärker subjektiven Formen religiöser Erarbeitung einer Lebenssituation durch Aussagen über Zusammenhänge, die als religiös erfahren werden, z.B. die Partizipation am Ritus von religiösen Gemeinschaften, die Ablehnung religiöser Praktiken, die Meditation, das Gebet usw. Das kommunikative Engagement am jeweiligen Anderen und diese zweite, mehr persönliche Form, geben je den Grund, auf dem das religiöse Urteil aufscheint. So bedeutet Identität im Kontext ontogenetischer Entwicklung religiösen Bewußtseins immer eine Identität in Intersubjektivität (vgl. Peukert 1982). Diese faktische Grundstruktur von Intersubjektivität muß bei Stufentransformationen durch Entwicklung stets mitbedacht werden.

Wir fassen das Bisherige zusammen: Die Antworten der Personen auf die Geschichte des Richters sind qualitativ von größtem Unterschied. Es lassen sich auch immer strukturale Merkmale und damit auch Strukturen der Entwicklung ablesen. Für diese Stadien sind die lebensgeschichtlichen Erfahrungen bedeutungsvoll. Sie bewirken vermutlich den Wandel von einem Stadium zum anderen. Eine neue, höhere Struktur bedingt eine Ausdifferenzierung bestimmter

---

7 Durkheim geht in dieser Hinsicht sehr weit, wenn er sagt: »Also, in whatever manner men have represented the novelties and contingencies revealed by experiences, there is nothing in these representations which could serve to characterize religion. For religious conceptions have as their object, before everything else, to express and explain, not that which is exceptional and abnormal in things, but, on the contrary, that which is constant and regular.« (ebda. S. 43).

noch zu nennender Merkmale, aber auch eine breite Integration des Beziehungsaspektes. Allgemein läßt sich sagen, daß die Entwicklung des religiösen Urteils ein Teil der Entwicklung der Persönlichkeit ist. Will man sie beschreiben, so sind zwei Aspekte wichtig: a) die ontologische Sensibilität einer Person und b) das Verhältnis einer Person zu dem, was sie umgibt, bzw. zum Ultimaten in einer konkreten Handlungssituation. Daß dieses Verhältnis qualitativ mehr oder weniger adäquat entwickelt sein kann, hängt mit der unterschiedlichen Sichtweise der Beziehungskategorien zusammen. Der Universalitätsanspruch der entsprechenden Entwicklungssequenz kann nicht einfach dadurch abgewiesen werden, daß wir ein jüdisch-christliches Datenmaterial als ethnozentrisch bezeichnen. Dieses Material löst den Universalitätsanspruch aber erst dann ein, wenn es zu zeigen gelingt, daß Personen über unterschiedliche Situationen innerhalb einer Religion dieselben kognitiven Schemata verwenden. Wenn es dann auch gelänge, dies über verschiedene Religionen hinweg zu belegen, so wäre das Universalismuspostulat empirisch gut gesichert.

1.3 Das religiöse Urteil

> Wenn eine Person a) Erfahrungen ihres Lebens religiös erschließt (Interpretation, Gespräch, Gebet), b) religiös-narrative Texte verarbeitet (Lehre, Botschaft, Bibel) oder c) in Gemeinschaften am religiösen Leben teilnimmt (Kult), so bringt sie dadurch jenes Regelsystem zur Aktualisierung, das ihr Verhältnis zu einem Letztgültigen ausmacht. Dieses Regelsystem als Ganzes hat viele Facetten. Es ist das je neu zur Geltung gebrachte religiöse Bewußtsein des Menschen. In seiner sprachlichen Form bezeichnen wir es als religiöses Urteil. Auch wenn eine Person in unterschiedlichen Situationen dieses Verhältnis mit anderen Worten artikuliert, so ist das religiöse Urteil für diese Person – für eine bestimmte Zeit – immer dasselbe.

Neben dem Begriff der Entwicklung der religiösen Persönlichkeit verwenden wir als weiteren Hauptbegriff jenen des religiösen Urteils. Wie ist diese religiöse Urteilsstruktur näher zu bestimmen? Welches sind jene Denkoperationen, die als religiös im weitesten Sinne zu bezeichnen sind und die – in ein Schema transformiert – als religiöses Urteil eines Menschen dargestellt und über Sprechen ermittelt werden können? Zu den Aussagen, die bis jetzt schon über die Verhältnisstruktur Letztgültiges-Mensch gemacht worden sind, könnte man den Zugang auch so versuchen: Wenn das Konstrukt »religiöses Urteil« sich von anderen Weisen der kognitiven Wirklichkeitsbewältigung trennscharf abheben läßt, so muß die religiöse Denkstruktur eine kommunikative Wirklichkeit erschließen, die mit den übrigen Strukturen nicht zur vollen Zufriedenheit zu einem inneren kognitiven Gleichgewicht führt. Unter diesem Gesichtspunkt kann das religiöse Urteil durch folgenden Bezugsrahmen näher bestimmt werden:

1. Es bezieht sich auf jene subjektiven Wirklichkeiten, die, wenn sie bloß mit funktionellen und strategischen Mitteln der Objektbewältigung beschrieben und erfaßt werden, nicht adäquat zum Zuge kommen.
2. Es bezieht sich auf jene subjektiven Wirklichkeiten, die mit Bedeutung, Sinngebung und Kontingenzbewältigung[8] zu tun haben.
3. In ihm kommt die Art der Beziehung eines Menschen zum Letztgültigen (Gott) in Situationen zum Ausdruck, in denen Plausibilitäten nicht selbstverständlich sind.
4. Es ist das je neue Unterfangen des Schaffens von Sicherheit innerhalb einer Welt, in der alle Sicherungen subjektiv geleistet werden müssen, objektiv aber zum Scheitern verurteilt sind.

Innerhalb dieses Rahmens sollten die Fragen beantwortet werden, woher endliche Freiheit angesichts von Kontingenzerfahrungen selbst noch einmal möglich ist, wie denn die Verhältnisstruktur von Autonomie angesichts dessen, was nicht faßbar ist, zu denken ist, wie Transzendentes immanent verankert ist, woher jener Vertrauenshalt kommt, der der Möglichkeit der Integration neuer Erfahrungen dient. Die Antworten auf solch fundamentale Fragestellungen in der jeweiligen Situation bilden das konstante Raster, innerhalb dessen sich die Logik einer religiösen Stufentheorie zu bewegen hat. Die *verschiedenen Bestimmungen* von endlich-kontingenter Freiheit, von endlich-kontingentem Vertrauen (Glauben), von endlich-kontingenter Hoffnung, von endlich-kontingentem Heiligem usw. helfen, diese Stufentheorie zu differenzieren und zu integrieren. Anders gesagt, die Höhe der einzelnen Stufen ist dabei vom *jeweiligen Differenzierungs- und Integrationsvermögen* dieser Elemente abhängig. Die Elemente selber stehen zueinander in einer Beziehung, die in der jeweiligen Stufenstruktur (vgl. S. 79 ff.) zum Ausdruck kommt. (Die Elemente werden genauer im nächsten Abschnitt

---

8 Kontingenz wird dabei immer im aristotelischen Sinne gebraucht, nämlich als das, was so sein kann, aber nicht so sein muß. Die entsprechenden Implikationszusammenhänge werden S. 43 ff. nochmals besprochen.

beschrieben.) Das erwähnte Differenzierungs- und Integrationsvermögen drückt sich in der Vermittlung des Selbst mit sich – und damit auch mit andern – und mit dem Letztgültigen, Ultimaten aus[9].

Anders formuliert ist das religiöse Urteil Ausdruck jenes Regelsystems einer Person, welches in bestimmten Situationen das Verhältnis des Individuums zum Ultimaten überprüft. Es ist nicht notwendig, daß dieses Verhältnis in jeder wichtigen Situation überprüft wird, aber es ist möglich. Man kann auch nicht sagen, dieses Verhältnis trete nur in Kontingenz- oder Grenzsituationen zutage, obwohl solche Situationen besser geeignet sind, es zutage treten zu lassen. Jede Person verfügt also über einen Satz von Regeln, die sich selbst aktivieren, wenn die Person in das erwähnte Verhältnis zum Ultimaten (Gott) tritt. Die Person aktiviert also durch den Akt des religiösen Urteilens religiöse Strukturen, um eine bestimmte kontingente Wirklichkeit in einer bestimmten Weise zu integrieren, die sich eindeutig von anderen Integrationsweisen abhebt. (So kann ich etwa das Ereignis der Geburt meines Kindes mit Elementen einer Ablaufstruktur wie Zeugung, Schwangerschaft, Preßwehen, Geburt etc. erfassen; ich kann aber auch zugleich Dimensionen bzw. Elemente wie Glück, Freiheit, Unverfügbarkeit, Transzendenz usw. aktualisieren. Dann integriere ich dieses Ereignis in anderer Weise als bloß mit einer Ablaufstruktur.) Vorläufig nennen wir solche möglichen konstitutiven Elementenpole: Heiliges vs. Profanes, Transzendenz vs. Immanenz, Freiheit vs. Abhängigkeit, Hoffnung vs. Absurdität, Vertrauen vs. Angst, Unerklärliches vs. funktional Durchschaubares, Überdauerndes (Ewigkeit) vs. Vergängliches[10]. Menschliches religiöses Urteilen setzt diese Elemente in einer bestimmten Weise zueinander in Beziehung, um eine Situation verstehend, erklärend, interpretierend zu assimilieren. Wenn Schibilsky (1978, S. 75) meint, daß Religion jenseits von Gesichertem und Definiertem ihre Bedeutung habe, so muß das auch in den erwähnten Elementen aufscheinen. Sie haben immer einen zu schaffenden, zu konstruierenden positiven Pol, sie haben aber auch einen objektiven negativen Pol. Das, was wir als subjektiv zu bildende Sicherheit angesichts objektiver Unsicherheit und Vergänglichkeit bezeichnet haben, ist gegensätzlich in jedem Element enthalten, gibt ihm die notwendige generative Kraft.

---

9 Dabei sei nochmals betont, daß es hier nicht explizit um eine inhaltliche oder gar theologische Bestimmung dessen geht, was mit »religiös« charakterisiert wurde. Vielmehr wird das Konstrukt »religiöses Urteil« streng unter entwicklungspsychologischem Gesichtspunkt analysiert und in diesem Sinn funktional als Beziehungsstruktur aufgefaßt, welche sich als Relation zwischen Mensch und handlungsentzogenem Unbedingtem darstellt und sich als Modus dieses Denkprozesses dann in den jeweiligen Stadien ausdrückt.

10 Die Gleichgewichtsstruktur dieser Elemente wird genauer auf S. 31 ff. beschrieben.

Zum religiösen Urteilen gehören damit ein Transzendieren des Gegebenen auf einen nicht mehr gegenständlich angebbaren, sich entziehenden Horizont, von dem aus das Subjekt auf sich selbst in seiner Faktizität zurückkommen kann. Es schafft also die Möglichkeit, Lebenssituationen zu bewältigen, indem sich das urteilende Subjekt in der konkreten Wirklichkeit in Beziehung zu unbedingten Bedingungen stellt und dadurch eine relationale Strukturierung mit seinem Regelsystem vornimmt. Integration einer erfahrenen Wirklichkeit heißt dann: mit den eigenen religiösen Schemata auf diese interpretativ eingehen und so sein religiöses Regelsystem offenlegen und erweitern.

Das bisher Gesagte sei an einem Beispiel konkretisiert: Eine Person, die eine problematische Erfahrung unter dem Gesichtspunkt des Selbst-Transzendenz-Verhältnisses diskutiert, erläutert, wie sie handeln würde, und gibt Gründe dafür an. In diesem Begründen aktiviert sich das erwähnte Regelsystem. Es bleibt aber inhaltlich vermittelt, d. h. die Person wendet es an, ohne sich der formalen Struktur dieses Regelsystems als solcher bewußt zu sein. Eine Regel könnte etwa lauten: »Das Unbedingte ist ein höheres Wesen, Gott; aber es kann den Menschen nicht beeinflussen. Der Mensch muß selbst mit seinen Problemen fertig werden. Die Freiheit des Menschen ist ebenbürtig derjenigen des Ultimaten. Hoffnung ist durch den Menschen genauso zu ›produzieren‹ wie ein personifiziertes Unbedingtes dies zu tun vermag usw.« (Stufe 3-Urteil). Innerhalb einer Situation, in der ein Mensch angesichts einer Todesgefahr das Gelübde ablegt, auf seine Karriere zu verzichten und seine Kraft für die Armen in der Dritten Welt zur Verfügung zu stellen (Paul-Dilemma, vgl. S. 000), wird diese Regel etwa so angewandt: »Dieses Flugzeugunglück ist geschehen, weil bei der Wartung ein Fehler begangen worden ist. Dies hat nichts mit Gott zu tun. Gott kann die Wartungscrew nicht beeinflussen.« Aus einem solchen Urteil nun soll der Forscher die obige Regel herauskristallisieren, d.h. er muß das Strukturale (bzw. Formale) vom Inhaltlichen herauslösen. Er muß aus einer Reihe von Fragen und Antworten zu einer konkreten Situation das religiöse Urteil bzw. das religiöse Regelsystem einer Person ausmachen. Er kann also nicht mit Selbsteinschätzungen der Person auf der positiven oder negativen Bekenntnisebene arbeiten. Vielmehr muß er beobachten, wie eine Person mit einem konkreten Problem »ins Reine kommt«, wie sie sich also in einer konkreten Situation zur Wirklichkeitstotalität in Beziehung setzt, wie sie ein Gleichgewicht zwischen den erwähnten Elementen schafft.

Wir gehen somit von einem Ansatz aus, bei dem der Mensch seine Beziehung zum »Umgreifenden« (Jaspers) in einer bestimmten Situation aktualisiert. Diese

Situation hat anthropologische, zwischenmenschliche und transzendente Dimensionen, ob nun die Person das wahrnimmt oder nicht. Es ist das Beziehungsdenken, das entscheidend ist[11].

Den gleichen vollzugs- und handlungsorientierten bzw. psychologisch-anthropologischen Religionsbegriff finden wir bei Fowler. Er sagt: »In gewissem Sinne ist der Glaube (wir würden uns beschränken auf das religiöse Urteil, die Verf.) ein Wissen, ein Konstruieren oder ein Interpretieren, das auf die Beziehung einer Person oder einer Gemeinschaft zu jenen Quellen der Kraft und Werte verweist, die in einer vom Subjekt nicht mehr kontrollierten Art auf das Leben einwirken. In theologischer Sprache ist Glaube jenes Wissen oder Konstruieren, durch welches Personen sich selber auf Transzendentes[12] bezogen begreifen« (Fowler 1974, S. 175; Übersetzung der Verf.).

Um es zusammenzufassen: *Das religiöse Urteil bedeutet die Möglichkeit, daß sich Personen in der konkreten Wirklichkeit durch ihre kognitive Aktivität, durch Denkoperationen in Beziehung zu ultimaten[13] Bedingungen stellen und dadurch eine relationale Strukturierung mit ihrem Regelsystem vornehmen.* Integration einer erfahrenen Wirklichkeit heißt, mit den eigenen religiösen Strukturen auf diese einwirken und so sein religiöses Regelsystem offenlegen und erweitern. Das bedeutet aber zugleich auch, diese Wirklichkeit auf eine ganz bestimmte Weise zu verstehen. Die Aktualisierung des erwähnten Regelsystems ist ein intensiver und lebendiger Prozeß. Personen, die einem religiösen Dilemma (Paul-Dilemma; vgl. S. 118 ff.) gegenüberstehen, arbeiten intensiv an einer möglichen Überwindung des gegebenen Ungleichgewichts. Solches Engagement geschieht u. a. durch Erklären von Jetzt- und Folgenursachen, durch zeitliche Analyse, durch korrelatives Interpretieren, durch Wertsetzungen, durch vorausgehendes, gedankliches Entscheiden und Begründen, durch Anwenden eines Sinnmusters

---

11 Hasenhüttl hat dies klar herausgearbeitet; er sagt: »Das Beziehungsdenken denkt vom Vollzug her, der nie abgeschlossen ist, nie im Erreichten verweilt, sondern auf die neuen Möglichkeiten verweist, die sich in einem neuen Vollzug erschließen. Das bedeutet, daß ein Gottesbegriff, der nicht durch Objektwissen, sondern im Vollzug verifiziert wird, sich als gesellschaftskritisch erweist, indem jedes erreichte Ziel und Resultat relativiert wird. Es kann ja gar kein objektivierbares Ziel angegeben werden, weil dieses nicht im Objekt als solchem liegt, sondern im Vollzug selbst, der Wirklichkeit wird, Wahrheit zur Sprache bringt und den Menschen so zu sich selbst kommen läßt bzw. zur Selbstverwirklichung beiträgt. Dieser Gottesbegriff bewirkt eine radikale Offenheit für das Neue, für die Umgestaltung gesellschaftlicher Strukturen.« (Hasenhüttl 1979, S. 130 f.).

12 Fowler bestimmt diesen Ausdruck in einer Fußnote als etwas, das auf uns selbst von außerhalb des Selbst einwirkt. Er kann theistisch, monistisch oder in anderer Weise verwendet werden.

13 »Ultimates«, »Unbedingtes« und »Letztgültiges« wird in unserer Arbeit ähnlich verwendet wie »Transzendentes« bei Fowler. Das sich universell zur Geltung bringende religiöse Urteil wird durch diesen Begriff von allen anderen Formen vom Urteil abgegrenzt (vgl. auch Fußnote 3).

auf eine Situation (vgl. Dietrich 1978, S. 264), vor allem aber durch relationale Interpretation dieser Wirklichkeit. Der Gesichtspunkt des Verhältnisses des Menschen zu seinem Letztgültigen hebt sich dabei so lange von anderen Gesichtspunkten ab, bis eine höchstmögliche Integration der übrigen Dimensionen in diese Wirklichkeit erreicht ist, im besten Falle im Sinne der Merkmale von Stufe 5 des religiösen Urteils.

1.4 Gleichgewichts- und Ungleichgewichtsdimensionen des religiösen Urteils

> Wenn man genauer fragt, welche inhaltlichen Elemente zur Beschreibung des religiösen Urteils gehören, so sind es zunächst folgende, sich gegenüberstehende Pole: Heiliges vs. Profanes, Transzendenz vs. Immanenz, Freiheit vs. Abhängigkeit, Hoffnung (Sinn) vs. Absurdität, Vertrauen vs. Angst, Dauer (Ewigkeit) vs. Vergänglichkeit und unerklärlich Geheimnishaftes vs. funktional Durchschaubares. Wenn eine Person nun eine Dilemmasituation bewältigen soll, so muß sie ein für sie gültiges Gleichgewicht zwischen diesen Polen herstellen, also z. B. zwischen Freiheit und Abhängigkeit. Das ist dann der Ort, wo klare Stufenunterschiede zutage treten. In tieferen Stufen wird mehr Abhängigkeit betont, in einer mittleren fallen die beiden Dinge vollständig auseinander. Auf den oberen Stufen bezieht die Person die Freiheit auf die Abhängigkeit. Die Freiheit ist erst durch Abhängigkeit hindurch möglich. In gleicher Weise werden auch die anderen Elemente behandelt. In einer standardisierten Dilemmasituation werden diese polaren Elemente durch entsprechende Fragestellungen abgerufen.

Jeder kulturelle Bereich, der sich strukturell artikulieren läßt, hat seine eigene Gleichgewichtsökonomie. So etwa kann ein moralisches Urteil, bezogen z. B. auf die Dimension Eigentum, als ein bestimmtes Gleichgewicht unterschiedlicher Verteilungsansprüche unter dem Gesichtspunkt der Gerechtigkeit bezeichnet werden. Eine höhere Stufe bedeutet eine höhere »externe« Reversibilität der Ansprüche. Auch im Bereich des religiösen Urteils haben wir es mit Gleichgewichtsformen zwischen auseinanderstrebenden religiösen Fundamentaldimensionen zu tun. Wir versuchen, diese gegenpoligen Dimensionen aufzuzeigen, alles unter dem Gesichtspunkt, daß unterschiedliche Stufen ein unterschiedlich reversibles Gleichgewicht dieser Werte darstellen. Erst im Kapitel über die Stufenbeschreibungen können diese Unterschiede adäquat skizziert werden. Die Dimensionen lassen sich wie folgt aufreihen:

Heiliges vs. Profanes
Transzendenz vs. Immanenz
Freiheit vs. Abhängigkeit
Hoffnung (Sinn) vs. Absurdität
Vertrauen vs. Angst
Dauer (Ewigkeit) vs. Vergänglichkeit
Unerklärlich Geheimnisvolles vs. funktional Durchschaubares
(Hinzuzufügen wären noch die Elemente »Geschenkhaftes vs. Selbst-Erarbeitetes«. Diese sind jedoch nicht systematisch erhoben worden. Sie vermischen sich auch oft mit den Inhalten der einzelnen Situationen.)
Das religiöse Urteil ist also die Rekonstruktion einer Wirklichkeit unter diesen angegebenen Polen, wobei das jeweilige Gleichgewicht – je nach Entwicklungsstufe – qualitativ verschieden artikuliert ist. Die höchste Stufe bringt diese Dimensionen in das vollkommenste Gleichgewicht.

Wie sind diese Dimensionen abgeleitet worden; woher stammen sie, und welches ist ihre Funktion?

a) Diese Dimensionen tauchen zwar überall in der Religionsgeschichte auf, und beim Studium religionspsychologischer Ansätze sind wir immer wieder auf sie gestoßen[14]. Nichtsdestoweniger aber haben wir sie aus den subjektiven Antworten von Personen (unterschiedlichen Alters) auf unsere Dilemma-Texte der Pilotstudie herausgeschält. Sie wurden nicht aus einer Theorie der Religion abgeleitet, sondern als übergreifende Dimensionen durch Zusammenziehen und Gruppierung inhaltlicher Partikel subjektiver Produkte religiöser Weltbewältigung gewonnen.

b) Zwar haben wir im voraus eine Theorie der Stufenentwicklung entworfen, die in verschiedenen Querschnittstudien überprüft worden ist. Die Dimensionen aber, die die einzelnen Stufen bestimmen, sind induktiv erworben worden.

c) Das Ganze der Dimensionen bildet ein Interpretativum für die Zuteilung einer Person zu einer Stufe; mittels dieses interpretativen Rasters werden die strukturalen Merkmale qualitativ gewertet.

---

14 Grom (1981, S. 38) rekurriert ausschließlich auf psychologische Kriterien »erstrebenswerter Religiosität«; es sind dies: wissensorientiert vs. erlebens- und verhaltensorientiert, inhaltsfremd vs. inhaltsbestimmt, angstmotiviert vs. erfüllungsmotiviert, wunschbestimmt vs. einsichtsbestimmt, vordialogisch vs. dialogisch, situationsgebend vs. situationsoffen, erlebnisüberdeckend vs. erlebnisverwurzelt. Wir glauben, daß diese Kriterien allerdings nicht spezifisch auf Religiosität verweisen und versuchen deshalb, eher im Sinne der religionsphilosophischen Fragestellung Dimensionen kognitiv religiöser Spezifikation zu ermitteln.

Wir wollen nun zu jeder dieser Dimensionen einige Gedanken zur Beschreibung bzw. Hermeneutik ihres polaren Spannungsfeldes vorlegen. Allerdings muß diese Darlegung aus Platzgründen fragmentarisch bleiben.
Die erste Dimensionspolarität lautet »*Heiliges vs. Profanes*«. Die Charakteristika für Heiliges – so Durkheim (1912, S. 52) – gehen jeder Klassifikation der Dinge, ob real oder ideal, voran. Glaubenszugehörigkeit, Mythen, Dogmen, Riten etc. legen diesen »heiligen Bereich« fest. Gott und Geister, aber auch ein Felsen, ein Baum, eine Quelle, ein Holzstück, ein Haus etc. können heilig sein. Worte, Ausdrücke, Gesten, Formeln gehören diesem Bereich an. Durkheim meint, daß »Heiliges« in jeder Religion vorkomme, daß etwa der Buddhismus heilige Bereiche schaffe (z. B. die vier edlen Wahrheiten und die Wege zu ihnen), weil Götter fehlen. Psychologisch gesehen verweist das Heilige auf Akte, die menschliches Verhalten angesichts des »Unbedingten« rechtfertigen. Das Heilige trennt das Unbedingte vom Profanen und vermittelt es gleichzeitig. Nichts bleibe übrig für die Charakterisierung des Heiligen in seinem Verhältnis zum Profanen als vollständige Heterogenität – so Durkheim. Deshalb sei der Unterschied zwischen beiden absolut[15]. Und doch ist das Heilige abgehoben vom Profanen durch die Dimension absoluter Gültigkeit, Unantastbarkeit und Normativität – und dies gilt auch dann, wenn die Heiligung des Heiligen nicht durch Priester, sondern durch Erlebnisse, Tradition und ehrfürchtigen Gebrauch geschieht.
Sehr schön beschreibt Eliade (1965, S. 21 ff) die Erfahrung der Nicht-Homogenität des Raumes, die primordial zur Trennung von Heilig und Profan führe. Durch diese Erfahrung erschließe sich dem Menschen eine absolute Realität, die der »Nicht-Realität« des Weltlichen widerspreche. Das Heilige erlaube es, sich auf einen fixen Punkt zu beziehen. Während das Profane gleichförmig, ohne Unterbrechung sei, ermögliche das Heilige, sich in der endlosen Homogenität des Profanen ein Zentrum zu bilden. Die Schwelle z. B. von der Außenwelt in eine Kirche gebe die Möglichkeit, die Welt zu transzendieren, d. h. der neue Ort führe

---

15 »In all the history of human thought there exists no other example of two categories of things so profoundly differentiated or so radically opposed to one another. The traditional opposition of good and bad is nothing beside this; for the good and the bad are only two opposed species of the same class, namely morals, just as sickness and health are two different aspects of the same order of facts, life, while the sacred and the profane have always and everywhere been conceived by the human mind as two distinct classes, as two worlds between which there is nothing in common. The forces which play in one are not simply those which are met with in the other, but a little stronger; they are of a different sort. In different religions, this opposition has been conceived in different ways. Here, to separate these two sorts of things, it has seemed sufficient to localize them in different parts of the physical universe; there the first have been put into an ideal and transcendental world while the material world is left in full possession of the others. But howsoever much the forms of the contrast may vary the fact of the contrast is universal« (ebd. S. 53 f.).

zur Kommunikation mit ungeahnter innerer Tiefe. Die Sakralisation eines Raumes, eines Ortes, bedeutet aber auch Repetition der Kosmogonie und Schaffung eines Zentrums, das einerseits Sicherheit und Halt gebietet und andererseits die Möglichkeit diktiert, das Leben zu »heiligen«, d.h. zu transzendieren[16].

Entwicklungslogisch gesehen ist der Anfang der Heilig-Profan-Unterscheidung die Erfahrung der Notwendigkeit eines absolut Gültigen, eines fixen Punktes im Raum. Später trennen sich diese Dimensionen in zwei voneinander unabhängige Größen. Sie werden sich wiederfinden, indem das Heilige schließlich im Profanen aufscheint und es transzendiert. Allerdings hat Eliade vermutlich unrecht, wenn er meint, daß die Entsakralisierung der Welt zur Tragik führe. Im Gegenteil, sie führt über alle Gleichgewichte schließlich dazu, den eigenen Werten durch sich selber Geltung zu verschaffen und dadurch »Heiliges« im »Profanen« aufscheinen zu lassen. Erst das Nichtgelingen dieses Prozesses, wenn das Heilige verlorengeht, führt zur Tragik. Um so mehr sollen Kinder und Jugendliche über die selbstverständlichen Annahmen des Sakralen, zur Trennung von »Heiligem« und »Profanem« und zur Transformation des Heiligen im Realen, einen Entwicklungsprozeß durchstehen, der es ihnen schließlich möglich macht, das »Heilige« zeichenhaft wieder einzuführen als Bedingung der Möglichkeit von rational gesteuerter Sinngebung.

Während die Dimension »Heiliges vs. Profanes« einen Fixpunkt, ein Zentrum in der Heterogenität der Erfahrungen setzt, liegt dem Spannungsfeld *Transzendenz vs. Immanenz* eine Weltbildvorstellung zugrunde. Psychologisch gesehen ist hier das mehr oder weniger abstrakte »Unten und Oben« angesprochen: die Differenz von vorhandener Wirklichkeit einerseits und dem diese Wirklichkeit tragenden Grund andererseits. Bezeichnet man mit Immanenz die schlechthin vorhandene Wirklichkeit, »so ist der Begriff Transzendenz korrelativ dazu: die Bestimmung einer Wirklichkeit als einer immanenten heißt, sie transzendieren, und die Bestimmung des Transzendierens bedeutet, sie auf Immanenz beziehen« (Simons 1974, S. 1540). Der Prozeß des Transzendierens meint dann ein Doppeltes: einen »qualifizierten und einen qualifizierenden, differenzierenden Überstieg und Rückbezug: Überstieg als auf den Grund gehen, Rückbezug als von diesem Grund her Wirklichkeit erschließen, verändern und verbessern« (ebd.). Ursprünglich steht auf der einen Seite die Hilflosigkeit des Menschen angesichts von Zufall und fremder, *unbekannter* Wirkkraft, auf der anderen Seite die bewußte Veranlassung und *bekannte* Wirkkraft. Auf der einen Seite stehen die Be-

---

16 Im Kapitel »Le sacré et le profane dans le monde moderne« meint Eliade: »Quel que soit le contexte historique dans lequel il est plongé, l'homo religiosus croit toujours qu'il existe une réalité absolue, le sacré, qui transcende ce monde-ci, mais qui s'y manifeste et, de ce fait, le sanctifie et le rend réel.« (ebd., S. 171).

dingungen der Möglichkeit menschlichen Denkens und Handelns und auf der anderen Seite die Empirie seiner eigenen Erfahrung oder Veranlassung. Dabei kann Transzendenz in gleichem Sinne verpersönlicht werden (Gott), wie die Subjekt-Subjekt-Beziehung – d.h. die kommunikative Realität – im zwischenmenschlichen Bereich aufscheint. Nehmen wir an, eine Person erleide einen Unfall, der ihre ganze Zukunft versperrt, weil die durch den Unfall bedingte körperliche Behinderung eine Reihe kommunikativer und professioneller Möglichkeiten ausschließt. Sie kann nun ein Stück weit die Kausalität des Ablaufs des Unfalls durch Reaktionsketten erklären, aber an jedem Punkt stellt sie fest, daß es auch hätte anders sein können, daß also irgendwelche Konstellationen oder der Zufall oder ein ewiger Plan oder »Gottes« Einwirken Nebenglieder in dieser Kette waren, und dies korrelativ zur Wirklichkeit, an jeder Stelle. Diese Person muß nun einerseits durch Interpretation dieser Wirklichkeit und andererseits durch eine Beziehung zu *diesem Transzendenten* (im Falle der Annahme eines persönlichen göttlichen Wesens) *ein Gleichgewicht schaffen, das ihre Frage hinreichend,* d.h. für sie exhaustiv beantwortet.

Psychologisch gesehen muß das Subjekt also je nach Stufe ein Gleichgewicht zwischen Immanenz und Transzendenz erarbeiten, ein Gleichgewicht zwischen Unten und Oben. Dieses Gleichgewicht ist etwa auf Stufe 1 so, daß das Oben aktiv vorherrscht, mächtiger ist als das Unten, daß das Oben die Welt führt und die Dinge macht. Das personifizierte Transzendente wirkt wie etwas, das die Menschen im Sinne einer Marionette führt. »Machen« im Sinne des sogenannten Artifizialismus[17] ist als direktes Einwirken des Transzendenten in das Immanente zu verstehen. Auf höchster Stufe wird Transzendenz sichtbar in der Immanenz menschlicher Kommunikation und umgekehrt. Im jeweils höher reversiblen Gleichgewicht zwischen Transzendenz und Immanenz sind, soweit es die religiöse Interpretation einer Situation erfordert, aber auch die religiös-metaphysischen Weltbilder eingeschlossen. Sie begründen in verschiedenen Situationen je neu die grundlegenden Einstellungen zur Welt als Ganzes. Einerseits sind es Vorstellungen eines Transzendenten und eines Immanenten, und andererseits sind es Ausprägungen wie passive vs. aktive, asketische vs. besitzende, kontemplative vs. auf Veränderung und Kampf gerichtete Welthaltung.

Das dritte Dimensionspaar ist *»Freiheit vs. Abhängigkeit«*. Das Gleichgewicht zwischen *absoluter Freiheit* und *absoluter Abhängigkeit* kann auf der einen Seite im totalen Fatalismus auf ein Minimum eingeschränkt wahrgenommen werden; auf der anderen Seite als die total offene Möglichkeit der Sinngestaltung. Freiheit versus Abhängigkeit sind ebenfalls in der konkreten Situation in ein Gleichgewicht zu bringen.

---

17 vgl. Piaget 1926 (deutsch 1978).

Diese Freiheit hat zwei Pole: einerseits einen gesellschaftlichen und andererseits einen naturhaften. Gesellschaftlich kann man Freiheit verstehen als Begrenzung von Ansprüchen anderer mit den Regulativen des Gesetzes bzw. des Rechts. Naturhaft ist Freiheit eingeschränkt durch die Möglichkeit, die durch die phylogenetische Entwicklung gegeben ist. Konzepte der Freiheitsgestaltung, etwa durch Entscheidung, Konsensus, Engagement etc., sind transzendental verankert. Nehmen wir an, daß eine einmalige Begegnung zweier Menschen, die zur Ehe und Familie führt, unter religiösen Gesichtspunkten interpretiert wird. Es ist in diesem Falle wiederum ein Interpretationsgleichgewicht von Freiheitspolen zu finden, dies unter dem Gesichtspunkt der Abhängigkeit von den Vorbedingungen der geschichtlichen Konstellation. Vergegenwärtigung des Sinnes solch entscheidenden Handelns ist ein interpretativer Akt oder ein Akt der In-Beziehung-Setzung mit den Kategorien absoluter Freiheit vs. absoluter Abhängigkeit. Und nur in diesem Akt kann das Ziel einer Handlung sinnhaft interpretiert werden: nämlich als ein in einer bestimmten Weise reversibles Gleichgewicht zwischen *Fixierung* des Partners, Autonomie mit dem Partner, Freiheit für den Partner, Abhängigkeit vom Partner und letztlich transzendentaler Freiheit und Freiheit vor der Transzendenz. »Das Wissen um den Sinn unseres Handelns kommt (...) nicht aus einer theoretischen Evidenz. Es entspringt vielmehr unserem Entschluß zur Freiheit, zur Freiheit vor Gott und untereinander« (Krings 1979, S. 53). Freiheit vs. Abhängigkeit ist als Dimensionspaar in unseren Interviews natürlich wieder meistens in bezug auf ein Letztgültiges gedacht.

Psychologisch gesehen wird auf der unteren Stufe Freiheit darin wahrgenommen, daß jemand sich im Einfluß der Abhängigkeit real und kognitiv verwirklicht. (Ein achtjähriges Kind sagt: Gott entscheidet alles, aber ich finde das gut so, denn es geht mir ja gut.) Auf höherer Stufe durchdringen sich Freiheit und Abhängigkeit. Eine Entscheidung bedingt, daß man sich für etwas entscheidet, und in diesem »Für« ist Abhängigkeit die kommunikative Basis für Freiheit.
Letztlich stellt dieses polare Paar den sittlichen bzw. den praktisch-philosophischen Teil des religiösen Urteils dar. Es handelt sich um Freiheit, aus der alle Sittlichkeit gedacht werden muß. Religiöse Interpretation einer kontingenten Situation unter diesem Aspekt bringt die dramatische Frage des richtigen, humanen, klugen, gerechten usw. Handelns mit zur Sprache.
Die polaren Dimensionen Freiheit vs. Abhängigkeit sind aber auch von besonderer Relevanz im Konzept religiöser Entwicklung, weil in ihnen die Autonomie religiöser Personen verankert ist. Im Buche »Wieviel Religion braucht der Mensch« (Oser 1988) wird dies ausführlich thematisiert. In der Struktur der Entwicklungssequenz enthalten ist der Freiheitsbegriff durch das Ausmaß an gesehener »hilfloser« Abhängigkeit von einem Letztgültigen und auch durch die Art und Weise, wie dieses Ausgeliefertsein wahrgenommen wird. Nicht die Gleich-

gültigkeit gegenüber diesem Phänomen und auch nicht die Zurückstoßung dieses Gefühls, sondern die integrative Koordinierung innerer Freiheit in den Kontingenzen dieser Welt und den entsprechenden Beziehungsqualitäten sind entscheidend für die Möglichkeit, tief religiös und per se ein aufgeklärter und freier, durch Freiheit bedingter Mensch zu sein.

Die vierte Dimensionspolarität wird durch die Begriffe »*Hoffnung vs. Absurdität*« abgedeckt. Ein religiöses Urteil ohne diese polare Dimension wäre unvollständig. Absurdität meint die Abwesenheit von (verbürgtem) Sinn als ganzem und die Abwesenheit eines letztgültigen Zieles von Handlungen. Hoffnung als spes qua bezeichnet eine von unterschiedlicher Intensität und Gewißheit getragene Erwartung einer zukünftigen Wirklichkeit. Hoffnung als spes quae verweist auf etwas Mögliches, Ausstehendes (Eschatologie, Erlösung, Revolution, Utopie usw.). In einer Situation muß wiederum ein Gleichgewicht zwischen den beiden Polen gefunden werden, dies mit einer bestimmten psychologischen Komplexität und Adäquatheit.

Die Sinndimension, die im je höher reversiblen Gleichgewicht des Kontrastes von Hoffnung vs. Absurdität zum Ausdruck kommt, meint, »daß jenseits der Grenzen ausdefinierter Handlungsräume ein Horizont von Unbestimmtem, sich den Gesetzmäßigkeiten von Definitionen und Determinationen nicht begrenzender und damit also definitorisch kaum verfügbarer Bereich verbleibt, der schließlich – wenn nicht nur negativ als Residualphänomen bestimmbar – zur kritischen Instanz vollzogener Definitions- und Deutungsprozesse erwachsen kann« (Schibilsky 1978, S. 75). Natürlich kann dieser Bereich z.B. im Handeln allein aufgehen, im Sensationellen und Außergewöhnlichen; um religiös relevant zu sein, ist er aber stets auf etwas Zusätzliches verwiesen. Dieses Zusätzliche drückt sich oft in Heilslehren aus, die darin bestehen, daß sie Sinn vermitteln können. Sie vermögen aber dem einzelnen nie jene Hoffnungs-Rekonstruktions-Arbeit abzunehmen, die jede partikuläre Lebenssituation erfordert.

Unter strukturgenetischem und psychologischem Gesichtspunkt würde das Gleichgewicht auf einer tieferen Stufe darin bestehen, daß Hoffnung sich im Eingebettetsein des sozialen Kontextes erschöpft; jede Drohung des Hinausfallens wird als »absurd« empfunden. Selbst Tod und Krankheit erhalten »Sinn« durch diesen absurden Halt. Auf höherer Stufe ist Hoffnung eine durch tägliche Sinnstiftung im Kommunikativen verwurzelte, ständig bedrohte Leistung. In der Übernahme höchster Verantwortung für soziale Zustände, für den Nächsten, den Armen, den Gefangenen, werden Situationen so interpretiert, daß das Absurde durch Hoffnung erträglich wird, Hoffnung aber im Absurden ihre Unbedingtheit erhält und von einem Letztgültigen als getragen gesehen wird.

»*Vertrauen vs. Angst*« ist ein weiteres Dimensionspaar. Wenn jemand aus Angst eine kindliche Reaktion zeigt, aus Angst einen Fehler macht, aus Angst eine

Sprechbarriere hat usw., so meinen viele Beurteiler, das sei eben eine spezielle Situation, so sei dieser Mensch de facto nicht. Darin kommt die Vorstellung zum Ausdruck, Angst gehöre nicht auch zum Leben wie andere Dinge. Aber Angst ist eine Dimension, die, wie das Gefühl positiven Lebens, Spuren hinterläßt. Sie ist wichtig, weil wir mit unserem religiösen Urteil diese Angst »strukturieren« bzw. bewältigen helfen. Religiosität muß auf Angst reagieren, muß Angst überwinden, Angst ertragen lernen usw.

Angst vs. Vertrauen richtet sich nicht nur auf die affektiven bzw. expressiven Komponenten der Religiosität, denn jede der erwähnten Polaritäten hat einen affektiv-kognitiven Beziehungsraum. Es ist vielmehr die Art und Weise gemeint, wie sich die Beziehung zu einem Transzendenten artikuliert, darin insbesondere, wie der Tod ins Leben integriert wird, die Krankheit ins Alltägliche, die Ungerechtigkeit des Handelns ins Kommunikative. Oder anders: wie die Theodizeeproblematik bewältigt wird. Allerdings ist auch zu unterscheiden zwischen Angst und Furcht. Es gibt eine ganze Anzahl von Gegenständen, Ereignissen, Bedingungen und Situationen, die Furcht erregen oder furchterregend werden können (vgl. Izard 1981, S. 398 ff). Man kann sagen, daß, zumindest als ein wichtiger Aspekt, am Anfang aller Religiosität die Furcht war: Furcht vor den Geistern, Furcht vor dem Bösen usw. Also ist auch Furcht ein Element dieses Aspektes. Angst ist ein ähnliches Phänomen wie Furcht, ohne sich aber auf ein Gegenüber zu beziehen[18]. In religiösen Schriften sind Angst und Furcht und deren Überwindung wichtige Dimensionen des Wandels (vgl. etwa das ägyptische Totenbuch und die darin beschriebenen Wege der Befreiung; oder die Theologie des Paulus, der die Überwindung aller Angst in der Überwindung des Todes durch Christus sieht). Auch bei Abwesenheit von Objekten zur Sicherung sozialer Gegebenheit entsteht Furcht. Sie kann sich artikulieren in Kummer und Sorge, oder bei Anwesenheit solcher Objekte in Freude und Vertrauen.

Religiös verarbeitete Furcht und Angst sind Elemente der Kontingenzbewältigung, zugleich aber auch Elemente der Erschließung von religiöser Identität. Psychologisch gesehen richten sie sich bei tieferen Stufen auf external gesteuerte Beeinflussung, bei höheren Stufen aber auf internale Regelung. Auf tieferen Stufen führt das Nichterfüllen eines gewünschten Zustandes zu Angst bzw. Furcht, auf den höheren Stufen führt das eigene Versagen angesichts einer kommunikativen Aktualisierung von Religiosität zur Angst bzw. Furcht, die es zu überwinden gilt. Das jeweilige Gleichgewicht ist je anders: auf den unteren Stufen ist es ge-

---

18 Der Unterschied zwischen Furcht und Angst, den vor allem die Existenzphilosophie aufgearbeitet hat, sei hier nicht weiter erörtert. Furcht hat meistens einen sichtbaren Partner (Gefahr), während Angst mehr ein psychisches Syndrom, ohne vom Subjekt bewußt wahrgenommenes Gegenüber, ist. Ein Beispiel wäre die von Freud beschriebene Geburtsangst (vgl. Izard 1981, S. 419).

kennzeichnet durch die Verankerung in konkreten Handlungen, Objekten, Ereignissen; auf den höheren Stufen durch Zurückbindung der Furcht oder des Vertrauens in den Grad des Gelingens bzw. Scheiterns von kommunikativen Realisierungen und deren kreative Zurückbindung an ein Letztgültiges.
In der Übersicht der gegenpoligen Dimensionen auf S. 32 haben wir auch das Paar »*Vergänglichkeit vs. Dauer bzw. Ewigkeit*«[19] angefügt. Kinder haben ein anderes Verständnis dessen, was zerfällt oder dessen, was bleibt. Dort, wo der Wunsch entsteht, das Zerfallende zu erhalten, sein eigenes Leben über den Tod hinaus zu führen, entstehen Konstruktionen der Vorstellung von Überzeitlichkeit. Psychologisch gesehen steht auf tieferer Stufe die Vorstellung, daß das, was Beständigkeit hat, wertvoll sei und das, was vergeht, wertlos sei, im Zentrum. Auf höherer Stufe durchdringt das Zeitlose das Zeitliche, im Zeitlichen scheint das auf, was ewig ist, geglückte Kommunikation hat eine »zeitlose« Dimension. Meditative Rekonstruktion der Wirklichkeit, die Schaffung kultischer Formen oder die Vorstellung vom Leben nach dem Tode symbolisieren beispielsweise Aspekte des Ewigen; Universalismus von Gerechtigkeitsprinzipien und das kreative Schaffen von Werken der Kunst entsprechen der Vorstellung der Integration von überdauernden Werten in das vergängliche Leben. Vergängliches vs. Überdauerndes erfahren dort eine Integration, wo ein kommunikativ notwendiger Akt (z. B. das Begleiten eines Sterbenden) eine universelle Bedeutung erlangt. Das Gleichgewicht, das auf der jeweiligen Stufe erreicht wird, ist je vollständig anders. Der darin anschließende sinnkonstitutive Akt hängt zusammen mit der Art, wie ich im Vergänglichen das kommunikativ Wertvolle zu realisieren vermag. Religionsgeschichtlich springt diese Dimension überall da ins Auge, wo Techniken der Innerlichkeit gelernt werden (ägyptisches und tibetanisches Totenbuch, Meditationslehren usw.). Die Zeitdimension durchdringt deshalb die anderen Dimensionspaare in der Weise, daß die jeweils religiös interpretierte Situation eine zeitliche Wertsetzung beinhaltet. An ihr kann das jeweilige Stufengleichgewicht erkannt werden. Auf der höchsten Stufe ist der Augenblick der Liebe, des Sichgeschenktwissens unendlich. Das unendlich Letztgültige wird in jeder Stelle augenblicklich.
Als nächste Dimension haben wir »*Unerklärliches (Magisches) vs. funktionale Durchschaubarkeit*« angeführt. Unerklärlich im Sinne des Magischen meint geheimnisvolle Belebtheit, geheimnisvolles, nur durch Riten beeinflußbares Wirken in der Natur, in bestimmten Objekten und in Lebewesen. Eine besondere

---

19 Piagets Untersuchungen zu den Dimensionen »Aufeinanderfolge«, »Gleichzeitigkeit«, »Transitivität der Gleichheitsrelation der Zeit«, »Additivität und Assoziatät der Zeitstrecken«, »Lebensalter«, »Innere Dauer« usw. sind für unsere Arbeit bedeutungsvoll; sie beinhalten aber mehr die Messung bzw. Konzeptbildung von Zeiteinheiten und nicht so sehr ein Äquilibrium zwischen »Ewigkeit« und »Zeitlichem« (vgl. Piaget 1974).

Form der Verarbeitung des Magischen ist der Animismus. Beim Kind bedeutet er Belebung aller Gegenstände bis hin zum Unheimlichen, weil Großen und Überwältigenden. In der Geschichte der Menschheit ist es der Mythos, in dem die Belebtheit aller Dinge ihren Niederschlag findet. »Gleich der Wissenschaft möchte er (der Mythos) dem Menschen ein Mittel an die Hand geben, mit dem er, der Mensch, auf das Universum einwirken und es sich zu eigen machen kann. Angesichts eines Universums voller Ungewißheiten und Rätsel schaltet sich der Mythos ein, um die Dinge zu vermenschlichen: die Wolken des Himmels, das Licht der Sonne, die Stürme des Meeres, all dieses Außermenschliche büßt ein Gutteil seines Schreckens ein, wenn man darin eine Absicht, ein Empfindungsvermögen, eine Motivierung solcher Art zu erkennen glaubt, wie sie jedes Individuum täglich erfährt.« (Grimal 1967, S. 13). Psychologisch gesehen wird auf den unteren Stufen Magisches darin bestehen, daß die angesprochene Belebung absolut determiniert und gesteuert ist. Auf den oberen Stufen erregen alle Aporien, z. B. das Geheimnisvolle der Möglichkeit menschlicher Begegnung und sozialer Gestaltung, ein Innehalten, eine Ehrfurcht und ein Entdecken der Grenzen der Rationalisierbarkeit. Ein höheres Gleichgewicht bedeutet, daß Durchschaubarkeit der Dinge stets auch ihre Grenzen und Ursprünge mit enthält[20].

Die Dimension »*Geschenkhaftes vs. Selbsterarbeitetes*« haben wir empirisch nicht verifiziert. Erst in neueren Projekten gehen wir darauf ein, weil zur Abrufung dieser Dimension nun auch ein neues Forschungsdilemma (vgl. S. 206 f.) zur Verfügung steht. Insbesondere inhaltliche Bereiche wie »Berufung von oben«, »Chance«, »Segen und Glück« etc. fallen hier an. Die Überwindung der Vorstellung, daß das, was einem geschenkt ist, zufällig sei, entsteht durch einen Interpretationsprozeß, bei dem Chance und Geschenktes jeden einzelnen Akt begleiten, das Selbsterwirkte darin aufgehoben ist. Umgekehrt wird das Selbsterwirkte als Chance gesehen, die durch unser Tun religiös verbürgt wird. Während auf unteren Stufen Glück als direkte Einwirkung Gottes, Nichtglück als Gottesferne interpretiert wird, sind auf den oberen Stufen beide in einer dauernden Erschließung der Akte menschlicher Handlung auf dem Hintergrund apriorischen Sich-Geschenkt-Wissens aufgehoben. Das Letztgültige wird zur Chance per se, aus der heraus »Glaube« oder »Zurückgebundensein« überhaupt erst möglich sind.

20 Eine spezielle Form dieser Dimension wäre auch das »Übernatürliche vs. das Natürliche«. Swanson (1960) beschreibt es in seinem Buch »The Birth of the Gods« als mit der Entwicklung der Vorstellung von der menschlichen Seele zusammenhängend, zeigt aber schließlich auf, daß viele Aspekte sein Entstehen begleiten, so z. B. die Anwendung von Entropie durch die Chaos-Ordnung-Chiffre. Bei Durkheim ist es der Begriff der Gottheit, der von ihm eingeführt wird, obwohl er selber aufzeigt, daß es Religionen ohne Götter gibt. Dies ist denn auch der Grund, warum wir Übernatürlich vs. Natürlich zu den universalisierbaren Kategorien zählen, da sie bei fast allen unseren Protokollen aufscheint, bei den unteren Stufen zusammenfallend mit dem lenkenden Gott, weiter oben mit dem, was als Transzendenz bezeichnet ist.

Zusammenfassend: Die aufgeführten Dimensionen bestimmen das religiöse Urteil des Menschen in der Weise, daß eine höhere Stufe ein je qualitativ »besseres«, adäquateres Gleichgewicht der Begriffspaare ermöglicht. Es ist die kognitive Rekonstruktionsarbeit, die eine Person leistet, wenn sie eine konkrete Situation, von der sie betroffen ist, religiös, d. h. mit diesen Dimensionen, »erklärt«. Diese Rekonstruktionsarbeit ist auch das, was wir als die tägliche Mühe der ganzheitlichen Sinnerschließung unserer Wirklichkeit bezeichnet haben. »Die Sinnfrage beschränkt die Verwendung des Wortes ›Sinn‹ auf die Einordnung von Phänomenen, freilich mit dem Anspruch, damit das Höchste und Letzte dessen zu sagen, was überhaupt begriffen werden kann« (Sauter 1980, S. 7). Methodisch kann ich zu ihr vorstoßen, wenn für ein Handeln oder ein Ereignis überhaupt keine Referenz mehr erkennbar ist oder aber wenn eine Handlung oder ein Ereignis dem bisher selbstverständlichen Sinnhorizont meines Daseins und Soseins entfällt.
Somit ist der Prozeß der Konstruktion eines Gleichgewichtes zwischen den jeweils polaren Dimensionen letztlich die religiöse Rekonstruktion der Wirklichkeit selbst. Die Grammatik dieses Prozesses ist nicht die einer Sache, sondern der Fähigkeit, die Wirklichkeit im oben bezeichneten Gleichgewichtsprozeß religiös zu erschließen.
Wie die Sprache Regeln aufweist, so auch dieser Prozeß. Diese Regeln schlagen sich in den Stufenmerkmalen und Stufenbeschreibungen nieder. Sie bilden so nicht eine Theorie über Religion, sondern eine Theorie darüber, wie das religiöse Bewußtsein von Menschen beschaffen ist.

1.5 Religiöse Wissensstrukturen – religiöse Tiefenstrukturen

> Oft macht man die Erfahrung, daß man etwas sehr gut weiß und es doch vergißt. Wir haben also sogenannte *Wissensstrukturen* gespeichert, die mit der Zeit wieder zerfallen. Ganz anders ist es mit den *Tiefenstrukturen* des religiösen Urteils: Dies sind die latent vorhandenen Muster des religiösen Bewußtseins, mit denen wir kritische Situationen des Lebens bewältigen. Sie zerfallen nicht, sondern sie scheinen z. B. bei Diskussionen aus dem hervor, was ein Partner sagt. Erst hinter der sprachlichen Wirklichkeit verbirgt sich diese Tiefenstruktur. Während man Wissensstrukturen sehr rasch erwerben kann, verändern sich die Tiefenstrukturen einer Person nicht so leicht.

Zuerst eine Episode aus dem Unterricht:
In einem Kurs in Religionsdidaktik unterrichtete der erstgenannte Autor coram publico Erstkläßler zum Thema »Gott ist mit dem Menschen«. Bei der Einleitung fiel das Wort Gott. Das erste Kind sagte: »Gott ist Liebe«. Das zweite: »Gott ist wie ein guter Vater«. Das dritte: »Gott verzeiht dem Menschen«, usw. Und eigentlich hatte ich schon bei der Einleitung das Netz einer systematischen Gotteslehre vor mir, das seiner Struktur nach doch etwas befremdlich anmutete, wenn es aus dem Munde von Erstkläßlern kam.
So erzählte ich den Kindern eine Geschichte. Sie handelte von einem Mann, der nie Zeit hatte. Er war der Direktor einer großen Fabrik. Er hatte so viel zu tun, daß er nicht einmal Zeit hatte für seine Kinder und seine Frau. Und schließlich hatte er keine Zeit für Gott; er konnte nicht an seine Zukunft und auch nicht an die anderen Menschen denken. Denn er war immer beschäftigt. Eines Tages aber hatte er einen Herzinfarkt. Und jetzt lag er da im Spital, und plötzlich hatte er Zeit. Und er spürte, wie wichtig es war, daß jemand für ihn Zeit hatte. Und jetzt dachte er auch an Gott und bat ihn um Kraft.
An dieser Stelle brach ich die Erzählung ab und fragte die Kinder, ob ihrer Meinung nach Gott ihm helfen soll.
Die Hände der Kinder gingen wiederum in die Höhe. Und die meisten von ihnen meinten: Nein, er müsse ihm auch nicht helfen. Jetzt sei er selber schuld. Jetzt geschehe es ihm recht. Das sei ihm eine Lehre, er müsse noch mehr bestraft werden. Ein Kind: »Man müßte ihn schlagen.« Und ein anderes: »Mal so richtig in den Keller sperren ...« An diesem Punkt unterbrach einer der anwesenden Lehrer die Kinder. Er schrie sie zornig an. Er sagte: »Vorher habt ihr doch alle gesagt, Gott sei gut, und jetzt ...« Er ließ die Hände sinken. Vermutlich war es der Lehrer der Klasse.
Abgesehen davon, daß viele Unterrichtende das religiöse Denken der Kinder nicht verstehen, abgesehen von der peinlichen Unbeherrschtheit angesichts des kindlichen Weltbildes und seiner religiösen Interpretation von kommunikativer Wirklichkeit, macht uns diese Szene auf ein weiteres Phänomen aufmerksam: auf den Unterschied zwischen Wissensstrukturen (epistemischen Strukturen) und Tiefenstrukturen der Wirklichkeitsbewältigung.
In der beschriebenen Szene geben die Kinder zuerst gespeichertes Wissen wieder, Wissen, das sie auf dem Wege der Imitation oder durch den Aufbau von Begriffen »kindlich« erworben bzw. gespeichert haben. Später aber, nach der Erzählung vom Mann, der nie Zeit hatte, verwenden die Kinder Tiefenstrukturen der Wirklichkeitsdeutung im Sinne echter Assimilation und Akkommodation.
Der Unterschied zwischen beiden Arten ist aufregend. Denn eine Person kann sehr viel religiöses Wissen, theologisches Wissen haben. Gleichwohl kann sie eine kritische Situation ihres Lebens mit diesem Wissen möglicherweise nicht bewältigen. Sie findet keine semantische Anwendung dieses Wissens auf eine kon-

krete Realität. Umgekehrt aber läßt sich sagen, daß das religiöse Urteil aus jenen Interpretationsleistungen besteht, die eine Person tatsächlich zur Anwendung bringt, wenn sie ihre eigene Wirklichkeit religiös hinterfragt (dies im Sinne der Gleichgewichtsfindung innerhalb der oben beschriebenen polaren Dimensionen).

Wenn wir vom religiösen Urteil, von Stufenunterschieden in diesem Urteil sprechen, so sind damit *Tiefenstrukturen*[21] gemeint. Denn sie stellen gültige Formen der Persönlichkeitsorganisation dar, und sie ermöglichen klare Voraussagen über Begründungen von Handlungen.

1.6 Reduktion des religiösen Urteils auf Kontingenzbewältigung

> Wenn jemand schwere, kritische Situationen seines Lebens religiös aufarbeitet, so bewältigt er diese Situationen. Man sagt, er wird »damit religiös fertig«, oder er bewältigt Kontingenz. Religion besteht nun nicht einfach darin, Kontingenz zu bewältigen oder eine Hilfe fürs Leben zu sein, sie hat auch einen Bereich, der sich z. B. im Ausdruck »Nächstenliebe« oder »Erlösung« widerspiegelt. Dieser Bereich ist spezifisch religiös. Zur weiteren Präzisierung dessen, was wir mit religiösem Urteil meinen, wird also in diesem Abschnitt der Begriff der Kontingenzbewältigung behandelt. Hingewiesen wird auf die Zweideutigkeit, die diesem Begriff innewohnt, aber auch auf die wichtige und hilfreiche Stellung, die ihm für die Situierung und Präzisierung des religiösen Urteils im Rahmen einer kritischen Religionstheorie zukommt.

Ob wir der Versuchung erliegen, bei der Beschreibung der Stufen des religiösen Urteils stets kulturspezifische Dimensionen einzubringen, hängt davon ab, wie sehr unsere Definition dessen, was Religiosität ist, universalierbar ist. Wir glau-

---

21 Das Verhältnis der beiden Strukturtypen ist nicht klar. So verwendet Aebli (1969), sich auf Berlyne beziehend, den Begriff »epistemische Strukturen«, indem er aufzeigt, daß diese – im Vergleich zu Tiefenstrukturen – leicht zerfallen. Daraus ergibt sich, daß Wissensstrukturen in unterschiedlichem Maße innerhalb einer gegebenen Stufe aufgebaut werden. Diese Hypothese aber wäre erst zu prüfen. Daraus könnte man folgern, daß z. B. Personen auf Stufe 2 mit viel religiösem Wissen sich unterscheiden von Stufe-2-Personen mit wenig religiösem Wissen. Man könnte aber auch sagen, daß bei unterschiedlichen Inhalten und bei unterschiedlichem Ausmaß von Wissen über Inhalte die Struktur dieselbe bliebe.

ben, daß wir mit den S. 32 ff. angegebenen polaren Dimensionen universelle religiöse Deutungsmuster zu beschreiben vermögen. Man könnte aber auch, wie dies etwa Lübbe (1980) und Peukert (1982) – allerdings in unterschiedlicher Weise – tun, das religiöse Urteil als Prozeß der »Kontingenzbewältigung« bezeichnen. Da diesem Begriff in der Folge eine entscheidende Stellung zukommt, soll in aller Kürze die Ambivalenz und die hier verwendete Bedeutung des Begriffes zur Sprache kommen.

Überblickt man die gegenwärtige religionssoziologische und religionspsychologische Diskussion, so stellt man unschwer fest, daß es zwischen Ansätzen verschiedenster Provenienz zumindest einen gemeinsamen Nenner gibt: Aufgabe und Funktion von Religion wird als »Kontingenzbewältigung« definiert.[22] In strukturfunktionalistischen und systemtheoretischen Ansätzen ebenso wie vom Symbolischen Interaktionsmus her wird die Funktion von Religion als eine Bewältigung des Kontingenzproblems reflektiert. Für Luhmann etwa geht es in der Religion »um die Transformation unbestimmbarer in bestimmbare Komplexität« (Luhmann 1977, S. 20), und für Lübbe ist »unser Leben ... kontingent und deswegen einzig religiös zu bewältigen – das heißt: Unser Leben ist weder Produkt unserer Arbeit noch Resultat einer Zustimmung zu ihm, die wir am Ende eines herrschaftsfreien Diskurses erteilt hätten. Religiöse Praxis der Kontingenzbewältigung stabilisiert angesichts der absoluten Differenz zwischen dem, dessen wir mächtig sind, und sie stabilisiert überdies angesichts fortdauernder Unsicherheit über den Grenzlinienverlauf« (Lübbe 1979, S. 18). Zufall oder Kontingenz steht dann für jene Wirklichkeit, die »eine Handlung handlungssinnwidrig betrifft« (Lübbe 1980, S. 75). Religiöse Kontingenzbewältigungspraxis stellt nun das Bemühen dar, »Kontingenz durch den Versuch ihrer Integration in den Sinn unserer Handlungen zu bewältigen« (Lübbe 1980, S. 76). Die Funktion der Religion ist also »Praxis der Bewältigung handlungssinntranszendenter Kontingenz« – und zwar als »Praxis ihrer Anerkennung« (Lübbe 1980, S. 79).[23]

---

22 Dabei ist immer der aristotelische Kontingenzbegriff gemeint, also das, was so sein kann, aber nicht so sein muß. Für den Sozialwissenschaftler hat der Begriff »Kontingenz« allerdings eine andere Bedeutung. Mit ihm ist die räumliche, zeitliche oder thematische Nähe von zwei Größen gemeint (Stimulus-Response, Response-Stimulus, Stimulus-Stimulus). Hohe Kontingenz bedeutet hohe Vorhersagbarkeit, Nicht-Kontingenz wäre der totale Zufall. Wenn eine Konsequenz mit hoher Wahrscheinlichkeit auf eine Reaktion eintritt, so ist diese Konsequenz kontrollierbar und damit kontingent. Das Umgekehrte führt zur Hilflosigkeit, insbesondere dann, wenn keine Ursache für das Nichtkontingente gefunden und zukünftige Nichtkontingenz erwartet wird. Die Streß- und Angstsyndrome, die Nichtkontingenz begleiten, sind Bereiche spezieller sozialwissenschaftlicher Forschung. Für uns ist wichtig, daß im Grunde genommen der Sozialwissenschaftler den Kontingenzbegriff in umgekehrter Bedeutung zur traditionellen Philosohie verwendet.

23 Wobei hier nicht zwischen Religion und Religiosität unterschieden wird.

Allerdings – und dies ist entscheidend für die Fassung des religiösen Urteils – kann gerade der Umgang mit Kontingenzerfahrungen äußerst ambivalent sein. So formulierte etwa W. Pannenberg aus theologischer Sicht: »Der Ausdruck Kontingenzbewältigung ist also in Anwendung auf das Religionsthema zweideutig: Er kann, ohne daß mit seinem Gebrauch die Assoziation eines Kontingenz bewältigenden Handelns verbunden würde, einfach die Funktion bezeichnen, die Religion im Gesellschaftssystem erfüllt. Auf der anderen Seite legt dieser Ausdruck doch immer die Assoziation eines handelnden Subjektes nahe, sei es eines Individuums oder eines Gruppensubjekts, das die kontingenten Bedingungen seines Daseins durch Religion ›bewältigt‹ (...). Die als Kontingenzbewältigung bezeichnete Funktion im Gesellschaftssystem kann aber nur erfüllt werden, wenn Religion noch etwas anderes als Kontingenzbewältigung ist, eben ›Repräsentation ewiger Wahrheit‹. Insofern richtet sich das religiöse Bewußtsein auf einen ›Sinn‹, der dem Handelnden vorausgeht. (...) Jedenfalls dürfen jene ›ewigen Wahrheiten‹ der Religion wohl nicht selber wieder als Ergebnis menschlicher *Sinnstiftung* verstanden werden, weil sie damit als ein Handlungsprodukt aufgefaßt werden würden, und das würde den Begriff der Religion aufheben, demzufolge der Mensch sich in ihr von göttlicher Wirklichkeit und göttlichem Handeln her versteht« (Pannenberg 1980, S. 151 f.).

Die Sicht der Religion als Kontingenzbewältigungspraxis ist also in sich paradox. Wie Peukert (1982) überzeugend ausführt, hat Religion eine integrierende und stabilisierende Funktion in einer irrationalen gesellschaftlichen Praxis. Die Irrationalität dieser Praxis zeigt sich in der für das neuzeitliche Bewußtsein maßgeblichen Art, die Steigerung von Macht und die Erweiterung von Verfügungsmöglichkeiten zu forcieren. Eine solche Praxis verschärft nur das Problem umweltbedingter und damit zugleich sozialer Grenzerfahrungen und führt aus der Identitätskrise des Individuums und der Gesellschaft nicht heraus. »*Religion hat in ihrer Irrationalität die Irrationalität einer auf Machtsteigerung beruhenden gesellschaftlichen Mechanik zu legitimieren, und – in potenzierter Absurdität – zu sanktionieren*« (Peukert 1982, S. 84). Religion als in diesem Sinn verstandene Kontingenzbewältigungspraxis leitet zur Anerkennung dessen an, »was ist, weil es ist, wie es ist, und weil nun eben einmal etwas ist und nicht vielmehr nichts. Religion ist das, daß nichts daran zu ändern ist, könnte man kalauern« (Peukert 1982, S. 83).

Demgegenüber schlägt Peukert einen handlungstheoretischen Begriff von Kontingenz vor, der die resignative und regressive Tendenz überwindet und uns als Grundlage zur Entwicklung kognitiv-religiöser Urteilsstufen geeignet erscheint.

Ausgangspunkt dazu bildet die Einsicht, daß der Mensch nicht nur die prinzipielle Möglichkeit hat, in einer Situation diese oder jene Handlung zu wählen, sondern im Modus der Selbstbestimmung »die *Wahl* selbst zu *wählen*« (Peukert

1982, S. 87), sich also die praktische Entscheidungsfrage zu stellen, »ob und als wer er weiterexistieren möchte« (Peukert 1982, S. 87). »Will man dann von *Kontingenz* menschlicher Existenz sprechen, muß man offensichtlich von der faktischen, zeitlich bevorstehenden Existenz sprechen, die durch die *Notwendigkeit* ihrer Faktizität und zugleich durch die in dieser Faktizität eröffneten Handlungsmöglichkeiten bestimmt wird, zu denen sie jeweils Stellung zu nehmen hat, ob sie dies nun bewußt tut oder sich weigert, dies zu tun« (Peukert 1982, S. 87). Dabei ist aber die so aufgefaßte Kontingenz menschlicher Existenz strikt intersubjektiv aufzufassen, insofern »*die praktische Frage* schon immer *von anderen mit gestellt*« (Peukert 1982, S. 88) ist.

Damit ist ein Problemstand religiöser Kontingenzbewältigung erreicht, auf dem menschliche Existenz, als immer schon intersubjektiv vermittelte Freiheit, ihre adäquate Auslegung findet: »Der originär handlungstheoretische Begriff von Kontingenz bezeichnet dann die Notwendigkeit für zeitlich-endliche Freiheit, sich – im Verhalten zu anderen – frei zu sich selbst, also zur eigenen faktischen, zeitlich bevorstehenden Existenz, zu verhalten. Es geht um die Kontingenz von Freiheiten und erst darin um die Kontingenz von Sachverhalten« (Peukert 1982, S. 88).

Von dieser kritischen Religionstheorie aus sind also kognitiv-religiöse Urteilsfunktionen Fragen, Erschließungen, Deutungen, Interpretationen von Ereignissen, welche die religiös urteilende Person in kontingenzbewältigender Relation zu etwas stellen und dabei diese Relation als Verhältnis Transzendenz-Mensch erfährt. Mit religiösem Urteil ist somit der Modus dieses Denkprozesses gemeint, also die Art und Weise, wie Menschen als intersubjektive Freiheitswesen über die wesentlichsten Phasen ihrer Entwicklung hinweg, in bestimmten geschichtlich-gesellschaftlichen Situationen, in Interaktion, ihre Identität finden können, und zwar so, daß diese von »einem Unbedingten bestimmt wird, das nicht in diesem Handeln aufgeht oder in ihm hergestellt wird« (Peukert 1982, S. 90). Wenn man also generell bestimmt, daß mit religiösem Urteil der Denkprozeß gemeint ist, in welchem Menschen über die wesentlichsten Entwicklungsphasen hinweg die Beziehung Mensch-Transzendenz erschließen, dann ist damit immer normativ impliziert,

1. daß auch das Nichtkontingente in dieses religiöse Fragen, Deuten, Interpretieren, Erschließen miteingeht;
2. daß Interaktionen, ob kontingent oder nichtkontingent, den Ausgangspunkt für diese religiöse Interpretationsleistung darstellen;
3. daß die zu sich selbst bewußte Freiheit, das sich selbst bewußte Vertrauen, die zu sich selbst bewußte Zeitlichkeit usw. sich nicht im Kontingenzbegriff erschöpfen, sondern religiöse Erschließung aller Ereignisse interaktiver Art beinhalten.

Zusammenfassend kann man sagen, daß der Begriff der Kontingenzbewältigung zwar nicht genügend weit ist, um angesichts »universeller Wahrheit« das religiöse Urteil voll zu beschreiben; nichtsdestoweniger kann diese Reduktion hilfreich sein, weil sie die von uns aufgezählten Dimensionspaare zu universalisieren vermag. Man kann dann sagen, daß das religiöse Urteil von seiner Problemstellung her danach fragt, woher denn endliche Freiheit angesichts von Kontingenzerfahrungen selbst noch einmal provoziert ist, wie denn die Verhältnisstruktur von Autonomie, Transzendenz, Hoffnung, Heiligem usw. zu denken ist.

1.7 Bisherige Forschung zur Entwicklung des religiösen Urteils

Zum Schluß dieses Kapitels sollen schließlich jene Positionen entwicklungspsychologischer Forschung dargestellt werden, denen ein erheblicher Einfluß auf unsere eigene Forschung zukommt. Eine besondere Bedeutung erhalten dabei die Ansätze von Berger & Luckmann, Broughton, Fowler, Goldman und Kohlberg.

Von den bisherigen Forschungsansätzen sind drei hervorzuheben:
a) der Ansatz der Wissenssoziologie,
b) jener der Untersuchung von Konzeptbildungen und
c) der Stufenansatz von Fowler (1974, 1976, 1979); zu diesem dritten Bereich gehören auch die Arbeiten zur »Entwicklung des philosophischen Denkens« von Broughton (1978, 1979). Alle drei Forschungsrichtungen heben sich wesentlich von unserem Modell ab. Während die Quellen unserer Arbeit direkt auf das Paradigma von Piaget (1973) und von Kohlberg (1971, 1974, 1976) zurückgehen, beziehen sich die erwähnten anderen Forschungsrichtungen zum Teil auf andere Theoriehintergründe.
Zu a):
Die phänomenologisch orientierte Wissenssoziologie in der Tradition von P. L. Berger & Th. Luckmann (1969) und A. Schütz (1960) geht davon aus, daß die Unzulänglichkeiten in der Begegnung mit dem Anderen religiös verarbeitet wird. Dadurch geschieht eine Umwandlung des Denkens in der Weise, daß die prinzipielle Fragwürdigkeit des Du in seiner Kontinuität und Totalität durch das fremde Bewußtsein hindurch als Korrelat des eigenen erfahrbar wird. Dieser

Prozeß ist vermittelt im Vorgang der Sinnstiftung (vgl. R. Döbert 1978, S. 52 ff.). Er führt zu einem Religiositätsbegriff, wie er etwa von V. Drehsen und H. J. Helle (1978, S. 44 f.) formuliert wird: »Religiosität ist diejenige gesellschaftliche Kraft, welche die allgemeine problematische Erfahrung von Abhängigkeit, Komplexität und Diskrepanz auf die möglichen Lösungen von Freiheit, Beständigkeit und Partizipation hin sinnvoll und plausibel, wenngleich in vielfältiger Weise auslegt.« Religiosität in diesem Sinne vermittelt also zwischen Welterfahrung und Weltgewißheit. Diese Vermittlung führt zum Transzendierungsvermögen, welches sinnstiftend Grenzen des Raumes, der Zeit, fester Gegebenheiten zu überschreiten ermöglicht.

Das Problem der Religionssoziologie als Wissenssoziologie liegt wohl darin, daß sie den eigentlichen Prozeß der Transzendierung der religiösen Denk- und Handlungsweisen nicht genügend nachzuzeichnen vermag. Gerade weil sie Wissenssoziologie ist und religiöse Prozesse vor allem unter dem Gesichtspunkt gesellschaftlicher Vermittlung sieht, kann sie den eigentlichen religiösen, reflexiv vermittelten Handlungsprozeß nicht genügend nachvollziehen.

Zu b):

Über die Entwicklung religiöser Konzepte gibt es Untersuchungen von Goldman (1964), Elkind (1961, 1962, 1963), Rosenberg (1977) u. a. Konzepte in ihrem Sinne sind durch Eigenschaften fixierte Vorstellungen über einen Gegenstand oder eine Person. So schreibt Goldman (1964, S. 15): »Concepts of God are responses which tie together or link, or combine discrete sensory experiences such as father is strong, big, allpowerful, cares for me. God is like that and judges and cares for all children. Or God is a big daddy up in the sky.« Rosenberg hat anhand des Gebetsverhaltens Konzepte von Gott, Engeln, Priestern usw. aus Interviews mit Kindern herausgearbeitet. Innerhalb der Genfer Schule untersuchte B. Inhelder die Entwicklung der Grundbegriffe von Zufall und Wahrscheinlichkeit bei Kindern (1978, S. 98 f.). Piagets Arbeiten zum Weltbild des Kindes (1926/1978) mit den Fragen nach dem Ursprung der Gestirne, des Wetters, der Gewässer, der Bäume, der Berge und der Erde können ebenfalls hier eingereiht werden. Aus diesem Material entwickelte er Phasen des artifizialistischen Denkens.

Es dient wohl zur Klärung, wenn der Unterschied der Konzeptforschung zu unserem Ansatz befragt wird. Im Unterschied zu diesen Studien geht es uns nicht um Konzepte, sondern um kognitive Strukturen der Wirklichkeitsbewältigung angesichts des Scheiterns, der Unzulänglichkeit, des Glücks usw. Kognitive religiöse Strukturen sind – anders als bei der Konzeptforschung – Weisen des Beurteilens, Wertens und Sinnerschließens angesichts von Ereignissen, die mit den gängigen Mitteln der Objektbewältigung nur ungenügend erschlossen werden können. Konzepte gehen aber ins religiöse Urteil mit ein. So fanden wir in unseren Daten Äußerungen eines 12jährigen Jungen wie: »Wenn uns etwas Dummes passiert, kann Gott uns so vor einem noch viel größeren Unheil bewahren. Er hat das vorausgeplant.« Diese Aussage würden wir unter Stufe 2 einordnen (oder mindestens auf Stufe 2(1)). Der gleiche Knabe sagt, er stelle sich Gott als einen alten Mann mit weißem Bart vor, was der untersten, intuitiven Stufe Goldmans[24] entspricht. Allerdings muß der Zusammenhang von bestimmten Konzepten (Vorstellungen) und religiösem Urteil anhand neuen empirischen Materials sorgfältig untersucht werden.

Zu c):
Den dritten fundamentalen Ansatz bisheriger Forschung stellt J. Fowlers Stufenkonzeption dar. Es ist ein mehr persönlichkeits- als kognitionspsychologischer, auf Loevingers Werk zurückgehender Ansatz. Seine Stufenbeschreibung stellt sich kurz und stichwortartig wie folgt dar:

»*Der undifferenzierte Glaube:* die vorlinguistische, weitgehend vorkonzeptuelle Bildung der kindlichen Neigung hin zu einer Umgebung, die allmählich als vom eigenen Selbst unterschieden erkannt wird. Das Vertrauen auf die Umwelt und auf die in der elterlichen Sorge verkörperten Bedeutungen fördern die Wahrnehmung des Selbst als wertvoll, umhegt und geborgen; dies geschieht in Prä-Vorstellungen, die sich aus der Qualität der kindlichen Interaktion mit seinen ersten Bezugspersonen und seinen organismischen Hoffnungen niederschlagen.

Der intuitiv-projektive Glaube: Dieser bildet sich typischerweise im Alter zwischen zwei und sechs Jahren; dieses Stadium beinhaltet den Spracherwerb und die Entstehung des Vorstellungsvermögens. In Ermangelung von kognitiven Operationen, die die Umkehrbarkeit der Gedanken und die Überprüfung der Wahrnehmungen erlauben, begreift das Kind Erfahrungen in starken, phantasievollen Vorstellungen. Das Kind ist empfänglich für die Gesten, Rituale und Wörter, die Erwachsene in ihrer Glaubenssprache benutzen, und seine Fähigkeit, die Aufmerksamkeit auf Geheimnisvolles und Göttliches zu richten, kann durch seine Wahrnehmungen der Glaubensüberzeugungen der Erwachsenen wie in einem Brennpunkt gefaßt und geformt werden.

Der mythisch-literale Glaube: Dieser bildet sich gewöhnlich im Alter zwischen sieben und zwölf Jahren; dieses Stadium kennzeichnet die Fähigkeit der Kinder, ihre Glaubensvorstellungen in Frage zu stellen, sie zu testen in Übereinstimmung mit den Lehren der geschätzten Erwachsenen und mit ihren eigenen, stärker entwickelten Fähigkeiten, ihre Gedanken umzukehren und ihre Wahrnehmungen zu überprüfen. Mit der neu gewonnenen Fähigkeit, Perspektiven zu sehen, wird die Egozentrik des vorangehenden Stadiums überwunden, und mit

---

24 Die Stufen von Goldman (1964, S. 52 ff.) sind in Anlehnung an Piaget folgendermaßen formuliert: Stufe 1: intuitive religious thinking; Stufe 2: concrete religious thinking; Stufe 3: abstract religious thinking. Es werden also nur logisch-formale Kriterien eines allgemeinen Stufenunterschiedes angegeben.

dem sicheren Erfassen von Ursachen-Wirkung-Zusammenhängen beginnen die Kinder in diesem Stadium ihre Bedeutungen durch das Narrative oder die »Story« zu bilden und zu erfassen.

Der synthetisch-konventionelle Glaube: Ungefähr mit dem zwölften Lebensjahr kommt es bei den meisten Jugendlichen zu einer weiteren Revolution bei der Sinngewinnung. Neue kognitive Fähigkeiten (frühe formale Operationen) ermöglichen es dem jungen Menschen, mit der Konstruktion der Vorstellung des Selbst zu beginnen, von der er glaubt, daß bedeutende andere Menschen sie haben. (›Ich sehe, wie du mich siehst; ich sehe das Ich, von dem ich glaube, daß du es siehst‹.) Diese Befreiung von der Einbettung in die eigene Erfahrung des Selbst verursacht einen Kampf um die Synthese einer Identität – eine lebbare Einheit der verschiedenen Ichs, von denen ich glaube, daß sie sie sehen. Sie führt ebenfalls zu der Möglichkeit und Notwendigkeit der Reflexion über die Bedeutung der eigenen Geschichten. Im vorangehenden Stadium *ist* das Kind seine Geschichten; in diesem Stadium wird deutlich, daß der junge Mensch Geschichten *hat.*

Geschichten zu haben heißt, danach zu fragen, was sie bedeuten. Mit der Synthese der Identität kommt es zu einer korrespondierenden Bereitschaft zur Synthese von Bedeutung, um das neue, selbstbewußte Selbst zu unterstützen und zu leiten. Dies ist ein kon-formendes Stadium (indem es das Selbst im Vertrauen mit anderen und auf andere formt). Es siedelt Autorität zwischen den »anderen« und dem sich bildenden Selbst an. Viele Erwachsene verbleiben in diesem Glaubensstadium bis weit über die Zeit der Pubertät oder des jungen Erwachsenseins hinaus.

Der individuativ-reflektive Glaube: Bei einigen Menschen beginnt um das Alter von zwanzig Jahren – nicht viel jünger – ein Übergang vom vorangehenden Stadium zu einem anderen, in dem die Selbstreflexion nicht mehr so sehr von anderen abhängt, sondern von der Herausbildung einer Fähigkeit zum Dialog mit den Vorstellungen des Selbst, ›das nur mir zugänglich ist‹. Fragen nach dem wahren Selbst treten in den Vordergrund und mit ihnen auch Fragen, die sich auf die Wahrheit der Wertvorstellungen und Ansichten, welche man vertritt, beziehen. Indem das vollständige formal-operationale Denken eingesetzt wird, trägt dieses Stadium die Bürde der Wahl und des Ausschlusses von Glaubensoptionen. Autorität, die vorher außerhalb angesiedelt war, muß nun im eigenen Selbst lokalisiert werden. In diesem Stadium wird die Zugehörigkeit zu einer Gemeinschaft, hier nicht als individualistische verstanden, eher gewählt oder wiederbestätigt als nur einfach übernommen.

Der konjunktive Glaube: Bei einigen Erwachsenen, normalerweise im Alter über fünfunddreißig, beginnen sich die klaren Grenzen des Selbst und der Ansicht, die im vorangehenden Stadium aufgebaut worden sind, zu verwischen. Es ist erforderlich, Vorstellungen des Selbst, die im frühen Erwachsenenalter gebildet worden sind, zu revidieren. Ein neues Bewußtsein für Polaritäten und Doppeldeutigkeiten im Selbst und im Leben verlangt Beachtung. Paradoxien und die Einheit von Gegensätzen bei Bestrebungen, die Wahrheit zu begreifen, beginnen attraktiv zu werden. Gewöhnlich muß ein erneutes Erarbeiten und Abrufen der früheren Wahrheiten der Kindheit unternommen werden, und es besteht sowohl Interesse als auch Bereitschaft zum Lernen von traditionellen Wahrheiten, die früher als fremd gegenüber den eigenen erfahren worden sind. Dieses Stadium repräsentiert einen kritischen Schritt bei der Relativierung des Selbst als zentralem Ort der Sinngebung, einen Schritt auf die Ergänzung mit dem Sein zu, in welcher die radikalere Sorge für andere möglich ist.

Der universalisierende Glaube: ein seltenes Stadium; die Menschen in diesem Stadium können am besten wie folgt beschrieben werden: Sie haben das Selbst als Achse für das Wissen des Glaubens aufgegeben und haben es stärker als Teil der Seinsgemeinschaft gefunden, der gegenüber sie in Loyalität verpflichtet sind. Aufgrund ihrer Liebe zum Sein und ihrer wahren, ungezwungenen Selbsttranszendenz erfahren wir sie als revolutionär im Hinblick auf ihre Perspektiven und ihre Zuwendung zu anderen. Umfassende Visionen, die Unterordnung von tiefsitzenden, eingebürgerten Interessen unter die Erfüllung des Seins ermöglichen es ihnen, unsere beschränkten Idole zu demaskieren und uns zur Gerechtigkeit und zu einem weiteren, weniger selbst- oder gruppenzentrierten Glauben aufzurufen, indem sie uns lehren oder ein stilles Beispiel sind« (Fowler 1982, S. 444–447).

Versucht man erstens, Merkmale dieser Stufen des Glaubens zu systematisieren, so gelingt dies deshalb schwerlich, weil viele zufällige Informationen in eine Stufe hineinfallen, welche nichts mit den anderen zu tun haben, andererseits aber sowohl konzeptuelle als auch strukturale und emotionale Beziehungs- und Motivationsaspekte durcheinander geraten. So ist auch zweitens die Bezeichnung der Stufen keineswegs zwingend. Warum soll man z. B. auf höherer Stufe nicht intuitiv-projektiv (Stufe 2) sein, wenn man diesen Vorgang genügend bewußt reflektiert?

Es wird deutlich, daß wir dem Ansatz von Fowler kritisch gegenüberstehen. Seine Stufen weisen nebst kognitiven auch formale Komponenten auf, die zu sehr mit dem körperlichen Wachstum korreliert werden. Wenn es z. B. auf Stufe 4 heißt: Der Heranwachsende muß beginnen, seine eigenen Verpflichtungen, seinen Lebensstil, seine Überzeugungen und Haltungen ernst zu nehmen, dann sieht man, daß die Altersvariable mit dem religiösen Wachstum mindestens teilweise konfundiert wird. Problematisch wird dies, wenn kognitive Partikel einer Stufe von der Logik der Sache her nicht zwangsläufig mit dem Alter und dem universalen Kontext einhergehen müssen. Kohlberg hat klar gezeigt, daß Stufen des moralischen Urteils zwar longitudinal irreversibel sind, aber situational nur vom Alters*trend* her, der je unterschiedlich ist, beurteilt werden können.

Anders gesagt: Während wir versuchen, das generalisierte religiöse Urteil, also eine Art kognitives Muster der religiösen Weltbewältigung, festzuhalten, geht es Fowler vielmehr um ganzheitlichen Glauben. Selbst bei Verallgemeinerung des Faith-Begriffes – »faith has to do with making, maintenance, and transformation of human meaning« (Fowler 1979, S. 1) – ist Glaube letztlich eher eine Kategorie der Ich-Entwicklung mit all ihren emotiven und instabilen Komponenten. Sein Ansatz rekurriert auf einen ganzheitlichen Glaubensakt, während bei uns das Verhältnis von Unbedingtem und Mensch als religiöser Akt für jedermann, auch für den Nichtgläubigen, vollziehbar ist. Während wir »religiöse« Religiosität ansprechen, visiert Fowler »glaubensgeprägte« Religiosität an. Wenn Fowler (1979, S. 9) sagt: »Faith does involve constructions of the self and others in perspective taking; in moral analysis and judgement, and in the constructions of self as related to others which we call ego«, so würden wir sagen, daß das religiöse Urteil ebenfalls kommunikativ bezogen ist, aber diesem Akt die in den polaren Dimensionen beschriebene Färbung verleiht.

Es gibt weitere Gründe, warum uns Fowlers Stufen-Konzept problematisch erscheint: Anstatt das spezifisch Religiöse zu betonen, wird hier ein Konglomerat von Stufenkonzeptionen anderer Provenienz (Logik, Rollenübernahme, moralisches Urteil, »locus of authority«, Weltverständnis, symbolische Interaktion usw.) vorgelegt, das als Ganzes erst glaubensmäßige Welterfahrung ermöglicht. Zudem ist die begriffliche Ausprägung, gerade weil so viele andere Konzepte eingebaut werden, oft schwer mitvollziehbar.

Nichtsdestoweniger ist dieser Ansatz äußerst bedeutungsvoll, weil hier zum ersten Mal auf das strukturgenetische Denkmodell rekurriert wird. Ebenfalls sind Fowlers Anwendungen auf die Praxis des geistlichen Lebens interessant; dies kommt etwa im Buch »Faith development and pastoral care« (1987) zum Ausdruck.

In den gleichen Rahmen, also zu c), gehören die Arbeiten zur religiösen Entwicklung von L. Kohlberg. Fowler bezieht sich ja auch auf Kohlberg. Wir selber sind ebenfalls von Kohlberg ausgegangen. Wir möchten deshalb seine unterschiedlichen Denkweisen kurz zusammenfassen:

1. Zuerst hat sich Kohlberg über die religiösen Antworten auf moralische Fragen geärgert. Solange sie in sein Schema paßten (z. B. Lohn – Strafe), hat er sie benutzt, ansonsten – wie Skinner seine unangepaßten Ratten an die Wand warf – überließ er diese Antworten dem Papierkorb.

2. Später aber wurde Kohlberg auf das religiöse Phänomen sehr aufmerksam. Und er fragte sich, welches die Apriori der Moral schlechthin seien, ob sie vielleicht nicht im Religiösen zu entdecken wären. Er begann deshalb von einer 7.

Stufe zu sprechen.[25] Diese entsprach in etwa der Philosophie Spinozas, in der das Unbedingte ein Ganzes, ein untrennbar mit der Natur Verbundenes im Sinne eines Pantheismus darstellt. Die grundlegende Frage: »Warum moralisch sein? Warum gerecht sein in einem Universum, das zum großen Teil ungerecht ist?« (Kohlberg 1977, S. 249) führte zur religiösen Fundierung des Stufenkonzeptes der Moral. Auf diese fundamentale Fragestellung kann nach ihm nur das religiöse Bewußtsein antworten, indem es die Probleme des Zweifels und der Hoffnungslosigkeit verarbeitet und die »Auflösung der Verzweiflung« (Kohlberg 1977, S. 250) leistet. Die 7. Stufe stellt in ihrem Kernpunkt das Gefühl dar, »Teil des Lebensganzen zu sein sowie die Übernahme einer kosmischen – im Gegensatz zu einer universell humanistischen (Stufe 6) – Perspektive« (Kohlberg 1977, S. 250). Damit ist die Sinnebene transzendenter Verwurzelung angesprochen, und man kann es verstehen, daß er einerseits eine 7. Stufe anvisiert hat, andererseits die Formalisierung des religiösen Urteils auf anderen Stufen vorerst nicht vorgenommen hat. Er sagt: »The faith required by universal moral principles I call stage 7, though at this point the term is only a metaphor. This faith orientation does not basically change the definition of universal principles of human justice found at stage 6, but integrates them with a perspective of life's ultimate meaning« (1974a, S. 14). Dies meint jene religiös fundierte Haltung, die letztlich a priori den universellen Prinzipien zugrunde liegt.

3. Wohl am ausführlichsten haben Kohlberg und Power in ihrem Aufsatz »Moral development, religious thinking, and the question of a seventh stage« (1981) das Prinzip der Stufe 7 dargestellt. Sie zeigen auf, daß die 7. Stufe unterschiedlichste inhaltliche Akzente haben kann, so etwa eine Art Naturgesetz-Gerechtigkeit im Sinne von Marc Aurel oder Agape im Sinne des religiösen Engagements von Andrea Simpson. Whiteheads Position, Spinozas Philosophie, Teilhard de Chardins Konzeption der Entwicklung zu einem »Göttlichen Milieu« als auf Omega gerichtete Evolution sind nicht eigentliche Beweise einer Stufe 7, sondern vielmehr Darstellungen dessen, was Stufe 7 sein könnte: »Knowing and loving God or Nature as the ground of a system of laws knowable by reason is a support to our acceptance of human rational moral laws of justice, which are part of the whole« (ebd., S. 371).

4. 1980 haben Power und Kohlberg ein Papier vorgelegt, das sich erstmals dem Problem des religiösen Inhalts innerhalb moralischer Stufen widmet, ohne diese

---

25 Aus persönlichen Gesprächen geht hervor, daß Kohlberg in der Einsamkeit seines in wilder Natur auf Cape Cod stehenden Landhauses den Einfall hatte, die Apriori bzw. Bedingungen der Möglichkeiten praktischer Philosophie auf eine 7. Stufe zu setzen. Vgl. dazu: Kohlberg, L.: Toward a stage 7 – rational science, rational ethics and ultimate faith. Cambridge: Internes Arbeitspapier, 1975.

auf Moral zu reduzieren. Es wird nach dem eigentlichen Religiösen gefragt, und es wird empirisch belegt, daß das moralische Urteil eine notwendige, aber nicht hinreichende Bedingung für das religiöse Urteil darstellt. Der Zusammenhang zwischen Ich-Entwicklung, schulischem Klima und religiösem Urteil wird dargelegt.[26] Aber noch entscheidender: Dort ist auch eine Stufenbeschreibung zu finden, die sich von derjenigen Fowlers eindeutig abhebt (vgl. Kohlberg/Power 1980, S. 343–372). Kohlberg akzeptiert hier, daß es einen religiösen Eigenbereich gibt, der nicht auf die Stufe 7 reduzierbar ist, sondern sich in einzelnen Stufen mit je anderem Gleichgewicht der unterschiedlichen Dimensionen darstellt. Er meint, man könne unsere religiösen Stufen z. B. mehr unter dem Gesichtspunkt der Moral (Freiheit vs. Abhängigkeit, Gerechtigkeit vs. Ungerechtigkeit) formulieren oder aber auch eigene spezifische religiöse Sinndimensionen finden, die einer religiösen Mutterstruktur[27] entsprechen. Dazu meint Zilleßen, daß Kohlbergs Verweis auf eine 7. Stufe nicht genüge, denn dort greife er auf das alte Modell von Natur und Übernatur zurück: »Die Reflexion (das Wissen) wird überhöht und vollendet durch den Glauben, der dann allerdings in ein vages und undefinierbares Gefühl auszulaufen droht. Mir scheint es demgegenüber sachgemäßer zu sein, Religion in der Dialektik von Sinnerfahrung und Sinnreflexion begründet zu sehen, in der dialektischen Zuordnung von Reflexion und Meditation, Diskurs und Spiel, Kontrolle und Ekstase, Selbstbestimmung und Orientierung, ›Reden‹ und ›Hören‹. Diese dialektische Bezeichnung erscheint dann als die Bedingung religiöser Erfahrung. Die Erfahrung ›Teil des Lebensganzen zu sein‹, wird sich dann in der Erfahrung der ›Tiefendimension‹ allen humanen und naturhaften Seins ausdrücken und zum Bewußtsein bringen können« (1982, S. 40). Sie wird also auf jeder Stufe zu finden sein und sich dort als religiöses Urteil niederschlagen. Aber dies hatte Kohlberg längst akzeptiert, indem er zwischen Stufe 7 und dem religiösen Urteil, dargestellt in eigener Stufenhierarchie, in klarer Weise unterschied: Stufe 7 ist Vorbedingung des moralischen Urteilens, während das religiöse Urteil an sich ein strukturiertes Ganzes als Beziehung zwischen einem Unbedingten und der Person in einer konkreten Situation darstellt.

---

26 Wir möchten an dieser Stelle nicht weiter auf diesen Zusammenhang eingehen, sondern die Stufenscores von 21 getesteten Personen unterschiedlichen Alters wiedergeben, aus denen ersichtlich wird, daß die Entwicklung des moralischen Urteils der Entwicklung des religiösen vorausgeht. Man könnte diese Darstellung im eigentlichen Sinn als Décalage bezeichnen.
27 Vgl. S. 61 ff. in dieser Schrift.

Religiöser Stufenscore	Moralischer Stufenscore	Religiöser Stufenscore	Moralischer Stufenscore
1	1	4	4 (3)
1	1	4	4
1	1	4	4½ (Relativist)
2	2	4	4
2	2	4	4
2 (3)	2 (3)	4–5	5
3	3	4–5	5
3	3	5 (4)	5
3	3	5 (4)	5 (4)
4	5	5	5
4	4		

Aus: Kohlberg und Power 1980, S. 360.

Zum strukturgenetischen Ansatz sind aber auch die Arbeiten von J. Broughton[28] zu zählen. Er hat im Zusammenhang mit seinen Studien zur Adoleszenz Stufen der philosophischen Entwicklung entworfen. Broughton legte 1978 ein Stufenkonzept »natürlicher Philosophie« vor, das er 1979 in einer Längsschnittstudie an Adoleszenten validiert hat. Die Basiselemente seiner Untersuchung sind empirisch erhobene Vorstellungen zu den Konzepten »Selbst«, »Vernunft«, »Körper« einerseits und »Wissen«, »Wahrheit«, »Realität« andererseits. Obwohl Broughtons Werk für uns zentrale Bedeutung haben könnte, haben wir bis jetzt noch keine Kreuzvalidierung unseres Stufenkonzeptes anhand seines Systems vorgenommen. Dies soll späteren Arbeiten vorbehalten sein. Ein Beispiel aber, nämlich die »reality/appearance«-Dimension sei hier zum besseren Verständnis seines Ansatzes stufenmäßig wiedergegeben:

1. Objektive Ebene (Alter 4-7):
   Objektives: Es wird eine Realität durch einfache und unmittelbare Existenz externaler Dinge angenommen. Das Reale wird nicht vom Künstlichen unterschieden.
2. Individuelle Ebene (Alter 8-12):
   Angeborenheits-Realität: Sicherheit wird durch Realität direkt verbürgt. Erscheinung ist die Art, wie die Dinge aussehen, und dies ist Realität. Das Reale wird unterschieden vom Vorgestellten. Das Reale »dauert«.
3. Geteilte Ebene (Alter 12+):
   »Realistik«: Erscheinung wird im allgemeinen realistisch betrachtet, aber der Verstand kann sie trüben (Meinung oder Werte). Das Merkmal ist eher Glaube als Realität.

---

28 Vgl. Broughton 1978, 1979.

4. Dualistische Ebene (Alter 18+):
   Dualist: Eine Realität wird angenommen. Das Noumenon wird vom Phänomenon getrennt. Die substantielle Realität ist ein gesetzartiges System, das Erscheinung bewirkt.
5. Subjektive Ebene (Alter 20+):
   Subjektivist: Alles Reale ist phänomenal. Alles wird – auf der Ebene von Daten – als determiniert gesehen.
6. Rationale Ebene (Alter 25+):
   Perspektivist: Die Realität wird vorausgesetzt. Sie ist definiert durch die Kohärenz und die Nützlichkeit des Systems, durch welches sie interpretiert wird.
7. Dialektisch-materielle Ebene:
   Materialist: Die objektive, materielle Realität entsteht und erscheint dynamisch mittels der menschlichen Aktivität.

Diese sieben Stufen – sie sind bei Broughton ergänzt durch die Bereiche »mental/material«, »physical/social« und »knower/known«, die wir hier nicht aufführen – liegen grundsätzlich nahe bei unserem Stufensystem. Sie fangen zwar die religiösen Dimensionen nicht ein, aber sie stellen kognitive Voraussetzungen dar für das Verständnis des religiösen Urteils. Ihre ontologischen Inhalte gehen mit in die Beschreibung des religiösen Urteils ein. Sie vermögen zwar nicht sinnstiftend im breiteren Sinne z. B. der Kontingenzbewältigung zu dienen, nichtsdestoweniger sind sie als kognitive Leistungen Voraussetzung zu unseren Stufen: Vermutlich sind sie noch wichtigere (notwendige, aber nicht hinreichende) Voraussetzungen für unsere Stufen des religiösen Urteils als etwa die moralischen Stufen sensu Kohlberg. Leider können wir – wie gesagt – noch keine Untersuchungen zum angesprochenen Verhältnis vorlegen. Immerhin ist zu sehen, daß etwa seine 3. Stufe mit der von uns beschriebenen 3. Stufe übereinstimmt. Ebenfalls entsprechen seine 6. und 7. Stufe in sinnvoller Weise unserer Stufe 5. Dies sind aber nur Augenscheinzuordnungen, die einer genaueren strukturellen Analyse bedürfen.

Zusammenfassend: Es war nicht die Absicht, eine umfassende Darstellung entwicklungspsychologischer Forschung im Bereich des religiösen Urteils vorzulegen. Vielmehr ging es uns darum, jene Quellen vorzulegen, die als bisherige Forschung direkten Einfluß auf unsere Konzeption nahmen, so vor allem der Berger-Luckmannsche-Ansatz, die Konzeptforschung von Goldman und Elkind und die entwicklungspsychologischen Arbeiten von Fowler, Kohlberg und Broughton. Weggelassen haben wir Forschungen zum Verhältnis Psychoanalyse und Religion. Diese sind an anderer Stelle diskutiert worden (vgl. Bucher & Oser 1988).

2 Die religiöse Denkstruktur als Mutter-Struktur

Es gibt Personen, die behaupten, Religion sei bloß ein Randphänomen des Menschen. Viel wichtiger seien moralische oder etwa auch mathematische Fähigkeiten. Wir möchten aber in diesem Kapitel nachweisen, daß die religiöse Identität eines Menschen, also auch das religiöse Urteil, etwas ursprünglich zum Menschen Gehörendes ist und daß er sie überhaupt nicht von sich ablösen kann. Deshalb bezeichnen wir sie mit dem Begriff Mutter-Struktur. Die religiöse Mutterstruktur wird als eigenständige Struktur verstanden, deren Bedingungen und Qualitäten hier beschrieben werden. Ein Beispiel veranschaulicht diese Überlegungen.

2.1 Der Streit um die Abgrenzung

> Die religiöse Dimension unseres Handelns und Sprechens ist eine eigenständige Dimension und läßt sich nicht auf Moral reduzieren. Der Zwang, alles Religiöse aufzulösen und zu verneinen, daß es eine religiöse Mutter-Struktur gibt, scheitert an der Annahme, daß der Sinn des Lebens, Fragen nach der Zukunft, die Bewältigung von Schicksal und Tod jeden Menschen angehen und daß jeder Mensch in bestimmten Situationen seines Lebens eine Antwort darauf finden muß. In dieser Antwort aber ist – sofern sie eine Beziehung zu einem Letztgültigen beinhaltet bzw. auf ein Unbedingtes verweist – die Struktur des religiösen Urteils verborgen.

Wenn in alle fundamentalen Bereiche des Denkens logische Elemente eingehen, so wäre es im Grunde genommen sinnvoll, eine einzige kognitive Grundstruktur anzunehmen und alle anderen Bereiche als Facetten dieser einen Grundstruktur zu erklären.

Kohlberg hat in vielen Gesprächen mit dem erstgenannten Verfasser immer wieder der Überzeugung Ausdruck gegeben, daß religiöse Strukturen sog. »soft structures« seien, moralische dagegen »hard structures«. Moral sei eine verallgemeinerungsfähige Struktur. Es gäbe keine Gesellschaften, in denen Moral keine Rolle spiele; hingegen sei Religion etwas Sekundäres, das Moral zwar übergreife und umfasse, aber nicht zum verallgemeinerungsfähigen Bereich menschlicher Erfahrung gehöre. Wie wir auf S. 52 ff. dargestellt haben, ist Kohlberg in seinen späteren Schriften dazu übergegangen, eine religiöse Urteilsstruktur anzunehmen, und zwar ungeachtet dessen, daß Religiosität zugleich auch den Ursprung moralischen Fragens verbürgt (Stufe 7).

Nichtsdestoweniger müssen wir uns fragen, ob es einen geschlossenen Bereich gibt, der nach Abzug aller logischen, ontologischen, moralischen, sozialen, kulturellen Formen und Partikel spezifisch religiös ist. Sollen wir die Strukturen so weit formalisieren, daß alles hier Aufgezählte unter denselben Nenner fällt, oder läßt sich Religiosität von anderen operativen Weltbewältigungsschemata abheben? Um diese Frage zu beantworten, möchten wir nochmals die religiösen und die moralischen Strukturen analysieren und anschließend den Begriff der religiösen Mutterstruktur einführen.[1] Sinn und Zweck dieses Unterfangens besteht darin, einen religiösen Bereich zu postulieren, der nicht mehr auf etwas anderes zurückgeführt werden kann.

---

1 Vgl. dazu auch unsere Ausführungen im Zusammenhang mit Kohlbergs Theorie S. 52 ff.

Wir gehen von der fragenden, suchenden, vergleichenden, registrierenden Aktivität des Menschen im Sinne letzter Begründungen aus: Jeder Mensch stellt sich die Fragen: wohin gehe ich, woher komme ich, was sind die Zufälligkeiten des Lebens, was übergreift und umgreift mich, wodurch bin ich bestimmt, was ist der Sinn des Lebens, was wird jenseits des Todes aus mir, was ist mir durch die Religion verheißen usw. In der Beantwortung solcher Fragen kommen operative Aspekte des religiösen Bewußtseins zum Ausdruck. Und wir meinen, daß der religiöse Bereich wie kein anderer am Ursprung menschlicher Zivilisation steht und damit von vielen anderen abgrenzbar ist. Moral hingegen beschäftigt sich mit anderen Fragen, nämlich damit, ob die Zuteilung von materiellen und geistigen Gütern nach einer bestimmten Reversibilität erfolgt, also nach Prinzipien, die generalisierbar sind. Die Aussage, daß sich Kontingenzbewältigung (und damit Religion und/oder religiöses Sprechen, Handeln, Urteilen) nicht auf Moral reduzieren läßt, dies, obwohl oder gerade weil religiöses Handeln immer auch schon moralisches Handeln beinhaltet, hängt von der jeweiligen Definition ab, was das eine oder andere sei. Zudem läßt sich in einer transzendental-reduktiven Analyse der normativen Struktur der Moral zeigen, daß der Sollens-Anspruch der Freiheit das Moment des Unbedingten impliziert, das in bezug auf eine verbürgende Sinnbestimmung menschlicher Freiheit nicht anders als religiös qualifiziert werden kann, so daß man gerechtfertigterweise von einer eigenständigen Dimension der Religiosität in bezug auch auf ihre Funktion sprechen kann (vgl. dazu: Krings 1980, S. 161–185; Krings/Simons 1973, S. 614–641, Böckle 1977, S. 48–80).
Andererseits kann man auch zeigen, daß jede Moralität Aporien enthält – und zwar nicht End-, sondern Anfangsaporien – die über ihre eigene Struktur hinausweisen, ja diese sprengen und deshalb nicht moralisch gelöst werden können. Daß Freiheit ihren adäquaten Gehalt nur in anderer Freiheit findet, bzw. im Vollzug der gegenseitigen unbedingten Anerkennung von Freiheiten, kann man auch als Gesetz im Sinne der moralischen Forderung verstehen. Die eindeutig religiöse Dimension wird erst erreicht, wenn das intersubjektive Geschehen – theologisch gesprochen – von Verheißung ausgeht, und somit Freiheit auch als *befreite* und befreiende Freiheit bestimmt werden kann. Erst wenn sie das Problem der Schuld und – theologisch gesprochen – der Rechtfertigung, die in der Differenz von Intention und wirklichem Tun und Tun-Können erfahren wird, verarbeiten kann, und zwar so verarbeiten kann, daß es gerade eine Ermutigung zu all dem ist, was nur dann glücken kann, wenn eine solche Ermutigung (absolute Freiheit, Gott, usw.) angenommen wird – erst dann hat sie ihr adäquates Niveau erreicht. Die Überforderungsmechanismen, so die Spannung von Streß und Resignation, die Problematik des Todes und der unschuldigen Opfer der Geschichte, das Problem des sich festfahrenden und scheiternden Handelns oder

2 Vgl. dazu auch die Annahme einer 7. Stufe bei Kohlberg, S. 53 in dieser Schrift.

die Grundantinomie moralischen Handelns, daß eine wirkliche Wahl von Liebe sich anderen vorenthält, signalisieren die Problemstellung: diese immanenten Aporien jeder Moral führen über den bloßen Imperativ hinaus zu einer ultimaten Wirklichkeit, von der her die imperative Sollensstruktur indikativisch erfahren wird. (Diese spezifisch religiöse Qualität des indikativischen Imperativs läßt sich am Phänomen verdeutlichen, daß Menschen sich – in der Liebe – Versprechen machen können, für die sie nicht ganz einstehen können. Dies wurde oft als paradoxe Struktur des endlich-unendlichen Wesens des Menschen ausgelegt. Der eigentliche aktuelle Ort dieser Problematik aber ist das Geschehen der Liebe selbst: daß etwas beginnt, was zum vorneherein mehr ist, 1. weil es schon angefangen hat und 2. weil es immer mehr meint als wir können.) Die Tiefendimension des indikativischen Imperativs (theologisch Gnade/Rechtfertigung) hat auch Paul Tillich (1963) im Auge, wenn er unter dem Titel »die verlorene Dimension« schreibt: »Religiös sein bedeutet, leidenschaftlich nach dem Sinn unseres Lebens zu fragen und für Antworten offen zu sein, auch wenn sie uns tief erschüttern. Eine solche Auffassung macht die Religion zu etwas universal Menschlichem, wenn sie auch von dem abweicht, was man gewöhnlich unter Religion versteht. Religion als Tiefendimension ist nicht der Glaube an die Existenz von Göttern, auch nicht an die Existenz eines einzigen Gottes. Sie besteht nicht in Handlungen und Einrichtungen, in denen sich die Verbindung des Menschen mit seinem Gott darstellt. Niemand kann bestreiten, daß die geschichtlichen Religionen ›Religion‹ in diesem Sinne sind. Aber Religion in ihrem wahren Wesen ist mehr als Religion in diesem Sinne: Sie ist das Sein des Menschen, sofern es ihm um den Sinn seines Lebens und des Daseins überhaupt geht.
Viele Menschen sind von etwas ergriffen, was sie unbedingt angeht; aber sie fühlen sich jeder konkreten Religion fern, gerade weil sie die Frage nach dem Sinn ihres Lebens ernst nehmen. Sie glauben, daß ihr tiefstes Anliegen in den vorhandenen Religionen nicht zum Ausdruck gebracht wird, und so lehnen sie die Religion ab ›aus Religion‹. Diese Erfahrung lehrt uns, zu unterscheiden zwischen Religion als Leben in der Dimension der Tiefe und den konkreten Religionen, in deren Symbolen und Einrichtungen das religiöse Anliegen des Menschen Gestalt gewonnen hat. Wenn wir die Situation des heutigen Menschen verstehen wollen, müssen wir von dem Wesensbegriff der Religion ausgehen und nicht von einer spezifischen Religion, auch nicht dem Christentum« (S. 8/9). Schärfer wird Tillichs Aussage, wenn von der Qualität einer Beziehung zu einem Unbedingten gesprochen wird, das als Referenzpunkt nicht notwendig definiert werden muß. Das Wesen der Religion, diese erwähnte Tiefendimension, kommt dann auf einer bestimmten Stufe der Entwicklung je anders zur Sprache. Als Ontogenese religiösen Bewußtseins ist die stufenweise Entfaltung und Differenzierung dieser Dimension aber etwas Eigenständiges, von anderen Strukturbereichen klar Unterscheidbares.

2.2 Der Begriff der Mutter-Struktur

> In den vorhergehenden Abschnitten wurde das Konstrukt »Religiöses Urteil« nur hinsichtlich seiner formalen Beziehungsstruktur beschrieben. Um aber die Legitimität und Reichweite dessen zu erfassen, was wir unter religiösem Urteil verstehen, ist es notwendig, seinen *allgemeinen Status* näher zu bestimmen. Dies wollen wir anhand des Begriffes der »Mutter-Struktur« tun, da er sich im heuristischen Sinne für die hier zugrunde liegende entwicklungspsychologische Sachproblematik als hilfreich erweist.

Piaget hat den Begriff der »Mutter-Struktur« erstmals für den psychologischen Strukturalismus fruchtbar gemacht (Piaget 1973, S. 23–28). Die Idee der »Mutter-Struktur« nahm er aber bei den Bourbaki auf, einer französischen Mathematiker-Gruppe, welche versuchte, die gesamte Mathematik enzyklopädisch der Strukturidee unterzuordnen. »Die Methode der Bourbaki bestand darin, daß sie über Isomorphismen die allgemeinsten Strukturen herausarbeiteten, denen mathematische Elemente aller Art untergeordnet werden können, aus welchen Bereichen sie auch stammen und vollständig abgesehen von ihrer besonderen Natur« (Piaget 1973, S. 24). Dieses Verfahren führte zur Entdeckung von drei »Mutter-Strukturen« im mathematischen Bereich: algebraische Strukturen, Ordnungsstrukturen und topologische Strukturen. Die Eigentümlichkeit von Mutter-Strukturen besteht nun darin – und dies ist hier für uns das entscheidende –, daß sie nicht aufeinander zurückführbar sind, aus ihnen aber alle anderen (Unter-)Strukturen abgeleitet werden können. Mutter-Strukturen sind also nicht mehr hintergehbare kognitive Grundstrukturen. Sind diese Grundstrukturen einmal unterschieden, ergeben sich zwei Möglichkeiten, um daraus Unterstrukturen zu definieren: Kombination und Differenzierung. Man kann auch sagen, daß durch diese Wege der Übergang von starken zu schwächeren Strukturen offengelegt wird. Piaget stellt allerdings auch fest, daß der Vorgang der Entstehung neuer Strukturen mehr unter dem Gesichtspunkt der In-Beziehung-Setzung (Koordination) von Elementen der Mutter-Struktur als unter dem Gesichtspunkt ihrer selbst zu betrachten ist.

2.3 Religiöse Mutter-Struktur

> Der von Piaget eingeführte Begriff der Mutter-Struktur kann auch im eigenständigen und ursprünglichen Bereich des Religiösen angewendet werden. Sinnschaffung, Hoffnung, Transzendenz, Freiheit, Überzeitlichkeit usw. sind Elemente dieser Struktur. Die religiöse Mutter-Struktur ist nicht mehr reduzierbar und wird vom Menschen als umfassende Tiefendimension erfahren. Dabei erlebt sich dann die urteilende Person als mit sich selbst identisch, wenn es gelingt, die verschiedenen Bereiche und Dimensionen ihres Lebens als Einheit zu erfassen.

Analog zu den Mutter-Strukturen im mathematischen Bereich kann man nun den Begriff der Mutter-Struktur auch auf das Konstrukt des kognitiv-religiösen Urteils beziehen. Eine kognitiv-religiöse Mutter-Struktur müßte demnach folgende Qualität besitzen bzw. Leistung erbringen: 1. als Fundamental-Struktur einen irreduziblen Kern besitzen, der 2. als nicht mehr hintergehbares Strukturschema eine spezifisch religiös qualifizierte Wirklichkeitsbewältigung mit inhaltsübergreifender Qualität ermöglicht und 3. unter historischer Perspektive sich als aufklärungs- und säkularisierungsresistent erweist.

Religiöse Mutter-Strukturen müssen also für jedermann – wenn bewußt gemacht – »erfahrbar« sein, d. h. jeder Mensch kann, vermittelt durch qualifizierte Erfahrungen, die religionsträchtig sind, die religiöse Mutter-Struktur als spezifisches Muster der Rationalisierung potentiell aktivieren. Dies bedingt, daß sie universalen Charakter besitzen.

Welches ist nun die eigentümliche *religiöse* Qualität, welche die religiöse Mutter-Struktur *als* religiöse Mutter-Struktur auszuweisen vermag? Die religiöse Qualität weist auf etwas hin, »das über oder unter der alltäglichen Wirklichkeit und ihrer gängigen Wahrnehmung liegt, und zugleich weist sie vorwärts, womit sie es ermöglicht, das Leben weiterzuführen. Weiter ist an der religiösen Qualität dies wesentlich, daß mit dem sinnstiftenden Moment eine Loslösung bzw. Abstandnahme von der alltäglichen Sinngebung verbunden ist bzw. diese auch verdoppelt werden kann, so daß das Religiöse über die alltägliche Sinngebung hinaus weist bzw. ihr gegenüber als ein Sinnempfang bzw. eine Sinngebung eines schlechterdings anderen Niveaus erscheint. Dabei kann diese neue Sinngebung dann orientierend und normierend auf dem alltäglichen Niveau wirken. Schließlich scheint an der religiösen Qualität dies wesentlich zu sein, daß sie irgendeine Form der Verarbeitung hinsichtlich der Fragen erlaubt, mit denen ein jeder Mensch sich in bestimmten Situationen seiner Existenz konfrontiert sieht« (Waardenburg 1980, S. 30 f.).

Die religiöse Mutter-Struktur beinhaltet damit ein ganz spezifisches Rationalisierungspotential, sie bewegt sich auf dem spezifischen Niveau der *Sinn-Frage*, indem sie als Letztberufungsinstanz nicht nur die Orientierungsbedürftigkeit, sondern in der Frage nach absolutem Sinn auch dem fundamentalen Rechtfertigungsbedürfnis des Menschen Ausdruck verleiht (vgl. Sauter 1980, S. 80). Damit aber thematisiert die religiöse Mutter-Struktur ihrer inneren Qualität nach nicht nur ein Verhältnis zum eigenen Dasein, Handeln und Selbstsein, denn »Religion ist keine unmittelbare Selbstverwirklichung, sondern derjenige Vollzug, mit dem sich der Mensch in ein Verhältnis zu letztgültiger, alle empirischen Bestimmtheiten übersteigender Wirklichkeit setzt« (Rendtorff 1980, S. 199). Es scheint auch der eigentümliche Doppelsinn auf, der in der religiös-metaphysischen Mutter-Struktur beschlossen liegt. Denn einerseits geht die religiös qualifizierte Sinnfrage als »Frage nach dem Ganzen« auf das Gemeinsame aller Wirklichkeit und andererseits zielt sie auf den Grund, der diese Einheit ermöglicht. Das Hauptthema der religiösen Fundamentalstruktur liegt demnach darin, »wie Totalität gedacht werden kann, die ihren Grund von sich unterscheidet« (Pröpper 1976, S. 136). Diese spezifische Rationalisierungsgestalt von ›Totalität‹ und sinnstiftendem Grund ist es denn auch, was eine religiöse Entwicklungslogik in ihren verschiedenen Struktur-Gestaltungsniveaus ermöglicht und antreibt.
Die religiöse Mutter-Struktur ist also ein nicht mehr reduzierbares, nicht mehr auf Moral verweisendes, ureigenes Verstehen der konkreten Situation mit Hilfe der sieben konträren Dimensionspaare; dieses Verstehen wird als Selbstvollzug im Rahmen eines kommunikativen Engagements angesichts eines Ultimaten als universelle und universalisierende ›Tiefendimension‹ des menschlichen Lebens begriffen. Die Operationen, die diese Mutterstrukturen zum Tragen bringen, sind solche des Beziehungsaspektes. Z. B. wirkt eine Person im Gebet auf das Letztgültige ein. Beziehungsoperationen sind nicht abstrakter als die Grundlagen mathematischen Denkens. Aber sie sind anderer Art. Die Aussage »Gott geht auf den Menschen zu« ist eine Operation, die es in anderer Form nicht gibt. Die Frage nach Sinn und Heil, das Problem der Bedingungen von wahrem Leben artikuliert sich in der Mutter-Struktur immer auch als Vorstellung von Ganzheit und Einheit. Denn »der Mensch fühlt sich dort geborgen – also im ›Heil‹ stehend – wo es ihm gelingt, die verschiedenen Bereiche und Dimensionen seines Lebens als Einheit, als Ganzes zu erfahren. Diese Grunderfahrung tritt aber nie für sich allein auf, sondern ereignet sich immer im Erleben einer Diastase – einer Ausständigkeit dieser Ganzheit. Darin wird solche Ausständigkeit als Widerstand erfahren, d. h. die Integration ergibt sich nicht als das Selbstverständliche, sondern als das, was erst durch Aufhebung des Entgegenstrebenden und Entgegengesetzten erreicht werden kann. An dieser dichotomischen Grunderfahrung entzündet sich alle Tätigkeit des theoretischen und praktischen Intellekts: Religion, Mythos, Philosophie, Wissenschaft, Politik, Kunst, usw.

Die Heilsfrage als Integrationsfrage ist das eigentlich virulente Element der menschlichen Existenz. Gerade dort aber, wo die Frage nach der Ganzheit menschlichen Lebens gestellt wird, offenbart sich auch die ursprüngliche Antinomie des Denkens: Die Unbestimmtheit des im Leben noch Ausständigen bedeutet zugleich und in einem Offenheit und Möglichkeit, aber auch in dieser Unbestimmtheit letzte Widerständigkeit. Endgültige Integration könnte erst im Tod erreicht werden, gerade dort aber wird die Einheit am radikalsten in Frage gestellt. An dieser letzten Widerständigkeit sieht sich der Mensch mit dem Problem des Scheiterns der Frage nach Einheit überhaupt konfrontiert« (Schupp 1975, S. 8).

In der Frage nach absoluter Begründung und Sinngebung, in der Frage nach Einheit überhaupt, kommt in der religiösen Mutter-Struktur ein nicht mehr hintergehbares Implikat des menschlichen Selbstvollzuges zum Ausdruck, das als Spezifikum der religiösen kognitiven Wirklichkeitsbewältigung betrachtet werden darf. Die religiöse Mutter-Struktur, welche ihrer Funktion nach eben nicht nur ein Orientierungs-, sondern auch ein Rechtfertigungsbedürfnis des Menschen erfüllt, »richtet sich auf den Sinn der Wirklichkeit überhaupt und den absoluten Sinn eben des Wesens, das in solcher Weise nach ihm zu fragen vermag. Sie geht auf den Sinn von Sein und Existenz in ihrer Faktizität« (Pröpper 1976, S. 135). Es ist die fundamentale Erfahrung der eigenen Faktizität, der Kontingenz, welche die Frage nach absolutem Sinn provoziert und nach einer rational begründeten Rechtfertigung verlangt. In seiner schärfsten Form hat diese Problematik wohl der späte Schelling formuliert, wenn er schreibt: »Wenn ich bis an die Grenze allen Denkens gehen will, so muß ich ja auch als möglich annehmen, daß überall nichts wäre. Die letzte Frage ist immer: Warum ist überhaupt etwas und nicht nichts? Auf diese Frage kann ich nicht mit bloßen Abstraktionen von dem wirklichen Sein antworten« (1954, S. 242).

2.4 Verobjektivierte religiöse Mutter-Strukturen

> Nicht nur hinter dem, was eine Person sagt, steht eine religiöse Tiefenstruktur bzw. eine ureigene religiöse Mutter-Struktur. Auch in geschriebenen Texten läßt sich gut dasselbe Phänomen nachweisen. Religiös erzählte (narrative) Texte verbergen eine Mutter-Struktur, die sich z.B. durch die Methoden der hermeneutischen Analyse herausarbeiten läßt. In diesem Abschnitt soll dies am Beispiel der Legende vom Bauern Simon geschehen.

Den Begriff der Mutter-Struktur möchten wir der kognitiven Repräsentation der »religiösen Wirklichkeit« vorbehalten, also dem Prozeß des nicht hintergehbaren Implikats des menschlichen Verstehens und Selbstvollzuges. Dieser Prozeß ist in der religiösen Literatur immer wieder dargestellt worden. Nicht daß das Beispiel selbst, das wir hier anfügen, eine religiöse Mutter-Struktur wäre. Wir meinen, daß der dargestellte Prozeß des Sinnsuchens und -findens ein gutes Beispiel für die Gleichgewichtsfindung zwischen konträren Elementen beinhaltet. Der kognitive Akt liegt in der Mutter-Struktur verborgen. Denn sie assimiliert Wirklichkeit mit den ihnen apriori zur Verfügung stehenden Elementen und deren Beziehung zueinander.

Das Beispiel – es ist die altrussische Legende vom Bauern Simon – lautet folgendermaßen: »Simon war ein frommer Bauer, hatte viele Kinder und noch mehr Knechte und Mägde, die alle die Stube des Hauses füllten. Er war betrübt, daß er so wenig allein sein konnte, um mit Gott zu sprechen und ihn zu treffen. Er verließ darum Haus und Hof und machte sich auf die Suche nach Gott. Plötzlich spürte er, daß ihm Gott ganz nahe war; es zog ihn mächtig zu einer Türe hin, auf der mit feurigen Buchstaben der Name Gottes geschrieben stand. Als er zitternd öffnete, stand er in seiner alten Stube mitten unter seinen Kindern und Knechten.«[3]

Um diesen kleinen Text zu verstehen, ist es von Nutzen, das religiöse Handlungsmuster (Struktur), das ihm zugrunde liegt, zu durchschauen. Es besteht aus einigen wichtigen Elementen, welche zueinander reversibel in Beziehung stehen bzw. von vorne nach hinten und umgekehrt erschlossen werden können. Wir versuchen, diese Elemente zu beschreiben:

1. Element
Es beinhaltet die Suche des Menschen nach Sinn, Frieden, Glück, nach dem Unbedingten. Dies ist eine Grunddimension, welche von allen Menschen geteilt wird, ein Existential.

2. Element
Der Mensch verläßt seine alltäglichen Verflechtungen und macht sich auf die Suche außerhalb derselben.

---

[3] Dies ist natürlich ein Beispiel aus der jüdisch-christlichen Tradition. Aber nicht das Beispiel ist die Mutter-Struktur, sondern im Beispiel ist die Mutter-Struktur verborgen. Das Beispiel ist nicht universalisierbar, jedoch die darin verborgene Struktur. Ebenso können wir nicht sagen, die Heinz-Geschichte von Kohlberg sei universalisierbar, denn da gibt es ein Krebsmittel, einen Apotheker, usw. In den Eingeborenenkulturen Brasiliens etwa existieren diese Dinge nicht. Aber die verborgene Struktur der erzählten Geschichte ist universalisierbar.

3. Element
Das Unbedingte ist auf den Menschen zu. Es läßt sich nicht erzwingen an einem bestimmten Ort, in einer bestimmten Zeit. Denn was den Menschen trifft, ist immer schon geschenkhaft-verborgen anwesend.

4. Element
Der Mensch erfährt das Ultimate in seiner nächsten Umgebung. Das Auf-die-Welt-Zugehen des Unbedingten ist immer auch ein Auf-den-Menschen-Zugehen, ist befreiende Interaktion. Denn der Mensch wird Mensch in seiner Sinnfindung, in diesem Falle in seiner Beziehung zum Unbedingten, oder besser in der Beziehung dieses Unbedingten zum Menschen.

Der Text bringt eine Handlungsdisposition zur Geltung, die wir als religiöse Mutter-Struktur bezeichnen können. Dieser Prozeß ist ursprünglich, zugleich entfaltbar. Er läßt sich in viele andere »religiöse sinnstiftende« Situationen übertragen.
Religiöse Mutter-Strukturen beinhalten aber auch stets ein Transformationspotential. Dieses kommt im obigen Beispiel deutlich darin zur Sprache, daß der Mann sich auf den Weg macht und fundamentale Überraschungen erlebt. Das Suchen ist fruchtlos, denn das Finden hängt nicht nur vom Suchen ab, sondern vom Sehen bzw. Verstehen: Das »Heilige«, das er außerhalb seines »profanen« Alltagsbereichs sucht, gibt sich ihm innerhalb dieses Bereiches zu erkennen. Und dieses Verstehen ist immer mit der Frage gekoppelt: wie rekonstruiere ich die Situation angesichts eines Unbedingten, Letztgültigen. Und dies ist wiederum das, was wir als religiöses Urteil bezeichnet haben.

3 Die Stufen des religiösen Urteils

In diesem zentralen Kapitel sollen die Stufen des religiösen Urteils ausführlicher dargestellt werden.
Die entscheidenden entwicklungspsychologischen Begriffe (Inhalt, Struktur, Entwicklungssequenz, Stufenmerkmale) werden vorgestellt und erläutert. Anschließend werden die Stufen des religiösen Urteils unter verschiedenen Gesichtspunkten beschrieben. Schließlich soll die Stufenentwicklung im Bild der Doppelspirale begriffen werden.
Das Wesentliche in diesem Kapitel ist die Darstellung der Entwicklungslogik. Was verändet sich von Stufe zu Stufe? Es ist nicht eine Sache an sich, sondern die Art und Weise, wie sich die Elemente, die das religiöse Urteil bestimmen, aufeinander beziehen. Diese je neue Koordination der Elemente erhält auch eine je andere Bedeutung.

3.1 Entwurf einer Stufenhierarchie

> Die Stufenhierarchie, die wir in diesem Kapitel vorstellen (vgl. auch die Kurzfassung S. 19), wurde nicht einfach über die Protokolle gewonnen. Wir haben zuerst einen theoretischen Entwurf gemacht und erst anschließend anhand der Daten diese Theorie überprüft und korrigiert. Zu sehen ist auch, daß die *Intelligenz*entwicklung im wesentlichen auf der Subjekt-Objekt-Beziehung beruht, die *Moral*entwicklung auf der Subjekt-Subjekt-Beziehung, die *religiöse* Entwicklung aber auf der Beziehung Mensch-Letztgültiges-Mensch.

Ein Stufensystem ist eine Theorie. Sie sagt voraus, wie Entwicklung verläuft. Die empirische Verallgemeinerung basiert auf der Annahme, daß unterschiedliche Personen mit demselben Stufenmuster Handlungen strukturell ähnlich begründen. Damit sind Erklärungen möglich, die das zu Erklärende unter gesetzesähnliche Regelmäßigkeit subsumieren.

Eine solche Theorie zu entwerfen ist leichter, als sie zu überprüfen. Elemente der Erfahrung, der Intuition, ähnlicher Systeme sind dazu notwendig. Notwendig ist aber vor allem, zu sehen, daß es logisch möglich ist, komplexere, adäquatere, im Organisationsgrad höhere und in größerem Gleichgewicht stehende religiöse Denkmuster von solchen zu unterscheiden, welche diese Eigenschaften in geringerem Ausmaß besitzen. Wer einen solchen Versuch wagt, ist grundsätzlich auf zweierlei angewiesen: *Erstens* muß er wissen, was als das höchste und komplexeste religiöse Urteil bezeichnet werden soll bzw. welches die Kriterien hierzu darstellen; theologische und philosophische Modelle können – heuristisch – einen gewissen Dienst leisten. *Zweitens* muß man auf andere genetische Strukturhierarchien zurückgreifen können, welche eine Affinität zum religiösen Urteil besitzen, also etwa auf solche des moralischen Urteils (vgl. Kohlberg 1974), der Perspektivenübernahme (vgl. Selman 1980, Keller 1976) oder der kommunikativen Kompetenz (vgl. Döbert/Nunner-Winkler 1975) usw. Man kann dabei auch Einzelbeispiele (Fallbeispiele) als Erfahrungshintergrund verwenden und annehmen, daß bestimmte Personen ein hohes religiöses Urteilsvermögen besitzen. Die unteren Stufen des religiösen Urteils spiegeln sich u. a. in den frühen Untersuchungen Piagets zum Strafanimismus wider oder sind aus der direkten Beobachtung von Kindern, etwa in Unterrichtssituationen, zu erkennen.

1978 haben wir versucht, eine solche Stufenfolge zu skizzieren. Im Spannungsfeld zwischen theoretischen Konzeptualisierungen und Einzelaussagen, die wir zu bestimmten Dilemmas erhielten, entstand eine vorläufige Stufenhierarchie (abgekürzte Wiedergabe: vgl. Oser 1979, S. 221–249). Diese wurde immer wie-

der überprüft, verändert und an vielen Beispielen validiert, bis wir zu der in diesem Buch vorgelegten Untersuchung schritten. Durch diese Untersuchung wurde das ursprüngliche Stufenkonzept stark verändert.
Was unterscheidet nun das hier vorgelegte neue Stufenkonzept der religiösen Entwicklung etwa von Kohlbergs Stufen oder von Piagets Intelligenzniveaus oder von den Niveaus der sozialen Perspektivenübernahme nach Selman (1980)? Piaget bezieht seine Theorie, die genetische Epistemologie, hauptsächlich auf die Subjekt-Objekt-Spannung, die er durch die funktionalen Apriori überwindet. Anders Kohlberg und Selman: Hier ist das Subjekt-Subjekt-Äquilibrium der Ausgangspunkt für die sozialkognitive Basis im Bereich moralischer Normen. Bei unseren religiösen Strukturen nun geht es um das wesentlich breitere Spektrum der Beziehung Mensch–Letztgültiges–Mensch.

Intelligenzentwicklung	*Sozialentwicklung*	*Religiöse Entwicklung*
Subjekt–Objekt-Bezug	Subjekt–Subjekt-Bezug	Subjekt–Letztgültiges–Subjekt-Bezug

Entscheidend ist, daß sich diese Bezugsfelder durchdringen, d. h. daß also der dritte Bezug für ein und dieselbe Wirklichkeit ohne die beiden ersten sinnlos ist. Trotzdem ist es möglich, Denkmuster für jeden Bezug struktural zu isolieren. Denn diese Denkmuster sind Beziehungsgeflechte formaler Elemente, welche über verschiedene Wirklichkeiten hinweg in derselben Weise auftreten. Die entworfene Hierarchie bezieht sich auf die dritte, die religiöse Entwicklung, wenn sie auch die ersten beiden Bezugssysteme impliziert.

3.2 Die Inhalt-Struktur-Differenz

> Entscheidend für das Verständnis des vorliegenden (strukturalen) Ansatzes ist das Begreifen der Differenz von Inhalt und Struktur. Das religiöse Urteil wird als Struktur definiert. Eine reine Struktur liegt dann vor, wenn sie von jeglichen konkreten Inhalten abstrahiert (Formalisierung). Gewonnen wird eine Struktur aus bestimmten konkreten Inhalten. Sie läßt sich umgekehrt auf je neue Inhalte anwenden.

Die kognitive religiöse Argumentationsstruktur eines einzelnen Stadiums ist ein Grundmuster, das für ein bestimmtes Altersspektrum Geltung hat. Es besteht aus Elementen und ihren Beziehungen. Es ist transsituational, was heißt, daß es in verschiedenen Situationen in ähnlicher Weise aktualisiert wird. Dies sei in Fig. 1 dargestellt:

Fig. 1 Transsituationalität des Stufenmusters

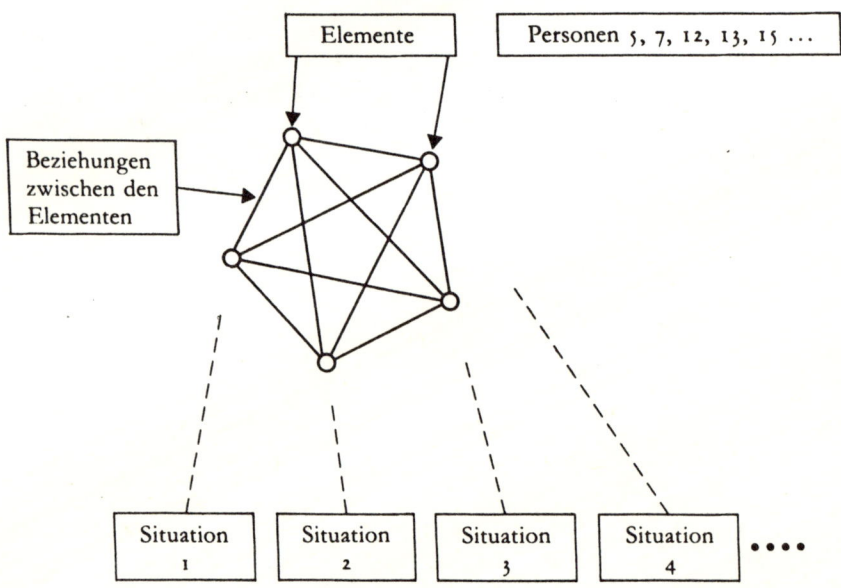

Die Figur besagt, daß das kognitiv- religiöse Schema einer Person in unterschiedlichsten Situationen zur Anwendung gelangt und daß eine bestimmte Gruppe von Personen ein strukturell isomorphes Muster zeigt, auch wenn sie die Inhalte anders erfahren und anders bewerten. Oder anders gesagt: Personen haben über die verschiedensten Inhalte hinweg dasselbe religiöse Urteil. Diese Urteilsstruktur wird umgekehrt als ein Bündel von Regeln über bestimmte inhaltliche Aussagen gelegt, um der Person eine Stufe zuordnen zu können.[1] Inhaltliche Aussagen sind kulturabhängig. Es sind die Weisen und Werte, die etwa in religiösen Praktiken aufscheinen. Es ist das religiöse Basiswissen einer bestimmten Kultur. Unserer Meinung nach betreffen Prozesse der religiösen Aufklärung, wie sie Lübbe (1980, S. 65 f.) nennt, vor allem den religiösen Inhalt. Solche Prozesse sind:

»*Erstens* die Übersetzung der theologisch disziplinierten überlieferten, religiösen Lehren in Sätze, die im System unserer gegenwärtigen oder auch fortschreitend sich entwickelnden kognitiven Weltorientierung dissonanzfrei auftreten können;

zweitens die funktionalistische Charakterisierung der Religion durch Leistungen praktischer Art, die wir nach ihrer Lebensdienlichkeit und nicht, wie Lehrsätze, nach den Gründen beurteilen, die wir haben, sie für wahr zu halten;

drittens die Historisierung der religiösen Lehren und Institutionen, soweit sie sich in ihrer überlieferten Gestalt zu den unabdingbaren Funktionen der Religion kontingent verhalten.«

Von solchen inhaltlichen Bestimmungen sind die *strukturalen* religiösen Dimensionen abzuheben. Sie sind es, die das religiöse Urteil bestimmen. Wir haben sie, sofern sie aufeinander bezogen sind, als kognitive religiöse Strukturen bezeichnet. Ihre Elemente sind durch eine bestimmte Art von Relationen untereinander verbunden. Die Strukturen legen das eigentlich Formale offen, ohne daß – wie im Bereich logischer Strukturen – absolute Formalität erreicht werden kann. Dieses Formale besteht in erster Linie aus jenen Merkmalen, die aus Urteilen induktiv herausgearbeitet werden können. Sie betreffen die Kohärenz und die in-

---

[1] Intensiv wurde die Inhalt-Strukturproblematik im Bereich des moralischen Urteils von Nisan (1984) behandelt. Für ihn bedeutet »moralischer Inhalt« die internalisierte Verhaltensinstruktion, die Richtiges oder Falsches betrifft. »Das Lernen von Normen ist in dem Sinne einmalig, als das Kind sie als objektive Daten betrachtet, Daten präskriptiver Natur, und nicht als willkürliche Befehle. Anders als bei der Kenntnis von Normen einer fremden Kultur glaubt das Kind, daß die Normen der eigenen Kultur genau das treffen, was objektiv richtig oder falsch ist. Nicht nur durch die direkte Vermittlung kommt dies zustande, sondern auch durch einen Prozeß der Schlußfolgerung, der dazu führt, daß das Kind schließt, daß verbotene Taten böse, während sozial geforderte gut sind« (Nisan 1984, S. 212). Ähnliches ist für die Auseinandersetzung mit der religiösen Wirklichkeit anzunehmen. Vgl. auch den Begriff der »Bereichsspezifität« bei Seiler 1973 und die Arbeiten von Turiel (z. B. Turiel & Davidson 1986).

nere Organisation der Struktur. Dies sei an einem Beispiel erörtert: Nehmen wir an, jemand würde in Todesangst ein Gelübde ablegen[2], z. B., daß er sein Engagement als Arzt einem Land der Dritten Welt zur Verfügung stellt. Daraufhin wird ihm eine gute Stelle hier in Europa angeboten. Er weiß nun nicht, wie er sich entscheiden soll. Kinder von 7–8 Jahren geben auf diese Situation z. B. folgende Antworten:

1. Schüler: »Er soll das Versprechen halten.« (Warum?) »Weil es der liebe Gott gesagt hat.«
2. Schüler: »Sonst ist der liebe Gott bös.« (Warum soll man ein Versprechen halten?) »Sonst macht der liebe Gott etwas.« (Was?) »Er macht, daß ich umfalle oder daß ich mit dem Fahrrad umfalle.«
3. Schüler: »Er muß das Versprechen einfach halten.« (Warum?) »Sonst wäre er ja jetzt tot. Es wäre vielleicht etwas anderes passiert.«
4. Schüler: »Weil er es dem lieben Gott gesagt hat, muß er gehen. Und sonst hat er den lieben Gott angelogen.« (Warum darf man Gott nicht anlügen?) »Sonst ist er traurig.« (Andere Leute darf man auch nicht anlügen?) »Weil das der liebe Gott nicht gerne hat.« (Was macht Gott, wenn wir ihn anlügen?) »Er hilft dann gar nicht mehr.«

Die gemeinsamen Merkmale (Elemente) sind: Anerkennung einer absoluten Autorität, nicht hinterfragtes Einhalten von Regeln, Beachtung des Lohn-Strafe-Musters. Diese Elemente sind untereinander verbunden durch die Koordination der möglichen Handlungsausgänge (das Versprechen halten, es nicht halten, Ersatzleistungen erbringen usw.) einerseits und durch das Externalisieren eines unmittelbaren Grundes (Kausalität) andererseits.[3]

Obwohl unterschiedliche Kinder je andere Worte gebrauchen, andere proportionale Formen, andere Vorstellungen von Gott oder dem Göttlichen, lassen sich die strukturellen Gegebenheiten auf einige wenige Merkmale reduzieren. Diese Merkmale bestimmen das jeweilige Stadium. Das Verhältnis zwischen Inhalt und Struktur ist nun so zu definieren, daß aus den Inhalten die Strukturen gewonnen werden, daß umgekehrt aber das, was kognitiv transferierbar ist, sich als Struktur auf neue Inhalte anwenden läßt und damit diese Inhalte integrierbar macht. Die Strukturen sind gekoppelt mit jenen fundamentalen Fähigkeiten, einerseits religiöse Inhalte zu assimilieren und andererseits die Strukturen selbst an neue Situationen zu akkommodieren und so neue religiöse Interpretationsleistungen zu vollbringen.

2 Vgl. auch S. 118 ff. dieser Schrift.
3 Vgl. Stufe-1-Merkmale S. 81 f.

Das Verhältnis zwischen Struktur und Inhalt muß aber auch so gesehen werden, daß mangels möglicher Formalisierungen die Strukturen im religiösen Bereich nie ganz von inhaltlichen Aspekten gereinigt werden können. Ebenfalls sind Strukturen des religiösen Urteils immer anwendbar in Kontexten, die diese Strukturen selbst hervorgebracht haben. Zugleich ist der Anspruch da, sie seien universell, weil sie ähnliche Phänomene in ähnlicher Weise erhellen. Auf der einen Seite also kulturelle Vernetzung, auf der anderen universelle Transformierbarkeit. Zur kulturellen Vernetzung gehören die sog. Verobjektivierungen.[4] Sie schlagen sich durch sinngebende Aktivitäten der Mitglieder einer Kultur in Geschichten, Legenden, Mythen, theologischen Modellen, Lehrgedichten usw. nieder. Diese werden a) im Modus der jeweils entwickelten kognitiv-religiösen Struktur assimiliert (also von Kindern eben auf Stufe 1, von Erwachsenen z. B. auf Stufe 4); und b) können diese Objektivierungen den einzelnen Personen die Interpretation ihrer eigenen Situation nicht vollständig abnehmen. Je höher die Entwicklung, um so weniger ist dies möglich. Trotzdem haben diese Objektivierungen eine wichtige Aufgabe. Sie übernehmen u. a. die Garantie der Erhaltung einer bestimmten Dimension des Denkens (in diesem Falle der religiösen). Zugleich verankern sie das einzelne Subjekt in allgemeinen Mustern des Handelns. Zu den Objektivierungen gehören auch theologische oder philosophische Konzepte. Diese etwa mögen vorschreiben, wie eine Person ihre Vergänglichkeit, den Tod, das Überraschende der Liebe, Verarmung und Vereinsamung, Krankheit, Unglück und den Zufall des Glücks zu interpretieren habe; aber der einzelne tut dies mit seinen entwickelten kognitiven Interpretations- bzw. semiotischen Mustern je anders. Deshalb nehmen wir – wie gesagt – an, daß es strukturelle Gemeinsamkeiten dieses Rekonstruktionsvorganges gibt, die sich trotz Verschiedenheiten der inhaltlichen Situationen und deren sprachlicher Artikulierung als religiöse kognitive Strukturen manifestieren. Solche Konzepte haben eine wichtige Funktion: Sie leisten jene höchstmöglichen Rationalisierungen ganzheitlichen religiösen Lebens, die universelle Lösungen grundlegender Fragen und die je neue Integration alter Heilsinhalte ermöglichen.
Nun darf aber die Frage, ob nicht eigentlich die Modelle der Theologie oder verschiedenartige Objektivationen der religiösen Kultur wie Geschichten, Legenden, Mythen, Gleichnisse usw. bestimmen, wie der einzelne das Verhältnis seines Selbst zu letzten Dingen, zum Unbedingten in einer konkreten Situation zu interpretieren habe, so leicht nicht beantwortet werden. Im Grunde genommen sind Legenden und Mythen usw. eher ätiologische Begründungen von Merkmalen kultureller Verhaltensmuster, und Modelle der Theologie oder Ontologie

---

4 Vgl. S. 64 ff.

sind Metabeschreibungen, oft schwer anwendbar in Grenzsituationen des Lebens. Was aber der einzelne tut, ist eher der Ausfluß subjektiv ontologischer Wirklichkeitsrekonstruktion oder subjektiv kommunikativer Sinnrekonstruktion, wobei dies jeweils in den Aporien einer religiösen Sprache unterschiedlich gelingt. Die Unterschiede der Sprache (Inhalt) sind gekoppelt mit Unterschieden in bezug auf die erwähnte Hierarchie der Stadien, der kognitiven religiösen Strukturen.

Daher muß ein System religiöser Entwicklung immer auf dem Hintergrund jener Prozesse gesehen werden, die die Entwicklung der Persönlichkeit ermöglichen oder verhindern, so daß u.a. auch entscheidbar wird, »ob eine Religion dazu beiträgt, die Identitätskrise durch Transformation des Bewußtseins auf ein neues Niveau zu lösen, oder ob sie die Regression auf längst überholt geglaubte Verhaltensmuster fördert« (Peukert 1982, S. 77).

Die Struktur-Inhalt-Problematik hängt letztlich auch mit der weiter oben erwähnten religiösen Identität zusammen. Diese Identität ist sowohl inhaltlich als auch struktural verbürgt. Im westlichen Kulturkreis verwirklicht sie sich stets in einer postaufgeklärten Gesellschaft. Es ist unsinnig, Religiosität als nicht aufgeklärte Unterwürfigkeit zu bezeichnen bzw. das religiös Inhaltliche als »mittelalterlich« primitiv abzutun, das Strukturale als aufgeklärt zu preisen. Die Erfahrung des Heiligen, der Glaube an einen persönlichen Gott, die kultische Dimension usw., diese Inhalte religiöser Phänomene sind heute eine Rekonstruktionsleistung ohne jegliche positive oder negative Sanktionen in der Gesellschaft bzw. ohne institutionellen Geltungsschutz (vgl. Lübbe 1980, S. 60 f.). Das Magische hat längst seine Macht ins Zeichenhafte kommunikativer Ausdrucksformen verlegt. Die religiöse Praxis geschieht als Selbstermächtigung des Menschen durch sich selbst und zu sich selbst. Religiöse Inhalte und die entsprechenden Strukturen sind so oder so von historisch-gesellschaftlichen Formationen geprägt und abhängig, bestimmen aber andererseits entsprechend dem jeweiligen Strukturniveau die vorherrschenden Plausibilitätsstrukturen. Wenn wir also sagen, daß sich die religiöse Identität in einer okzidentalen Gesellschaft wie der unseren postaufgeklärt entwickelt, so heißt dies nicht, daß Entwicklungsstufen nicht universell sind; es heißt bloß, daß die religiösen Rekonstruktionsleistungen in einer Kultur und Epoche geschehen, welche durch die historische Leistung der Aufklärung und der christlichen Religion geprägt ist. Die spezifische Ambivalenz, die sich daraus für den Religionsbegriff ergibt, ist nicht endgültig aufzulösen.

3.3 Die Stufenmerkmale des religiösen Urteils

> Wenn sich eine Person religiös entwickelt, so geschieht dies nicht einfach langsam, kontinuierlich, sondern es sind Schritte, die gemacht werden. Der Durchgang von einem Schritt zum anderen ist kompliziert, geschieht jedenfalls diskontinuierlich. Man spricht in diesem Falle von Stadien- oder Stufenübergängen. Formale Merkmale, mit denen die einzelnen Stufen bezeichnet werden, sind: Qualitative Verschiedenheit, unumkehrbare Reihenfolge, Ganzheitlichkeit und Einschluß tieferer Stufen in höhere.

Das Kernstück jeder entwicklungspsychologischen Theorie, wie sie durch Piaget begründet und durch Kohlberg weitergeführt wurde, bildet der Begriff des Entwicklungsstadiums oder der kognitiven Stufe. Es herrscht weitgehende Übereinstimmung innerhalb des genetischen Strukturalismus darüber, welche Bedingungen erfüllt sein müssen, damit man von Stufen der kognitiven Entwicklung sprechen kann. Insgesamt sind vier Merkmale zu unterscheiden (vgl. Kohlberg 1974, S. 17 ff.):

1. Qualitative Verschiedenheit, 2. unumkehrbare Sequentialität, d.h. Ausschluß von Sprüngen und Regressionen, 3. strukturierte Ganzheit jeder einzelnen Stufe und 4. hierarchische Differenzierung und (Re)Integration.

Im folgenden sollen die genannten vier allgemeinen Stufenmerkmale im Kontext der Entwicklung des religiösen Urteils erörtert werden. Allgemein kann vermutet werden, daß sich auch im Bereich des religiösen Urteils ein Entwicklungstrend feststellen läßt, der in Richtung einer intersubjektiv vermittelten Subjekt-Subjekt-Abgrenzung geht, also eine Entwicklungsrichtung des Bildungsprozesses darstellt, der durch zunehmende Autonomie gekennzeichnet ist. Die zunehmende externe Stimulusunabhängigkeit, das erhöhte Abstraktionsniveau, zunehmende Differenzierung und eine ingesamt größere Objektivität der Realitätsperzeption (vgl. Döbert/Nunner-Winkler 1975, S. 22) sind dabei entwicklungspsychologische Kriterien, die auch beim religiösen Urteil eindeutig identifiziert werden können.

Nun zum ersten Kriterium »Qualitativer Unterschied«. Er bedeutet, daß auf jeder Stufe im Kontext einer konkreten Situation die Frage nach absolutem Sinn bzw. Letztgültigem ein ganz bestimmtes Problemlösungspotential favorisiert und aktiviert. Jede Stufe zeichnet sich durch ein festlegbares Strukturnetz aus. Dabei ist zu beachten, daß die qualitativen Unterschiede in den Denkformen oder in der Lösung des gleichen Problems auf verschiedenen Altersstufen nicht als zunehmendes Wissen über religiöse Konzepte oder als Internalisierungen von religiösen Überzeugungen aufgefaßt werden können, da jede Stufe ein ›strukturiertes Ganzes‹ darstellt. Denn »eine bestimmte Stufen-Reaktion auf eine Aufgabe repräsentiert nicht einfach eine spezifische, durch Wissen und Vertrautheit mit dieser Aufgabe oder ähnlichen Aufgaben determinierte Reaktion. Sondern sie repräsentiert eine grundlegende Denk-Organisation (...)« (Kohlberg 1974, S. 17). Qualitativer Unterschied bedeutet hier, daß auf jeder Stufe die genannten sieben Elemente nach einem vorherrschenden Prinzip (z. B. Do-ut-des) zueinander in Beziehung gesetzt werden. Dieses auf jeder Stufe eigentümliche Denkprinzip konstituiert das »Wesen« des einzelnen Entwicklungsstadiums, gibt ihm seine eigene Prägung und Farbe, die es von den anderen Stufen deutlich abhebt.

Wir haben zweitens gesagt, daß die einzelnen in sich geschlossenen Denkformen eine invariante Sequenz bilden, d.h. die Entwicklung folgt einer immanenten Logik von Strukturtransformationen. Obwohl wir im Moment zu diesem Merkmal noch keine empirischen Daten im Sinne einer Longitudinalstudie besitzen, können wir aufgrund der Daten der Querschnitts- und einer Interventionsstudie einen deutlichen Trend feststellen, der dieses entwicklungspsychologische Merkmal bestätigt. Die immanente Logik von Strukturtransformationen, welche den Stufen des religiösen Urteils inhärent ist, zeigt sich in der zunehmenden Autonomisierung und Differenzierung der Wahrnehmung des Mensch-Letztgültiges-Verhältnisses, und gerade dieses ist nicht regressiv; es entwickelt sich aber auch nicht sprunghaft. Die Reihenfolge der Stufen erweist sich als nicht veränder- oder überspringbar, da jede Stufe ihrer qualitativen Verschiedenheit nach auf der vorangehenden aufbaut. Denn zugleich sind ja die Stufen als hierarchisch strukturiert anzusehen.

Frühere Stufen werden dabei in die späteren integriert. Zeitlich frühere Formen der Kognition bleiben transformiert erhalten, wobei jedoch eine Disposition festzustellen ist, den je höchsten verfügbaren Grad der Problemlösungsstrategie zu wählen.

Damit haben wir auch schon das dritte und vierte Kriterium angesprochen: Wenn jemand einen religiösen Konflikt in einer Art und Weise löst, wie ihn die Stufe 2 beschreibt, so wird es für diese Person eines Tages *unbedingt* notwendig, denselben Konflikt in Form der Stufe 3 zu lösen, d. h. eben in einer autonomeren, differenzierteren und in bezug auf Stufe 2 auch reinterpretierten Weise. Wo diese Notwendigkeit nicht (mehr) besteht, hört Entwicklung auf. Deshalb ist das Überspringen von Phasen nicht möglich. Denn im Sinne der kontinuierlichen Entwicklung ist es nicht möglich, einen lückenhaften Integrationsvorgang vorzunehmen, weil die Elemente früherer Phasen so nicht in ein kognitives Gleichgewicht gebracht werden könnten.

Zu diesen genannten wesentlichen Merkmalen der Stufenkonzeption sei abschließend bemerkt: Die Vorteile, welche sich aus der Theorie der Stufenlogik allgemein ergeben, erweisen sich gerade für den Bereich des religiösen Urteils als hilfreich! Sie lassen sich wie folgt kennzeichnen: »Entwicklungspsychologisch orientierte Persönlichkeitstheorien weisen alle Vorzüge systematischer Typologien auf: sie definieren, wenn wichtige Dimensionen erfaßt sind, für ein gegebenes Forschungsfeld den Bereich der möglichen Gegenstände. Entwicklungslogiken leisten gegenüber rein formalen Typologien insofern jedoch mehr, als sie, weil die Ausprägungen der einzelnen Dimensionen sich zu strukturierten Gesamtheiten zusammenschließen, durch Berücksichtigung zusätzlicher Dimensionen nicht so affiziert werden, daß völlig neue Typen hinzutreten – lediglich die Beschreibung eines Stadiums wird reicher« (Döbert/Nunner-Winkler 1975, S. 22 f.).

3.4 Höhere Koordination, oder die Dichotomie von Sein und Haben als Hilfsmittel zur Beschreibung entwicklungspsychologischer Progression

> Warum ist ein höheres Stadium der religiösen Entwicklung differenzierter, komplexer usw. als ein niedrigeres? Zur Beantwortung dieser Frage werden als Hilfsmittel die beiden entwicklungspsychologischen Begriffe »Externalisierung« (Dezentrierung) und »Internalisierung« eingeführt. Sie ermöglichen es, den Transformationsprozeß von einer Stufe zur anderen von seinem innersten Prinzip her plausibel zu erklären.
> Externalisierung bedeutet, daß jemand sein eigenes Urteil vor sich herhalten kann und es deswegen möglich wird, dieses Urteil mit anderen Urteilen zu koordinieren. Internalisierung bedeutet, daß ein neuer Schritt gemacht, daß eine neue Stufe errungen wird.

Entwicklungspsychologische Stadien zu beschreiben ist deshalb schwierig, weil einsichtig werden muß, warum ein höheres Stadium differenzierter, komplexer, integrierter und damit adäquater als ein niedrigeres ist. Wer also Stadien beschreibt, muß Hilfsmittel haben, um die qualitativ höher stehende Persönlichkeitsstruktur zu erfassen. Normalerweise geschieht dies, indem ein neues Element in die bestehende Struktur eingefügt wird, ein Element, das dieser Struktur eine andere psychologische Valenz verleiht.

Noam und Kegan (1982) haben ein Hilfsmittel vorgeschlagen, um den Entwicklungsfortschritt statt unter logischem mehr unter dem Gesichtspunkt psychologischer Transformation zu beschreiben: »Unser Beitrag beschäftigt sich mit zwei Begriffen von zentraler Bedeutung für die psychoanalytische Ichpsychologie und Objektbeziehungstheorie, für die hier eine sozialkognitivistische Lesart erarbeitet werden soll, nämlich mit dem Gedanken psychischer Grenzen und dem damit verbundenen Prozeß der Externalisierung, insbesondere vermittels projektiver Identifizierung. Diese Begriffe sind nicht nur für psychoanalytische Denkrichtungen, sondern auch für eine sozialkognitive Sicht entscheidend wichtig. Unser Versuch gilt in der Tat dem Nachweis, daß sie ihrem Wesen nach nicht eigentlich ›psychoanalytische‹ oder ›kognitivistische‹, sondern in einem weiteren, die Integration beider Perspektiven ermöglichenden Sinne entwicklungspsychologische Begriffe sind« (S. 423 f.).

Die beiden Begriffe »Externalisierung« und »Internalisierung« sind zentral. Das jeweilige Gleichgewicht zwischen diesen beiden stellt je eine zeitlich beschränkte Lösung zwischen dem lebenslangen Bedürfnis nach Einschluß und Bindung einerseits und Autonomie und Trennung andererseits dar. Genau heißt dies, daß eine Person auf einer Stufe eine bestimmte wichtige Dimension so externalisiert, daß sie sie zu anderen ähnlichen Dimensionen in Beziehung setzen kann (Koordination), andererseits aber integriert sie gleichzeitig eine vollständig neue Dimension in der Weise, daß sie sie noch nicht verobjektivieren kann, also ganz von ihr »abhängig« wird. Für dieses »Abhängigsein« haben Kegan und Noam den Ausdruck »Ich bin« (z. B. auf Stufe 2: Ich *bin* Bedürfnis meines Selbst, so wie der andere Bedürfnis seines Selbst *ist*). Für eine mögliche Externalisierung und damit Objektivierung und Koordination einer Dimension gebrauchen Kegan und Noam den Ausdruck »Ich habe« (z. B. auf Stufe 3: Ich habe ein Bedürfnis und kann es in der Weise externalisieren, daß ich es mit dem Bedürfnis anderer einzelner und der Gruppe frei koordinieren kann).[6] Wenn also eine Dimension bzw. ein Element einer Struktur neu internalisiert wird, so ist die anfängliche Identifikation in der Weise gesichert, daß diese Dimension versubjektiviert wird bzw. nicht aus dem »Erkenntniszwang« durch eine mögliche kritische Distanz gelöst bzw. externalisiert werden kann. Was also auf einer Stufe eine neue internalisierte und die kognitive Struktur verändernde Größe darstellt, wird auf der nächsten Stufe in dem Sinne externalisiert, daß die Person darüber wie über ein Objekt verfügen kann. Der Prozeß der Objektivierung einer Dimension macht eine Koordination auf höherer Ebene möglich. Die Person hält die Dinge bildlich gesprochen vor sich hin und setzt sie zueinander in Beziehung. Was auf einer bestimmten Stufe zwar vorhanden, aber nicht reversibel ist,

---

6 Vermutlich lehnen sich Noam und Kegan an Piagets Begriff der »Reflektierenden Abstraktion« an (vgl. Piaget 1977, S. 307 f.)

wird auf der nächst höheren Stufe reversibel im Sinne sozialer Austauschbarkeit. Diese Art Dezentrierung ist das fundamentale Prinzip für einen Stufenwechsel überhaupt. In der »Sein-und-Haben–Dichotomie« formuliert: Es wird für das Subjekt notwendig, den Bin-Charakter von Stufe 2 aufzulösen und überzuführen in den Haben-Charakter von Stufe 3 als reflexiven Selbstdistanzierungsprozeß.

Um nun die Entwicklung bzw. die Stufenhierarchie des religiösen Urteils in diesem Rahmen zu sehen, ist es notwendig, den interpretativen Prozeß von Subjekten, welche in einer konkreten Situation ihr Verhältnis zum Letztgültigen bestimmen, strukturell zu analysieren. Denn die mit dem religiös Letztgültigen interagierenden Personen bilden durch diese Dezentrierung Bedeutungen aus, die die jeweilige Situation nicht bloß kausal erklären, sondern auch verändern.

3.5 Stufenbeschreibung unter dem Gesichtspunkt der Dezentrierung

Im folgenden werden die einzelnen Stufen religiöser Entwicklung ausführlicher beschrieben. Damit der Entwicklungsprozeß seinem inneren, strukturalen Vorgang nach deutlich wird, geschieht dies unter dem Gesichtspunkt der Dezentrierung (vgl. 3.4).
Dies ermöglicht es, auch den jeweiligen Stufenübergang präzis zu erfassen.
Jede Stufenbeschreibung wird zur Verdeutlichung durch eine schematische Skizze sowie ein signifikantes Beispiel ergänzt.
Zum besseren Überblick seien hier nochmals die fünf Stufen des religiösen Urteils in einer Kurzfassung vorangestellt[7]:

---

7 vgl. A. Bucher, Entstehung religiöser Identität. Religiöses Urteil, seine Stufen und seine Genese, in: Christliches ABC, heute und morgen (Heft 4/86), S. 161 - 210; 209.

STUFE 5	ORIENTIERUNG AN RELIGIÖSER INTERSUBJEKTIVITÄT

Völlige Vermitteltheit von Letztgültigem und Dasein und Welt. Universalität. Unbedingte Religiosität. Subjekt nimmt einen ganz und gar religiösen Standpunkt ein und braucht sich nicht mehr an einen Heilsplan, eine religiöse Gemeinschaft etc. zurückzubinden, vielmehr erfährt es sich als immer schon und unbedingt angenommen. Verschiedene Ausprägungen: Unbedingte Intersubjektivität, unio mystica, boddhi, göttliche Illumination etc.

STUFE 4	ORIENTIERUNG AN VERMITTELTER AUTONOMIE UND HEILSPLAN

Letztgültiges wird mit der Immanenz wieder vermittelt, sei es als Ermöglichungsgrund, sei es als Chiffre des „self". Mannigfaltige Formen von Religiosität, wobei aber Ich-Autonomie vorausgesetzt und nicht mehr in Frage gestellt wird: Naturfrömmigkeit, Kontemplation, gesellschaftliches Engagement, in dem Gott Ereignis wird. Subjekt gibt aber seinen Anspruch auf, alles aus sich selbst heraus leisten zu können, gibt sich wieder einem Letztgültigen anheim. „Gottesbilder" allenfalls als Symbole, ansonsten universale Prinzipien.

STUFE 3	ORIENTIERUNG AN ABSOLUTER AUTONOMIE (DEISMUS)

Letzgültiges wird aus der Welt gedrängt, Transzendenz und Immanenz voneinander getrennt.
Der Mensch ist solipsistisch autonom, selbstverantwortlich für die Welt und sein Leben. Oftmals Ablehnung religiöser und kirchlicher Autorität: „Hier stehe ich, ich kann nicht anders!" Formierung der Ich-Identität, Ablösung von den Erziehungsmächten.

STUFE 2	ORIENTIERUNG AN „DO UT DES"

Letztgültiges noch immer external und als allmächtig gesehen, das Sanktionen erteilen oder belohnen kann.
Letztgültiges nun aber beeinflußbar. Mensch kann präventiv auf es einwirken. Beschränkte Autonomie. Erste Form der Rationalisierung.

STUFE 1	ORIENTIERUNG AN ABSOLUTER HETERONOMIE (DEUS EX MACHINA)

Letztgültiges aktiv, greift unvermittelt in die Welt ein. Mensch reaktiv. Erwartungsdruck. Artifizialismus. Punktualität.

Wir möchten nun die »Sein-Haben-Dichotomie« auf die Beschreibung von entwicklungsbedingt unterschiedlichen Denkmustern (religiöses Urteil in Stufen) anwenden. Wir hoffen, dadurch die Sequenz der Stufen deutlich skizzieren zu können. Die Benennung der jeweiligen Stufen hat nur die Funktion, eine Metapher für komplexe Gegebenheiten zu setzen. Wir geben zu jeder Hauptstufe ein anderes Anker-Beispiel.[8] Dieses bezieht sich auf das Paul-Dilemma, das wir auf

---

8 Ankerbeispiele sind reduzierte Orientierungssysteme für Kurzinterpretationen. Mit ihrer Hilfe erhält man einen ersten Gesamteindruck von einem zu interpretierenden Interview. Wir möchten hier solche Ankerbeispiele anfügen, wobei allerdings schon das Stufenraster – das vorher beschriebene jeweilige Regelsystem – die religiöse, kognitive Struktur assoziativ aufleuchten läßt.

S. 118 ff. genauer beschreiben. Es ist die schon erwähnte Unfall- bzw. Angstsituation, in der ein junger Mediziner ein Versprechen (Gelübde) an Gott ablegt: nämlich, daß er bei Rettung auf seine Karriere verzichte und seine Kraft in den Dienst von Menschen in einem Dritt-Welt-Land stellt. Er wird gerettet und erhält das sehr gute Angebot, in einer Spitzenklinik seines Landes Oberarzt zu werden. Was soll er tun? Nach langem Überlegen lehnt er es ab zu gehen. Kurze Zeit darauf ist er in einen selbstverschuldeten Unfall verwickelt.

Stufe 0: Perspektive der Innen-Außen-Dichotomie
Das Kind kann noch nicht zwischen verschiedenen Wirkkräften außerhalb seines Selbst unterscheiden. Es weiß erst, daß es von außen beeinflußt wird. Es kann unterscheiden, daß es selbst etwas tut oder daß es von anderen beeinflußt wird bzw. von anderen abhängt. (Wenn Eltern von Gott reden, kann Gott einmal etwas Unbestimmtes, ein andermal ein Onkel oder ein fremder Gast sein.) Vom kognitiven Standpunkt aus ist dies eine *vorreligiöse* Haltung. Erklärungen von Ereignissen sind immer funktional sichtbar (Warum geschieht dies? Er/Sie hat es getan.). Die Beeinflussung der Erwachsenen ist nur möglich durch Bedürfnisartikulation (z. B. Schreien). Das Kind versteht: Entweder ich bewirke, oder etwas wirkt auf mich. Deshalb kann man sagen, daß das Kind noch ganz innen oder ganz außen *ist*. Es *hat* noch nicht gleichzeitig verschiedene Außen, die kausal untereinander verknüpft werden können.

Stufe 1: Perspektive des Deus ex machina
Das Kind nimmt an, daß alles von externalen Kräften geleitet, geführt, gesteuert ist. Die Kräfte des Letztgültigen werden zum ersten Mal klar getrennt von dem, was Erwachsene und Erzieher vermögen. Das Letztgültige ist aktiv, der Mensch ist reaktiv. Dieses Reaktive wird als Erwartungsdruck gesehen. Der große Fortschritt von Stufe 0 zu Stufe 1 besteht darin, daß das Kind das Regelverhalten, das es von Eltern und Erziehern gelernt hat, auf dieses noch unbestimmte Letztgültige und seine Wirkung überträgt. Auf der einen Seite *ist* das Kind ganz Reaktion auf ein bestimmtes Verhalten. Auf der anderen Seite *hat* es ein Letztgültiges[9] (in-

---

9 Wir verwenden den Begriff des Letztgültigen deshalb, weil er leichter über die verschiedenen Kulturen und entsprechenden Religionen generalisierbar ist als die Begriffe »Gott«, »Göttliches«, »Übernatürliches«. Diese letzten Begriffe stehen in Beziehung zu inhaltlich spezifischen Formen religiöser Urteilsstrukturen; deshalb tauchen sie in den jeweiligen Ankerbeispielen und Klammerbemerkungen auf. Letztgültiges oder Unbedingtes (Ultimates) meint, daß der Mensch über das ihm in der Welt Begegnende hinaus ist. Die Frage nach dem schlechthin Gültigen geht über das Hier und Jetzt hinaus, ist auf einen absoluten Sinn gerichtet und umgreift nicht nur den einzelnen, sondern alle und alles (vgl. Hamann 1982, S. 80/81). Ob eine Stufenbeschreibung aber je so formal sein kann, daß sie von keinen inhaltlichen Elementen mehr »befleckt« wird, dürfte bei den moralischen und religiösen Urteilsstrukturen kaum gelingen, ohne daß das Verstehen zerbricht. Religiosität offenbart sich ja immer innerhalb bestimmter kultureller Rahmenbedingungen. Ohne diese hätte das Sprechen vom religiösen Urteil wenig Sinn; andererseits ist das Strukturale so scharf als möglich aus dem Inhaltlichen herauszudestillieren.

haltlich sprechen die Kinder in unserem Kulturkreis von Gott), das es von anderen Wirkbereichen klar trennen kann. Auf der einen Seite *ist* alles Leben, alles Handeln *unvermittelt* geführt, gemacht, geleitet. Auf der anderen Seite gibt es diese ultimate Kraft, und sie ist von anderen Wirkkräften unterscheidbar. Externalisiert wird also zum ersten Mal das handelnde Ultimate (als Person, Geist, Gott, Kraft). Internalisiert aber wird zugleich, daß Menschen eine Reaktion auf dieses leitende, schaffende Tun haben. Der Mensch ist heteronomes Vollzugsorgan des Letztgültigen (»Gott weiß schon, was er tut«; »Er handelt, weil er so handelt.«).

Ankerbeispiel zum Paul-Dilemma (Stufe 1):

Frage 7a: Hat dieser Unfall etwas damit zu tun, daß Paul sein Versprechen gegenüber Gott nicht gehalten hat? Warum oder warum nicht?

Antwort: »Ja.« *Warum?* »Jetzt hat der liebe Gott ihm einfach eine Strafe gegeben.« *Warum straft der liebe Gott die Menschen?* »Wenn sie nicht gehorchen, dann straft der liebe Gott sie einfach.« *Warum müssen wir Menschen dem lieben Gott gehorchen?* »Sonst gibt er uns eine Strafe, wenn wir nicht gehorchen.« *Was will der liebe Gott uns mit einer Strafe sagen?* »Daß er es nicht gern hat, was wir getan haben.«
Mädchen, 7 Jahre.

Fig. 2 Darstellung der Wirkweisen im Begründungssystem der Stufe 1

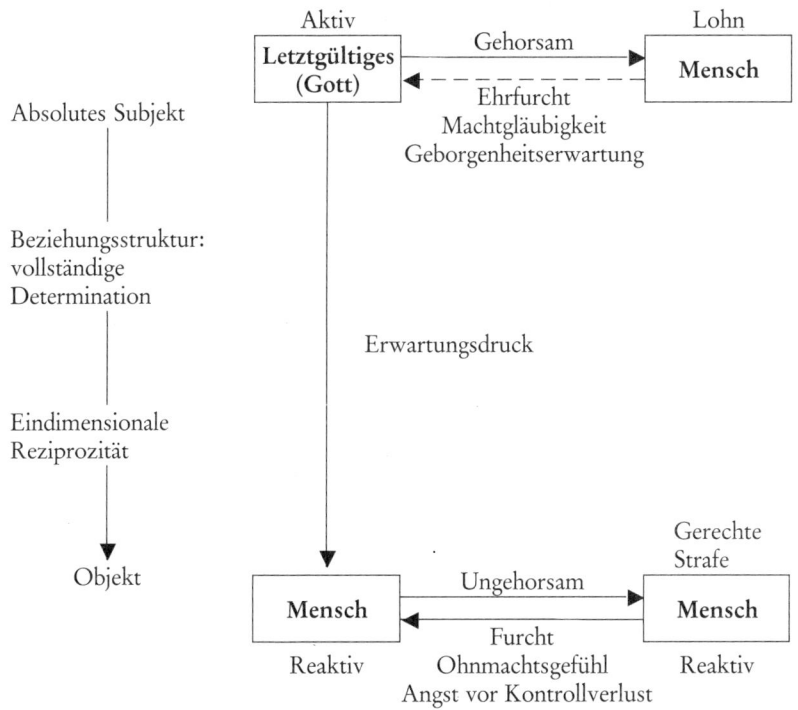

Stufenübergang 1–2

Der Stufenübergang wird dann notwendig, wenn ontologische Probleme mit der ersten Stufe nicht mehr gelöst werden können. So denkt ein Kind plötzlich, daß das Letztgültige, Umgreifende (Gott) nicht einfach *macht*, daß es schönes Wetter gibt, sondern daß dies von der Konstellation der Wolken, des Windes herrührt und daß man auch etwas tun kann, z.B. das Göttliche gut stimmen muß, damit sich diese Konstellation ändert. Das ist ein Komplexitätszuwachs. Auf der einen Seite wird in Frage gestellt, daß ein Letztgültiges einfach in einem Einwegeinfluß alles macht. Auf der anderen Seite kommt das Subjektive des Menschen mit ins Spiel. Es wird also eine neue Bedingung eingeführt: Wenn der Mensch Regeln einhält, Riten durchführt, zu Armen gut ist, in einer bestimmten Weise betet usw., dann geschieht das Erwünschte. Nunmehr gilt nicht mehr die Vorstellung, daß das Übernatürliche die Dinge einfach macht, so wie ein Marionettenspieler seine Marionetten führt. Zwar spürt das Kind, daß es von einem Außen beeinflußt ist, aber es schwankt zwischen dem Negieren des absoluten Einflusses und einer neuen Konzeption, in der ein Zusammenhang zwischen menschlichem Akt und letztgültiger bzw. göttlicher Aktion bzw. Reaktion postuliert wird. (Beispiel: Eine Mutter erzählt, daß ihr 8jähriger Sohn stets um alles und jedes gebetet habe, so etwa auch um schönes Wetter für die Schulreise. Stets sei eingetroffen, worum er gebetet habe. Er habe anschließend die Gegebenheit als »eingetroffen« interpretiert. Eines Tages sei trotz des Gebetes genau das Gegenteil eingetroffen. Da habe er eine große Krise erlebt. Jetzt, nach dieser Krise, wisse er, daß nicht alles, worum man bete, eintreffe. Er meine aber, daß dies trotzdem notwendig sei, um Gott gut zu stimmen. Die Krise ist ein Beispiel für den Übergang von Stufe 1 zu Stufe 2.)

Stufe 2: Do ut des – Perspektive
Der Fortschritt zu Stufe 1 besteht im wesentlichen darin, daß die Person die Konsequenzen objektivieren und damit mit der Macht eines ultimaten Außen koordinieren kann. Es gibt jetzt Mittel, das über uns stehende Unbedingte (Schicksal, Geister, Gott) zu beeinflussen. Diese Beeinflussung kann sanktionsmildernden, begünstigenden oder präventiv beruhigenden Charakter haben. (Wer in der griechisch-römischen Zeit zur See gefahren ist, opferte den Göttern, um gute Winde zu erhalten.) Religiöse oder angst-animistische Handlungen sind in erster Linie dazu da, Begünstigungen (Reichtum, Gesundheit, langes Leben) zu erhalten. Umgekehrt werden Unglücks- bzw. Glücksfälle als Handlungen des Letztgültigen in dem Sinne verstanden, als Menschen eben zu wenig oder aber genügend geopfert, verzichtet, gebetet zu haben usw.
Auf dieser Stufe *ist* der Mensch ein Kontrapart zu einem letztgültigen Außen. Denn er *hat* nun andererseits ein eigenes Selbst, so wie eben das Letztgültige auch ein Selbst haben kann. Beide sind zu unterscheiden. Der Mensch kann mit ihm feilschen, reden, handeln, es sanftmütig stimmen. Er *hat* nun Mittel und damit positive und negative Folgen in der Hand. Er kann den Sinn von Ereignissen oder Handlungen so koordinieren, daß das Gutsein und das Einhalten von Regeln in einem linearen Verhältnis zu Glück, Wohlfahrt, Krankheit, Tod, Heil und Unheil stehen. Der Fortschritt besteht in einer Selbstartikulierung und der Möglichkeit, dem Erwartungsdruck zu widerstehen, zu widersprechen. Das Letztgültige als unbedingtes Subjekt steht in einem bipolaren reziproken Verhältnis zum Ich.

Ankerbeispiel zu Stufe 2:

Frage 7a: *Hat dieser Unfall etwas damit zu tun, daß Paul sein Versprechen gegenüber Gott nicht gehalten hat? Warum oder warum nicht?*

Antwort: »Ich sage ja, weil Gott nachher böse wäre. Paul hat ja versprochen, allen armen Kindern zu helfen und nicht zu heiraten. Es soll ihm einfach eine Lehre sein, damit er es nie wieder macht. Vielleicht geht er

im Moment noch nicht sofort darauf ein, aber wenn ihm dann zum zweitenmal etwas passiert ... vielleicht, wenn er einen Sohn hat, und der ist ganz klein und stirbt, dann sollte er endlich aufmerksam werden.« *Was sollte er machen?* »Er sollte zu Gott beten, er sollte sich einfach fest entschuldigen. Beten, das sollte man einfach machen am Abend ... Ich bete einfach zu Gott, ich danke ihm und sage, daß mir nichts passieren soll während der Nacht.«
Mädchen, 9 Jahre.

Fig. 3 Darstellung der Wirkweisen im Begründungssystem der Stufe 2

Die Gegenrichtung der Pfeile gibt die Selbstartikulierung des Individuums wieder.

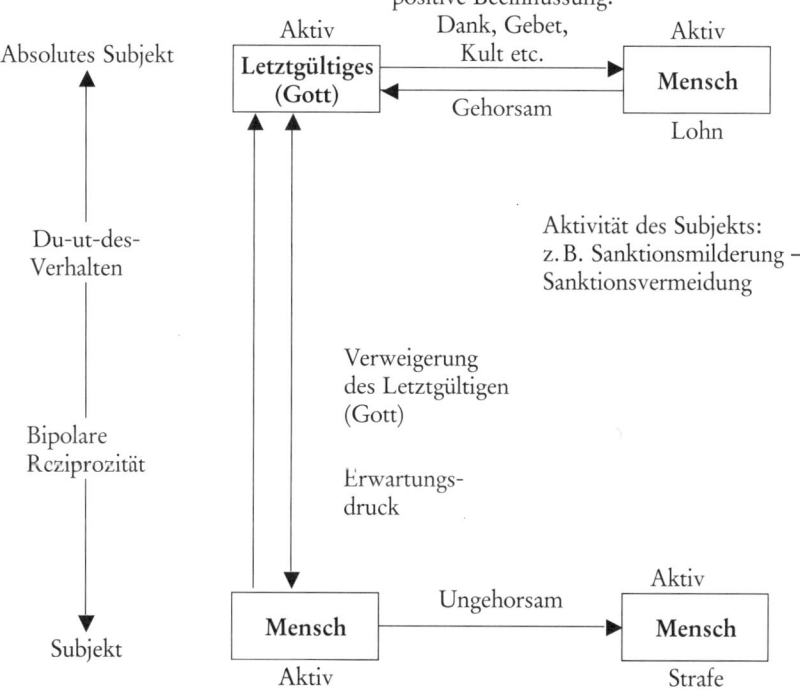

Stufenübergang 2-3
Wiederum stellt der Übergang von Stufe 2 zu 3 eine Erschütterung dar, die die Negation des bisherigen Denkmusters und gleichzeitig die Akzeptierung neuer Elemente und Dimensionen beinhaltet. Der junge Mensch meint, daß Dinge geschehen, die unabänderlich sind und über die er auch mit aller Anstrengung

nicht verfügen kann. (Der Schüler merkt z.B., daß da ein Kleinkind stirbt und daß niemand an diesem Tod schuldig sein kann; Hiob sieht nicht ein, warum er mit Schuld geschlagen wird, obwohl er gerecht gelebt hat.) Deshalb wird negiert, daß der Mensch das Ultimate beeinflussen kann; er nimmt die Sache so weit wie möglich selbst in die Hand, d. h. im Übergang beginnen Personen zu trennen zwischen dem, was sie vermögen und wofür sie selber verantwortlich sind, und dem, was sie einem Unbedingten für angemessen halten. Der Übergang zeigt sich in einem Kampf zwischen Ablehnung religiöser Praktiken einerseits und Annehmen einer religiösen Dimension andererseits. Je nachdem wie der Sozialisationspfad verläuft, fällt man im Übergang einmal in eine extreme atheistische Spur, das andere Mal läßt man sich faszinieren von »konsequenter« Religion (z.B. Jugendreligionen), die ein Göttliches über alles andere, über Welt und Mensch stellt. Z. B.: Ein junger Mann erfüllt alle seine religiösen Pflichten. Er macht Karriere. Eines Tages entdeckt er, daß er Prüfungserfolg auch hat, wenn er nicht betet, wenn er sich nicht religiös engagiert. Das stürzt ihn in eine Unsicherheit. Er kommt sich »ausgebeutet« vor. Ab jetzt will er die Verantwortung für alles, was er tut, auch das Risikoreiche, selbst übernehmen. Aber das gelingt ihm zuerst nicht. Er muß es in jedem Fall ausprobieren, ob es geht, ohne Gott, ohne Überirdisches.

Stufe 3: Perspektive der absoluten Autonomie und des Deismus

Die Person auf Stufe 3 ist fähig, die beiden Bereiche Letztgültiges und eigenes Ich vollständig zu trennen. Sie attribuiert ihrer eigenen Person große Verantwortlichkeit in Planung und Entscheidung. Auf der anderen Seite trennt sie das Letztgültige (Schicksal, absolutes Sein, Geist, Gott) vollständig von seinem eigenen Wirkbereich. Es entsteht eine Art »Zwei-Reiche-Lehre«. Es wird jetzt möglich, einen Atheismus bewußt zu postulieren oder aber das religiöse Extrem zu bekennen. In dem Maße, in dem das Selbst der Person auf Stufe 3 »interpersonal« wird, in dem Maße kann es trennen zwischen Bereichen, die in seine Kompetenz fallen und Bereichen, die eben einem anderen Übergeordneten attribuiert werden (hohes Bewußtsein der Differenz Gott–Mensch, heilig–profan).

Auf dieser Stufe *ist* die Person selbstbestimmendes, verantwortungsvolles, entscheidungsträchtiges Selbst, genau so, wie das Letztgültige sein eigenes Entscheidungsfeld *ist* (solipsistische Ich-Struktur). Die Beeinflussung des Übergeordneten ist nicht mehr wichtig, weil dieses seinen eigenen Zuständigkeitsbereich hat. Der Fortschritt zu Stufe 2 besteht aber auch darin, daß sie jetzt eigene Entscheidungskompetenzen *hat*, die mit den Entscheidungskompetenzen des Letztgültigen koordiniert werden können. In dem Maße, in dem das Subjekt eingebettet ist in das Erklärungsfeld des eigenen Handlungsradius und seiner Kausalwirkungen, hat es die Möglichkeit, sich selbst vom Letztgültigen abzuheben. Dieses erscheint als kontrafaktische Größe. Es handelt sich insofern um ein religiöses Urteil, das nicht einfach identisch ist mit dem unmittelbaren Sinngefüge. Die Sinnfindung wird betont. Und in dem Maße, in dem die Beherrschung des eigenen Entscheidungsfeldes betont wird, grenzt sich die Person der Stufe 3 gegen den Einfluß des Anderen, Größeren ab. (Im theologischen Sinne mag das Subjekt erwählt oder verworfen sein, es mag Heil oder Unheil aufscheinen – es ist nicht mehr möglich, es »von außen« her zum Schuldigen an solcher Bestimmung zu machen. Umgekehrt wird das Übernatürliche oft agnostizistisch begriffen.)

Ankerbeispiel zu Stufe 3:

Frage 7a: Hat dieser Unfall etwas damit zu tun, daß Paul sein Versprechen gegenüber Gott nicht eingehalten hat? Warum oder warum nicht?

Antwort: »Ich kann es mir nicht vorstellen. Gesetzt den Fall, er hätte jetzt den anderen Weg gewählt, hätte ein Versprechen eingehalten, wäre irgendwo in die Dritte Welt gegangen und dort an Malaria oder weiß ich was gestorben. Das ist für mich genauso vorstellbar wie das, daß er sein Versprechen nicht eingehalten hat und jetzt einen Autounfall hat. Ich sehe da einfach keine kausalen Zusammenhänge mit dieser höheren Macht, diese Zusammenhänge sind einfach nicht mehr da. Wenn du so eine höhere Macht postulierst, wenn du sagst, daß es sie gibt, dann ist eben das erste, was mir daran auffällt, daß nicht mehr die logischen Zusammenhänge da sind im Sinne: Du hast das gemacht, du wirst jetzt für das bestraft, das fällt weg. Dort wird ja auch gar nicht mehr gewertet. Es wird ja nicht mehr unterschieden zwischen gut und böse. Gott straft und wertet nicht. Ich glaube, daß sich dieser Paul über einen unbewußten Mechanismus nachher selbst bestraft hat. Aber daß das von einer höheren Macht gelenkt wird, das glaube ich nicht.«
Mann, 23 Jahre, protestantisch.

Fig. 4: Darstellung der Wirkweisen im Begründungssystem der Stufe 3

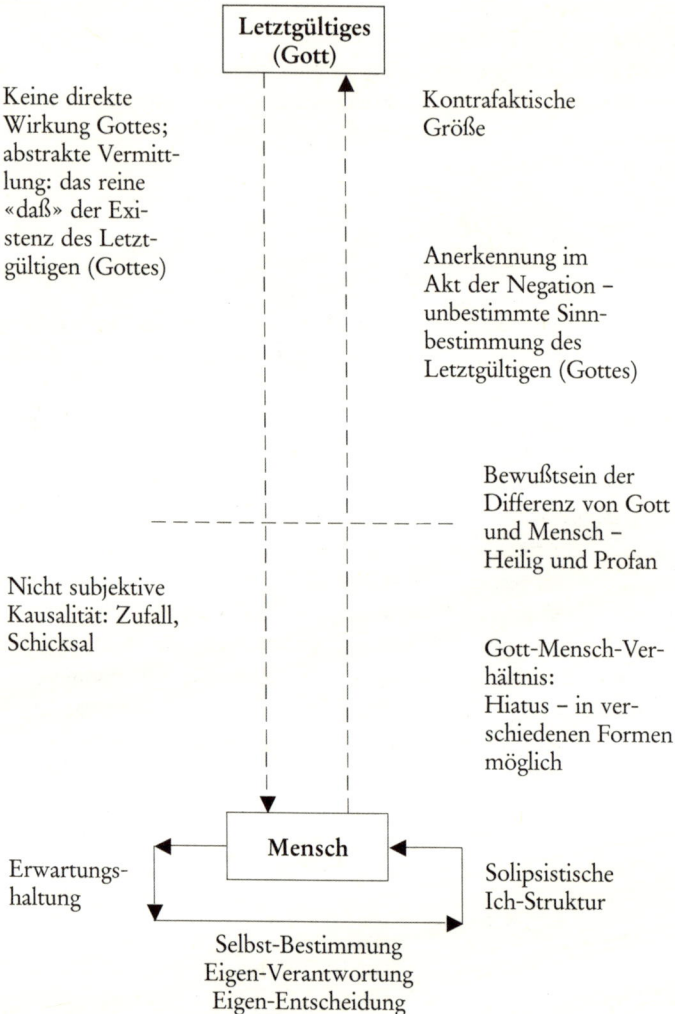

Stufenübergang 3–4

In dieser Phase beginnt die Person die Konzeption der Stufe 3, die »Selbstherrlichkeit« des Menschen zu verneinen. (»Schließlich muß ja alles von irgendwoher kommen.«) Zwar bleibt alle Verantwortung beim Menschen, aber es tritt ein Bewußtsein auf, daß zwischen dem Ultimaten und dem Menschen eine vermittelte Beziehung besteht. Es geschieht ein Durchbruch dahingehend, daß die

Gleichzeitigkeit transzendenter und immanenter Wirkkraft geahnt und langsam ein neues Modell der Vermittlung der beiden Dimensionen konstruiert wird. Die Krise des Durchgangs wird artikuliert in der Negation von Extremen. Man muß Verschiedenes zugleich sehen lernen.

Probleme können nicht mehr gelöst werden, indem man die beiden Größen einer jeweiligen Polarität schön säuberlich auseinanderhält (»Gottes Reich wird nur, wenn ich weiß, daß jede meiner Handlungen etwas mit diesem Unbedingten zu tun hat«, sagte ein junger Erwachsener). Der Durchbruch von Stufe 3 nach Stufe 4 ist deshalb auch so krisenhaft, weil es der Mensch vorerst als Regression empfindet, wenn er die Reflexion über Fragen der Letztbegründung von Existenz, Kommunikation, Weltgeschehen usw. nicht mehr allein auf seine eigene Entscheidungskompetenz zurückführen kann. (Beispiel: Eine junge Frau, die ihre Verantwortung total unabhängig von Gott sehen möchte, begegnet bei einem Kurs einer Politikerin, die viel Erfolg hat. Die Politikerin erklärt, daß für sie letztlich all ihr Denken und Handeln eingebettet sei in die Vorstellung, daß hinter der Möglichkeit, frei zu entscheiden, eine dem Menschen von anderswoher geschenkte Kraft stehe. Die junge Frau gerät bei dieser Vorstellung in eine Krise. Auf der einen Seite bewundert sie die Politikerin, auf der anderen ärgert sie sich über deren kindliches Verhalten. Sie merkt aber zugleich, daß sie wesentliche Probleme ihres eigenen Lebens mit ihrer Stufe-3-Konzeption nicht zureichend lösen kann. Sie sieht aber noch keine neue akzeptable Lösung.)

Stufe 4: Perspektive der religiösen Autonomie und des Heilsplanes
Das Wesen des Urteils auf Stufe 4 besteht in einer neuen Vermitteltheit zwischen der Entscheidungsautonomie des Subjekts und einem angenommenen Letztgültigen: Als transzendental vorgestellt wird das Letztgültige in das Subjekt in dem Sinne verlegt, daß es Bedingung der Möglichkeit für alles Entscheiden und Handeln wird. Die Welt ist nicht im Sinne der Stufe 1 durch das Letztgültige bestimmt, vielmehr ist das Irdische »Gleichnis des Göttlichen« in dem Sinne, daß es Garant der Möglichkeit von menschlichem Gelingen wird. Eine mögliche Ausdrucksform dieses Konzeptes ist, daß gesagt wird, das Letztgültige trete zeichenhaft in Natur, Kultur und menschlicher Fähigkeit zur Liebe auf. (Oder religionsphilosophisch gesprochen: Gott ist nicht direkt geschichtswirksam: als Grund von Welt und Mensch stellt er die Bedingung für menschliches Handeln dar.) Es wird eine neue Semiotik für das Sehen der Vorbedingungen menschlicher Kommunikation erarbeitet. (Die Bewunderung eines neugeborenen Lebens etwa ist dann immer auch fragendes Staunen vor der Möglichkeit des Lebens überhaupt.)

Der Fortschritt gegenüber Stufe 3 besteht darin, daß die Person jetzt ein entscheidungsträchtiges Selbst *hat* und deshalb dieses in einen korrelativ vermittelnden Bezug zum Ultimaten bringen kann. Das Subjekt sieht sich als Entscheidendes, derweil es innerhalb eines universellen Planes steht, der die Möglichkeit der Bedingung von Leben ist (Heilsplan, kosmische Evolution, göttliche Vorsehung, Gottesreich).

Eingeschränkt wird diese Stufe durch die Fixierung auf diesen Plan. Der Mensch *ist* Plan, er richtet fast absolutistisch seine Freiheit danach aus. Seine durch die Möglichkeit der Bedingung garantierte Freiheit (vgl. Stufe 3) ist jetzt nach »außen« gesteuert. Er *ist* in diesem Sinne in der Freiheit fixiert. Sein religiöses Selbst ist letztlich immer noch Freiheit »von«, aber nicht Freiheit »für«. Das Zeichenhafte kann noch nicht in der Weise externalisiert werden, daß es mit der menschlichen Interaktion durch ein absolutes Aufscheinen des Ultimaten in dieser Interaktion koordiniert wird.

Entscheidend für die Struktur der Stufe 4 ist also, daß einerseits dieser (Heils) Plan, andererseits das Letztgültige die auf Stufe 3 internalisierte Autonomie nicht wieder aufheben, sondern vielmehr ermöglichen.

Ankerbeispiel zu Stufe 4:

Frage 7a: *Hat der Autounfall etwas damit zu tun, daß Paul sein Versprechen gegenüber Gott nicht eingehalten hat? Warum oder warum nicht?*

Antwort: »Finde ich nicht. Ich kann das Problem von den Unfällen und so nicht lösen, aber ich persönlich glaube nicht, daß diejenigen, die böse waren, von Gott bestraft werden. Das ist so alttestamentlich. Aber das Alte Testament sieht auch, daß viele, die böse waren, daß es diesen gut geht. Daß gerade der, der Gottes Gebote einhält, keinen Erfolg hat und die anderen Erfolg haben.«

Dann ist es keine Strafe Gottes für die Nichterfüllung des Versprechens?

»Nein. Nein. Ich finde das einen komischen Gott, der sich nur in den negativen Sachen manifestieren kann. Wir kommen hier an ein Problem, daß wir nicht lösen können – es ist eben das große Problem – Theodizee. Für mich persönlich handelt Gott nicht direkt persönlich in den Sachen. Ich glaube zwar, daß er überall ist, und darum haben auch sehr geringfügige Sachen irgend etwas mit ihm zu tun, aber nicht in einer direkten Art und Weise. Gerade dieser Autounfall als Selbstunfall – daß Gott uns einen Wirkraum läßt und auch in der Natur einen Wirkraum läßt. Für mich sind die Naturkatastrophen nicht ein so großes Problem, weil Gott ja die ganze Schöpfung so gemacht hat, daß sie sich weiterentwickelt; er hat ihr gewisse Gesetze gegeben – aber gerade Erdbeben und so, das gehört seit urdenklichen Zeiten zu dieser Evolution. Die Schöpfung hat halt auch ein Eigenleben, das dann halt auch den Tod von Menschen verursachen kann. Aber in den kleinen Sachen des Alltags ist mir Gott gegenwärtig – gerade in den unglücklichen Sachen, das setze ich immer mit Gott in Verbindung. Aber diese Straftheorien, daß jetzt dieser Autounfall einfach eine Bestrafung sein muß von Gott – das kann ich nicht annehmen. Für mich ist Gott bei diesem Autounfall auch da – gerade wenn es dem Menschen schlecht geht, er ist ja gerade bei den Leidenden. Für mich ist Gott ein Gott der Liebe und damit auch der Ohnmacht, der uns handeln läßt, ohne daß er uns beständig korrigiert. Wenn Gott einen Autounfall basteln sollte, das wäre ja auch wieder eine Marionettentheorie.«

Angenommen, Paul tritt die gute Stelle als Arzt an und beschließt dafür, jeden Monat ein Zehntel seines Verdienstes für gute Zwecke zu spenden. Kann er damit seinem Entschluß doch noch gerecht werden?

»Das würde voraussetzen, daß er den falschen Weg gegangen ist. Ja, er hätte diesen Weg gehen sollen, und jetzt muß er alles versuchen, wie er dies wieder gutmachen könnte. Aus diesem Grund heraus würde ich sagen, nein. Aber wenn er zur Überzeugung kommt, daß Gott sich ganz hingeben auch hier passieren kann, an dem Ort, an dem er jetzt arbeitet, dann ist ein Zehntel ein Teil seines Einsatzes – aber nicht aus einem schlechten Gewissen heraus. Er will sein Leben, nur schon daß er den ganzen Tag hart arbeitet, ganz Gott hingeben – in der Familie – die ja auch ein Ort ist, wo er Gott begegnet. Ich finde das sehr sinnvoll, daß er ein Zehntel gibt, vielleicht mit Kontakt zu einem Arzt in der Dritten Welt – aber nicht einfach zum Austilgen des gemachten Versprechens.«

Mann, 32 Jahre, katholisch.

Fig. 5: Darstellung der Wirkweisen im Begründungssystem der Stufe 4

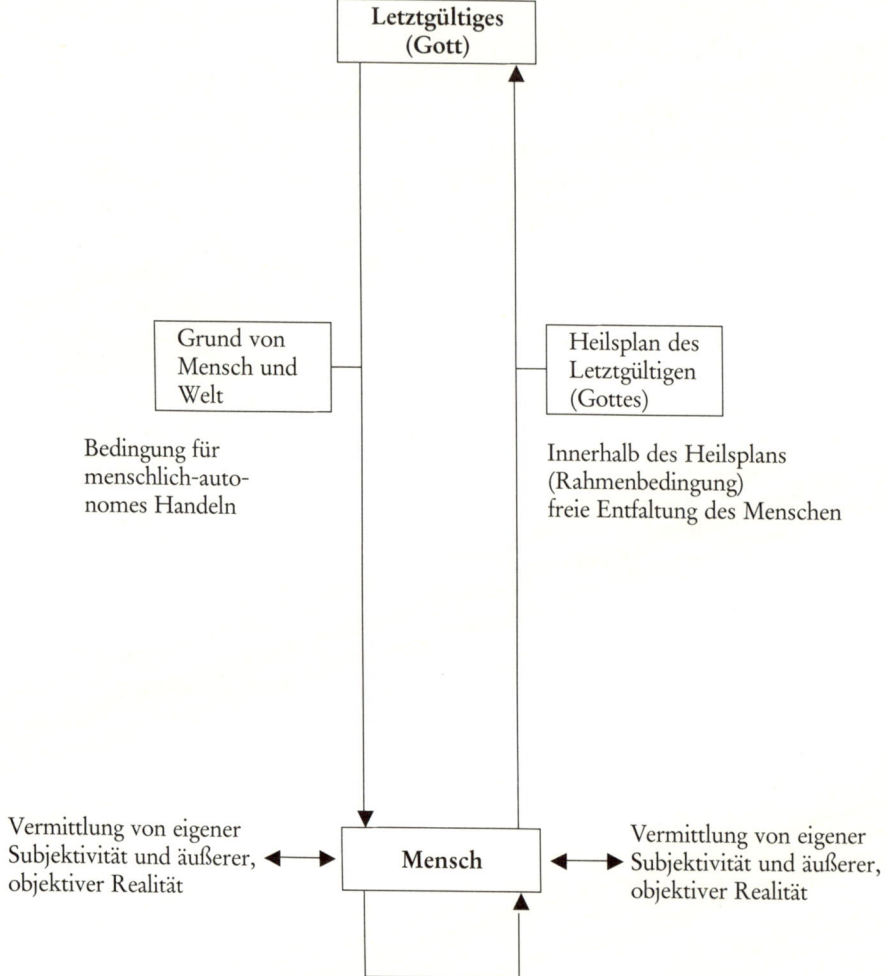

Stufe 5: Perspektive religiöser Autonomie durch unbedingte Intersubjektivität

Auf dieser Stufe wird das Verhältnis von Selbst und Letztgültigem intersubjektiv vermittelt wahrgenommen. Wie auf Stufe 4 führt die Frage »Warum ist etwas und nicht nichts« zur Annahme, daß ein Letztgültiges die Bedingung der Möglichkeit menschlichen Handelns ist. Aber es ist jetzt nicht mehr möglich, das, was der Grund von Welt und Leben ist, auf einen determinierten Plan zurückzuführen, ohne diesen Plan mit der Freiheit und Selbstbestimmung des Menschen konstitutiv zu koppeln. Die Beziehung Letztgültiges – Mensch hat den Menschen selber zum Ziel und orientiert sich am Menschen. Die Vermittlung läuft so, daß nicht mehr ein positives Gesetz (Heilsplan, Willen Gottes) die Richtung weist, sondern der Ort des Letztgültigen als norma normans in die menschliche Kommunikation hineinverlegt wird. Die Erfahrung von Heil oder Unheil wird jetzt an die intersubjektive Basis zurückgebunden, d. h. als ein Beachten oder Nichtbeachten dieser unbedingten Dimension im interaktiven Handeln interpretiert. Denkmodelle dieser Art bestimmen im Kontext von realer, praktischer und transzendentaler Freiheit das humane Wesen des Menschen strikte als Freiheit. Das Letztgültige wird als absolute Freiheit gesehen, das endliche Freiheit ermöglicht und sinnhaft verbürgt. Die nicht-kontingente, unbedingte Intersubjektivität wird zum signifikanten Ort der Manifestation des Transzendenten: weil es als die Ermöglichung endlicher Freiheit erscheint, gilt der andere in seiner Freiheit als das eigentliche Sinnziel des Handelns. Es ist das religiöse Subjekt, das durch das Selbst (in den Vermittlungsformen von Stufe 3 und 4) hindurchgegangen ist und am Ende nun durch den anderen in Begegnung und Liebe im Ultimaten vermittelt wird.

Im Gegensatz zu Stufe 4 *hat* nun der Mensch einen Plan, d. h. er macht seine Geschichte, und er hätte auch die Möglichkeit, sie dauernd anders zu gestalten. Personen auf dieser Stufe begründen alle großen Entscheidungen letztlich von dem »Wissen« her, daß das Letztgültige nicht anders als in der unbedingten Dimension intersubjektiven Handelns aufscheinen kann, und dies impliziert eine von und für Freiheit geprägte Verantwortung für die Gestaltung dieser Welt.[10]

Während also auf Stufe 3 die Freiheit *vom* Letztgültigen, auf der vierten diejenige *durch* das Letztgültige im Vordergrund stand, wird Freiheit nun immer für den je anderen gesehen und *für* ihn postuliert. Das Letztgültige, Göttliche wird dann zum Ereignis, wenn diese Freiheit zuerkannt und intersubjektiv verwirklicht wird.

(Für diese Stufe liegt kein Ankerbeispiel vor. Wir verweisen den Leser auf das Beispiel S. 109 ff.)

---

10 Inhaltlich gesprochen: Dieses Modell setzt eine Autonomie und Selbstverantwortung voraus, die in keinem Fall ein Göttliches zum Sündenbock für unsere kommunikativen Zustände macht, denn da ist immer die Möglichkeit, sich dafür einzusetzen, daß es besser wird. Und da, wo der Mensch trauert, ist immer das Spüren des Scheiterns dieser interaktiven Möglichkeiten; die Trauer selbst wird als das leidende Aufscheinen des Göttlichen gesehen: Gott trauert mit den Menschen.

Fig. 6: Darstellung der Wirkweisen im Begründungssystem der Stufe 5

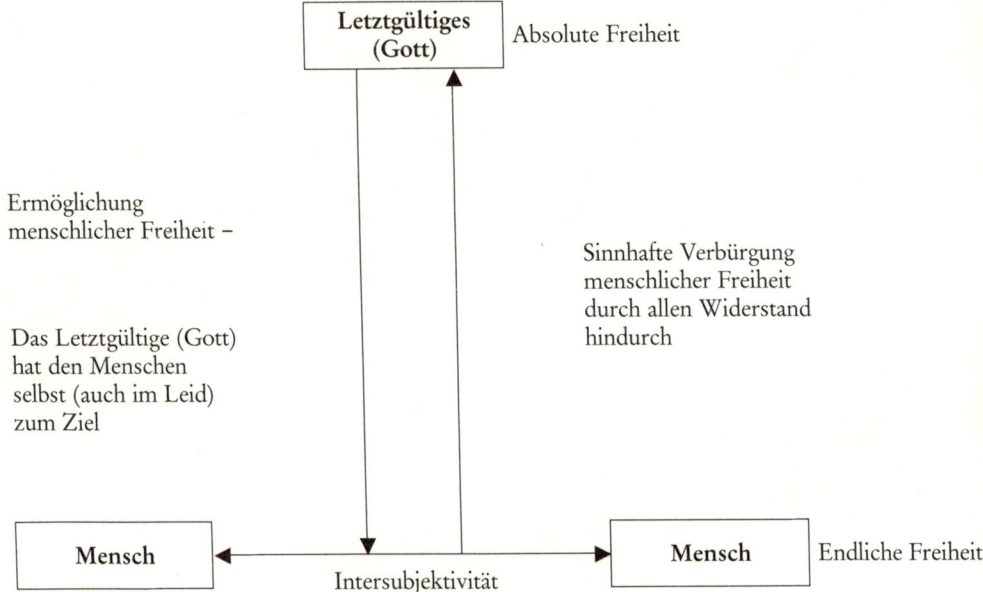

Einheit von unendlicher (Gottes- und) Nächstenliebe:
unbedingte Anerkennung des anderen
und umgekehrt: Liebe als Sinnbestimmung
endlicher Freiheit (universale Solidarität)

Bemerkungen zu einer möglichen Stufe 6

Im Verlauf der Untersuchung haben wir uns oft gefragt, welches die höchstmögliche Denkstruktur religiösen Bewußtseins sein könnte. Diese Frage war insofern bedeutsam, als es einerseits darum ging, die Eigenständigkeit bzw. Abgrenzung der religiösen Dimension gegenüber anderen Dimensionen kognitiver Entwicklung, insbesondere aber der moralischen (vgl. S. 58 ff.), herauszuarbeiten und zu legitimieren. Andererseits kommt dem differenziertesten Denkmuster in bezug auf die weniger komplexen Strukturen eine legitimierende, orientierende und normierende Funktion zu. So wurde zunächst versucht, von theologischen und philosophischen Modellen her deduktiv eine solche höchste Stufe zu konstruieren (vgl. Oser 1979, S. 234). Aus den empirischen Untersuchungen ergaben sich aber in der Folge keine Daten, welche diesem höchsten Bewußtseinsschema entsprochen hätten. Die aus dem empirischen Material schließlich gewonnenen und reformulierten Stufen 1-5 legten es dann aber doch von der immanenten

Entwicklungslogik her nahe, eine mögliche Stufe 6 zu postulieren und formulieren (vgl. Gmünder 1979, S. 633; vgl. auch Peukert 1982, Anm. 38, S. 102).
Da diese Stufe nicht empirisch überprüfbar war, besitzt sie vorläufig »nur« postulatorischen und regulativen Charakter.
Allerdings erweist es sich als nicht ganz einfach, diese Position sprachlich zu benennen. Deshalb wurde versucht, die sie qualifizierende Grundstruktur durch verschiedene Umschreibungen begreiflich zu machen. Wegen des fehlenden Datenmaterials ist die Beschreibung vielleicht auch etwas zu sehr auf unseren Kulturkreis bezogen.
Die Stufe 6, so könnte man global sagen, orientiert sich an universaler Kommunikation und Solidarität, und zwar unter voller Beachtung und Integrierung ihres indikativischen Status. Das, was auf Stufe 5 gilt, muß noch einmal entscheidend qualifiziert werden.
Im Mittelpunkt der Denkstruktur von Stufe 6 steht eine kommunikative Praxis mit universalem Anspruch, angelegt auf universale Solidarität (kommunikative Praxis mit dem Ultimaten, vermittelt durch zwischenmenschliches Verhalten). Wiederum wird die eigene, autonome Freiheit als intersubjektiv konstituiert angesehen, aber jetzt immer schon unter der Perspektive universaler Kommunikation und Solidarität, zugleich auch im Hinblick auf das, was diese Freiheit trägt, vermittelt, ermöglicht. Auf Stufe 5 besteht immer noch die Möglichkeit, daß die unbedingte Anerkennung anderer Freiheit gesetzlich ausgelegt werden kann, was letztlich immer aporetisch endet.
Die höchstmögliche Vermittlung wird erst erreicht, wenn von einer Verheißung ausgegangen wird, die befähigt, Schuld, Unrecht, Tod, Leiden usw. auswirken zu lassen im ausschließlichen Vertrauen auf das Aufgenommensein auch und gerade im Scheitern, im Schmerz durch das Unbedingte (Pannenberg spricht von Gott als »die alles bestimmende Wirklichkeit«, die sich als Liebe und absolute Freiheit offenbart). Es ist eine endliche Freiheit, die sich als befreite und befreiende Freiheit erfährt, es ist »die Erfahrung unbedingter Anerkennung, die ich nicht aus mir herstellen, sondern nur kommunikativ empfangen kann ...« (Fuchs 1982, S. 168). Entscheidend ist also für diese Stufe das konsequente Beachten der indikativischen Struktur: der Indikativ geht dem Imperativ schlechthin voraus, und zwar so, daß der kategorische Indikativ die immer gegebene menschliche Situation der Strittigkeit nicht nur nicht ausblendet, sondern voll integriert. Erst von daher wird es unverkürzt plausibel, daß Gott erfahren wird als die Ermöglichung und Erfüllung absoluten Sinnes – vermittelt durch endliche Freiheit im fragmentarischen Geschehen von Ohnmacht und Liebe.
Es ist dies eine Position, die weiß, »daß das, was wir ohne jede Sentimentalität als Liebe bezeichnen wollen und als Überwindung von Leiden, keine Vollendung erreichen kann und wird, daß sie also in diesem Sinn des realen Herstellens idealer Vollendung zum Scheitern verurteilt ist und daß dieser Tod sie doch nicht zur

Sinnlosigkeit werden läßt, da ihre Gültigkeit nicht von einem Erfolg abhängt, der als total geglückter bezeichnet werden könnte, sondern der gültig ist, insofern er realer Beitrag zur Verwirklichung wahren Lebens ist« (Schupp 1975, S. 28). Erst auf dieser Stufe wird letztlich die Differenz Letztgültiges–Mensch in ihrem eigentlichen Kern voll bewußt. Es ist das Bewußtsein jener qualitativen Differenz, das nicht nur erkennt, »daß ›ich bin‹, daß ich meine Freiheit als Welterkenntnis und -gestaltung behaupte, sondern daß ich sein *soll* und sein *darf*, kurz: daß ich *anerkannt* bin, und zwar *absolut* und *umsonst* ...« (Pröpper 1976, S. 138 ff.).[11]

---

11 Theologen können in ihrer Sprechweise diese Stufe-6-Struktur in vielfältiger Weise umschreiben: Sie sagen etwa: Gott ist die Liebe selbst, in der wir lieben. Gott ist der, der angefangen hat, ist der, der bewahrt und vollendet und in all dem ermöglicht, daß beim Menschen auch etwas beginnen kann. Oder als Überwindung der letzten Angst gemäß der paulinischen Dialektik »in Ängsten und doch ohne Angst« könnte man formulieren: Es ist das Bei-Sich-Sein, indem man beim anderen ist – obwohl man getrennt ist. (Vielleicht darf deshalb diese Position im Kern als mystische bezeichnet werden.) Oder im Anschluß an eine Formulierung von G. Marcel könnte man sagen: Einen Menschen lieben heißt: du wirst nicht sterben – und dies auch und gerade in bezug auf die unschuldigen Opfer der Geschichte (anamnetische Solidarität). Oder noch in der Formulierung von Peukert: Gott erscheint als jene rettende »Wirklichkeit, auf die ein auch mit den Toten solidarisches, kommunikatives Handeln so zugeht, daß es diese Wirklichkeit für die anderen und dadurch für den Handelnden selbst behauptet« (1976, S. 315).

3.6 Die Doppelspirale der Stufenentwicklung

> Die religiöse Entwicklung als Hierarchie von Stufen läßt sich am besten im Bild der Doppelspirale ausdrücken: Wenn die jeweilige neue Stufe integriert wird, geschieht gleichzeitig eine Differenzierung der alten. Wenn die eine Seite der Stufe mehr subjektbezogen ist, so hat die andere das je kommunikative Pendant im Auge. Wenn die eine Seite der Spirale die Wirklichkeit darstellt, so die andere die Beziehung dieser Wirklichkeit zum Letztgültigen. Stets sind also zwei Seiten derselben Sache wichtig: eine nach innen und eine nach außen gerichtete.

Die Hierarchie der Stufen, wie wir sie beschrieben haben, gleicht einer Doppelspirale, wobei jedes Plateau eine qualitative Veränderung erfährt und zugleich Tieferes in Höheres überführt. Anders gesprochen: Nach diesem Schema verläuft religiöse Entwicklung so, daß auf jeder Stufe eine Integration und zugleich eine Differenzierung geschieht, in jeder Übergangsstufe etwas negiert und dafür etwas anderes positiv aufgebaut wird. Die Person einer bestimmten Stufe *ist* je ein Merkmal, das sie dann auf der nächsten Stufe *hat*. Sie integriert es zuerst und differenziert es dann. Sie kann es auf der unteren Stufe erst erfassen und auf der nächsten mit anderen Merkmalen *koordinieren*. Deswegen haben wir versucht, die entwicklungspsychologischen Unterschiede bei der Stufenbeschreibung in *komplementären* Verhaltenseinheiten zu erklären, ja sogar schon die einzelne Struktur durch komplementäre Merkmale zu kennzeichnen. Dadurch kann aber auch der Ganzheits- und Strukturanspruch als solcher transparent gemacht werden.
Figur 7 ist ein Bild dieser Integration und Differenzierung. Im Durchgang von einem Plateau zum anderen sind die komplementären Verhaltenseinheiten durch die Spiralbänder gekennzeichnet. Ihr jeweiliges Gegenüberliegen drückt die Positionen Sein und Haben aus. Oder anders gesagt: Die Bänder stellen dar: Externalisierung des einen Aspektes macht die Person frei für die Internalisierung des jeweilig neuen.

Fig. 7: Doppelspirale der religiösen Entwicklung. Die Schleifen bedeuten Durchgang zur Dezentrierung einerseits und neue Integration andererseits (gezeichnet von Arthur Lotti).

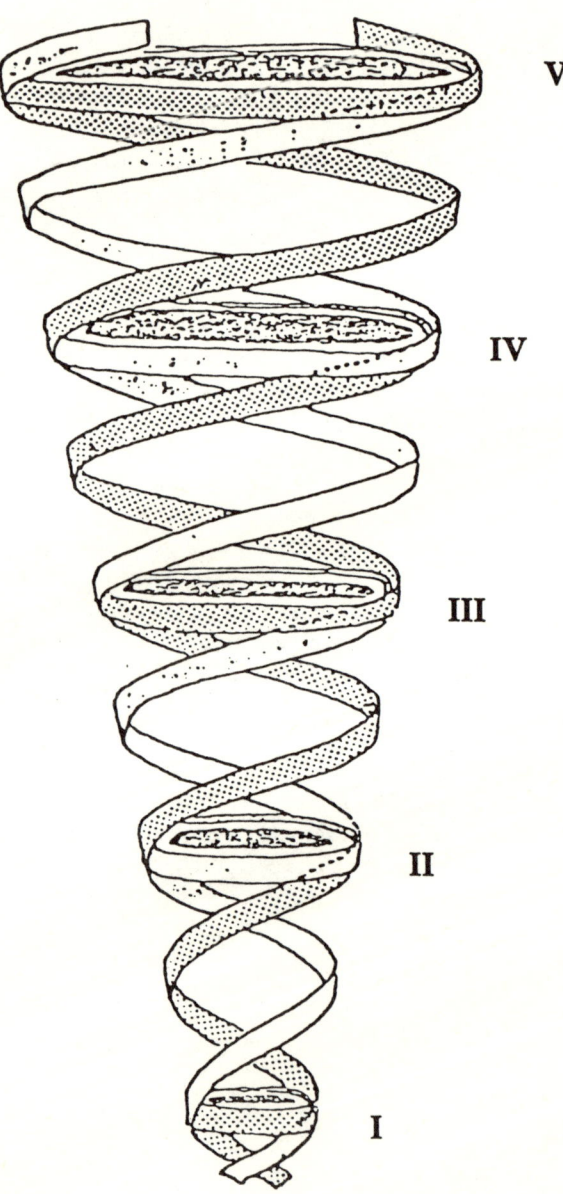

Dazu ist zu bemerken: Diskontinuitätsansätze der Entwicklung haben im allgemeinen die Tendenz, *eine* Dimension einer bestimmten Stufe überzubetonen. So meinen Eckensberger und Reinshagen (1980, S. 108 ff.), die Stufen 1 und 4 des moralischen Urteils nach Kohlberg seien mehr zentriert auf objektive Phänomene während die Stufen 2 und $4^1/_2$ mehr eine Zentrierung auf subjektive Phänomene darstellen. Die Stufen 3 und 5 seien dezentriert und integratorisch.
In anderer Weise finden wir einen ähnlichen Aufbau bei Turiel (1977, S. 59). Er zeigt auf, daß im Alter von 6 oder 7 Jahren Konventionen eine Art soziale Uniformität bzw. eine Art Gesetzmäßigkeit darstellen, die Gehorsam fordert. Im Alter von 8 bis 9 Jahren würden diese verneint und abgelehnt. Mit 10 bis 11 Jahren hinwiederum würden Konventionen als positive Beziehungen eines Regelsystems gesehen. Mit 12 bis 13 Jahren werde dieses von neuem abgelehnt. Mit 14 bis 16 Jahren würden Konventionen interpretiert als etwas, das durch das soziale System vermittelt sei. Mit 17 bis 18 Jahren werde dieses wiederum negiert. Zwischen 18 bis 25 Jahren schließlich stellten Konventionen Koordinationen der sozialen Interaktion dar.
Nach unserer Meinung sind dies typisch einseitige Betrachtungen des Diskontinuitätsansatzes. Sie bedeuten die Vernachlässigung der Gegendimension. Kegan und Noam (1982) schwächen diese Einseitigkeit ab. Sie meinen, daß unter dem Gesichtspunkt der Persönlichkeitsentwicklung die sogenannte Selbst-Anderer-Beziehung der Stufen 1, 3 und 5 mehr Inklusion und Integration bedeute, während die Stufen 2 und 4 eher eine Differenzierung darstellten. Sie sprechen deshalb nur von einer Spirale der Entwicklung der Selbst-Anderer-Beziehung. Wir gehen weiter und meinen, daß Inklusion und Integration im gleichen Maße eine Differenzierung einschließt und umgekehrt. Deshalb der Begriff »Doppelspirale« (Doppelhelix) der Entwicklung.
Dieser Vorstellung entsprechend nehmen wir an, daß es falsch ist, z. B. auf einer bestimmten Stufe die Negation einer Dimension zu betonen; denn diese Negation geht immer zusammen mit der gleichzeitigen Annahme einer neuen Dimension. Diese wird in dem Maße rekonstruiert, als die andere verneint wird, dies bis schließlich ein neues Gleichgewicht erreicht ist. Anders gesagt: Wenn in den Altersstufen 8 bis 9, 12 bis 13 und 14 bis 16 nach Turiel etwas negiert wird, so wird auch jeweils ein anderes positiv akzeptiert und aufgebaut, und dies wäre eine neue zu fördernde Dimension. Daß bei Eckensberger die Stufen 1 und 4 mehr auf objektive Phänomene konzentriert sind (Strafe, Gesetz usw.) bedeutet nur, daß das Subjektive dieser Stufe nicht genügend erkannt wird. Selbst dann, wenn wir nur einen Aspekt, etwa Autonomie vs. Abhängigkeit unter dem hierarchischen Stufengesichtspunkt darstellen, so muß jede Stufe diesen Aspekt in seiner je transformierten Art enthalten. In dem Maße, wie der eine Pol negiert wird, in dem Maße kann der andere zu einer neuen Qualität durchbrechen, bis zu einem neuen Gleichgewicht. Wenn wir Fig. 8 beobachten, so sehen wir, daß zwar je

eine neue Qualität dargestellt wird, aber nicht in der Weise, daß da einmal mehr Differenzierung und das nächste Mal mehr Integration enthalten wäre. Beide sind auf jeder Stufe mit je anderen Qualitäten verbürgt. In Stufe 1 ist das Letztgültige völlig identisch mit der Person durch totale Abhängigkeit. Auf Stufe 2 löst sich die Person aus dieser Stufe-1-Einheit; sie wird unabhängig und beginnt, das Letztgültige zu beeinflussen. Stufe 3 beinhaltet die totale Trennung der beiden Größen. Stufe 4 integriert sie wiederum in dem Sinne, daß das Letztgültige und das Dasein nicht als Objekte gedacht werden, sondern als Bedingung und Grund möglicher Existenz. Und schließlich Stufe 5 verlagert das Letztgültige, das Grund von Sein und Existenz ist, in den jeweiligen Kommunikationsakt. Stufe 1 und 2 scheinen Stufen der Abhängigkeit zu sein, Stufe 3 und 4 der Loslösung und Stufe 5 der kommunikativen Integration. Dies stimmt aber nur unter dem Gesichtspunkt, daß dieses Problem von Stufe 5 her beleuchtet und beurteilt wird. Betrachtet man jede einzelne Stufe gesondert, so geschieht je Loslösung und Integration, je Differenzierung und Einbezug, je Externalisierung und Integration. Trotzdem ist die höchste Stufe am autonomsten, trotzdem ist hier die Loslösung am intensivsten und die Freiheit für etwas am realsten. Denn die höchste Stufe ist das beste aller Gleichgewichte.

Die innere Logik dieser Entwicklung ist also so beschaffen, daß je eine größere Integration der Beziehung zum Letztgültigen (Göttlichen) realisiert wird. Vom »Das Letztgültige tut alles ...« über »Das Letztgültige tut alles, wenn wir ...« und »Das Letztgültige und der Mensch tun unabhängig voneinander« zu »Der Mensch kann tun, weil es ein Letztgültiges apriorisch gibt« und schließlich zu »Der Mensch tut durch das Tun des Letztgültigen, das wiederum durch des Menschen Tat bedingt ist ...« sind Schritte einer Logik, die langsam im Leben eines jeden von uns abzuschreiten sind. Um diese Logik exakt nachzeichnen zu können, bedarf es der erwähnten fortwährenden Dezentrierung und Integration.

Fig. 8: Darstellung der Stufenentwicklung unter dem Gesichtspunkt von Autonomie vs. Abhängigkeit

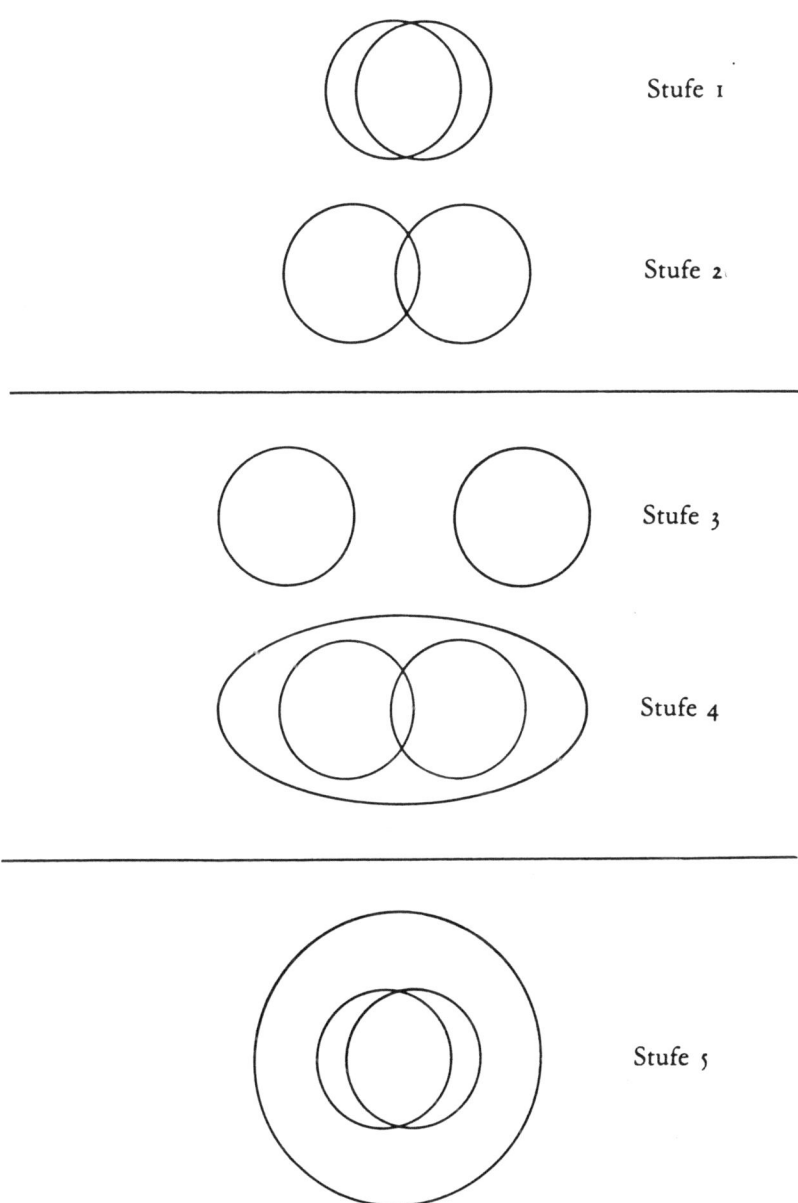

3.7 Regulierung durch höhere Reversibilität religiöser Denkstrukturen

> Ein weiterer wichtiger Gesichtspunkt in der Entwicklung des religiösen Bewußtseins im Sinne der Doppelspirale ist das Moment der höheren Reversibilität. Höhere Reversibilität meint ein je differenzierteres, freieres und intensiveres Kommunikationsverhältnis Subjekt-Subjekt-Letztgültiges. Höhere Reversibilität meint auch die mit zunehmender Stufenhöhe flexiblere Aufnahme von konkreten religiösen Inhalten. Zum besseren Verständnis wird die Unterscheidung von punktueller und dauerhafter Religiosität eingeführt.
> Jede Stufe wird anschließend unter dem Gesichtspunkt höherer Reversibilität beschrieben.

Was wir bis jetzt dargestellt haben, bedarf einer Ergänzung. Es genügt nicht, die Stufen einfach zu beschreiben. Auch glauben wir, daß die »Doppelhelix« noch andere Gesichtspunkte der strukturellen Differenzierung aufweist als Inklusion und Dezentrierung. Wir gehen in diesem Abschnitt deshalb davon aus, daß eine höhere religiöse Struktur im Sinne unserer Entwicklungsstufen auch irgendwelche religiösen Inhalte, etwa kultische, Verheißungs- oder Offenbarungsinhalte derjenigen Kultur, der Personen angehören, in je besserer Weise assimiliert: Es ist eine Art höhere *Reversibilität,* die es nun zu erläutern gilt.
Zuerst aber sei in einem kleinen Exkurs eine Unterscheidung vorgenommen, die dazu beiträgt, höhere Reversibilität besser beschreiben zu können. Es ist dies der Unterschied zwischen Personen, die Religiosität als punktuelles Ereignis empfinden und solchen, die sie als einen ständigen Bestandteil ihrer Identität sehen. Die ersteren gehen meistens von Situationen aus, wo ein Geschehen nicht mehr in ihrer Hand ist, wo »Chance« als Begriff wichtig wird. Da wird plötzlich Religiosität aktualisiert. Sie wird zur Möglichkeit der Rekonstruktion dieses Ereignisses unter dem Gesichtspunkt etwa der plötzlichen Erkenntnis, daß wir nur einen kleinen Teil des uns umgebenden Seins darstellen. Als solchen leisten wir einen kleinen Beitrag zur Sinnfindung. Oder sie wird als plötzlicher Eingriff des Ultimaten in das »ruhige« Leben der Menschen gesehen, oder auch als plötzliche Sensibilisierung des Subjekts für jenen Teil des uns Umgebenden, an dem wir teilhaben, oder den wir nicht erklären können. Für andere Personen hingegen ist die Religion etwas Dauerhaftes, in der Frage nach der Bedingung der Möglichkeit.
Rahner (1957) braucht dazu den Ausdruck des *»Vorgriffs«.* Er sagt: »So wird es die Aufgabe sein, den Umfang des apriorisch umgriffenen Horizontes zu be-

stimmen, der als solcher im Vorgriff erfaßt die Möglichkeit bietet, die Formen der Sinnlichkeit als eingegrenzt zu erfahren, sie von dem Grund ihrer Eingegrenztheit dem sinnlichen Diesda abzuheben, und damit für das Erkennen selbst die Möglichkeit einer reditio zu schaffen« (S. 155). Und schließlich ontologisch »religiös« erweitert: »Indem der Mensch convertendo se ad phantasma in die Welt sich begibt, hat sich die Eröffnung des Seins und in ihm das Wissen vom Dasein Gottes immer schon vollzogen, ist uns aber auch darin dieser Gott als jenseits der Welt immer schon verborgen« (S. 407). Der Vorgriff ist das dauerhafte Einbringen der religiösen Dimension, korrelativ zur uns umgebenden Wirklichkeit. Wie ist es möglich, daß Menschen sich lieben können, daß sie Kausalerklärungen machen, daß die Natur in ihrer Erkenntnis nach logisch einfachen Gesetzen gestaltet ist? Der Vorgriff bringt alle Ereignisse allezeit unter den Gesichtspunkt religiöser Apriori überhaupt. In ihm wird Dasein als sinnvoll verstanden.

Ein Zwischenstadium zwischen denen, die Religion punktuell einbringen, und jenen, die sie als dauernden Vorgriff verstehen, ist darin zu sehen, daß Religion und Welt voneinander getrennt werden, wie dies etwa Einstein tut. Er sagt: »Ich glaube nicht, daß die Grundgedanken der Relativitätstheorie in anderer Weise Beziehungen zur religiösen Sphäre beanspruchen können als die wissenschaftliche Erkenntnis überhaupt. Diese Beziehung sehe ich darin, daß tiefe Zusammenhänge in der objektiven Welt durch logisch einfache Gedanken erfaßt werden können. Dies ist allerdings in der Relativitätstheorie im besonders vollkommenen Maß der Fall.

Das religiöse Gefühl, welches durch das Erlebnis der logischen Faßbarkeit tiefliegender Zusammenhänge ausgelöst wird, ist von etwas anderer Art als dasjenige Gefühl, welches man gewöhnlich als religiös bezeichnet. Es ist mehr ein Gefühl der Ehrfurcht für die in den Dingen sich manifestierende Vernunft als solcher, welches nicht zu dem Schritte führt, eine göttliche Person nach unserem Ebenbild zu formen – eine Person, die an uns Forderungen stellt und an unserem individuellen Sein Interesse nimmt. Es gibt darin weder einen Willen noch ein Ziel noch ein Soll, sondern nur ein Sein. Deshalb sieht unsereiner in dem Moralischen eine rein menschliche Angelegenheit – aber allerdings die wichtigste in der menschlichen Sphäre« (1981, S. 66).

Die drei Positionen lassen sich wie folgt zusammenfassen: Die Wahrscheinlichkeit, daß punktuelle Religiosität eher in den Stufen 1 und 2 auftritt, ist vermutlich gleich hoch wie die Wahrscheinlichkeit, daß jene zweite Position, die Transzendenzoffenheit als Dauerhaltung bzw. Vorgriff (als Bedingung der Möglichkeit von Religion) annimmt, auf den Stufen 4 und 5 anzutreffen ist. Die dritte Position (Einstein-Zitat) wird am ehesten auf Stufe 3 zu finden sein.

Aus dem Gesagten läßt sich andeuten, was wir unter höherer *Reversibilität* verstehen. Je höher das religiöse Urteil, um so höher auch der korrelative Bezug der Wirklichkeit zum »Umgreifenden«, »Letztgültigen«, uns »Tragenden«.

Um den Begriff »höhere Reversibilität« genauer auszuführen, sei ein Beispiel angefügt und nach der entsprechenden Stufenhierarchie abgewandelt. Das Beispiel, das wir wählen, ist einfach. Kinder stellen fest, daß es in der Welt andere Kinder gibt, die keine Eltern gehabt haben (oder haben), die von Eltern im Stich gelassen wurden oder deren Eltern gestorben sind und stellen sich die Frage, warum denn Gott so ungerecht sei, daß er dies zulasse. Wie sehen nun Erklärungen von Personen auf den verschiedenen Stufen religiöser Entwicklung aus?

Stufe 0: Das Kind kann nicht unterscheiden zwischen dem, was durch menschliches Versagen entstanden ist und Erklärungen, die Außermenschliches beinhalten. Es kann keine Koordinationen vornehmen. Seine Antwort ist etwa:

- Die haben es so gemacht.
- Es ist so, einfach so. Sie sind arm.
- Jemand hat es gemacht.
- Gott hat es gemacht usw.

Dieses Nichtdifferenzieren zwischen menschlicher und nichtmenschlicher Verursachung ist unser Ausgangspunkt zur Darstellung höherer Reversibilität.

Stufe 1: Höhere Reversibilität meint eine Differenzierung dahingehend, daß Menschliches und Außermenschliches klar unterschieden wird. Das Mittel dieser Unterscheidung ist die Vermutung einer verborgenen oder offenen Intention. Die Intention ist das befreiende, distanzierende Element.

»Die Eltern sind schuld, die wollten nicht mehr beisammen sein. Jetzt leiden die Kinder darunter.«
»Vielleicht wollte es Gott so.«
»Es ist eine Strafe, Gott hat es gemacht. Er macht es immer so mit einigen Menschen.«

Warum handelt es sich hier um höhere Reversibilität? Das Intentionale (z. B.: Er wollte ihnen den Weg damit zeigen) macht es möglich, innerlich vom Faktischen der Situation zurückzutreten. Eine direkte Kausalität, im Bereich der jeweiligen Vorstellungswelt, liegt vor. »Weil Gott zornig war, hat er den Krieg geschickt«. »Weil die Menschen böse waren, hat er eine Hungersnot geschickt«. »Weil er Gott diente, hat er ihn zum großen König gemacht«.

Das Gleichgewicht erreiche ich durch das Finden des hinter einer Sache liegenden unmittelbaren Grundes. Das gibt mir eine neue Freiheit, weil ich nun den Grund gefunden habe, eine neue Hoffnung, weil ich solche Gründe finden kann. Das Gleichgewicht zwischen Immanenz und Transzendenz liegt im Wissen, daß die Dinge einen vordergründigen Grund haben. Dieser Grund ist ganz unmittelbar einsichtig. Und er liegt entweder auf der Ebene der menschlichen Unzulänglichkeiten oder eines ultimaten Willens bzw. einer »übernatürlichen« Unzulänglichkeit:

»Vielleicht hat der Vater die Mutter und die Kinder nicht mehr gern.«
»Der Vater glaubt vielleicht nicht mehr an Gott.«
»Vielleicht haben sie etwas Böses getan. (Die Kinder?) Nein, die Eltern.«
»Der liebe Gott vergißt sie vielleicht?«
»Vielleicht gefallen diese Leute dem Gott nicht so, aber das glaube ich doch nicht, das muß nicht sein.«

Stufe 2: Das Kind der Stufe 2 kann sich mit einer Anwort eines Stufe-1-Musters nicht mehr zufriedengeben, denn der Grund, die Intention an sich, gibt ihm keinen Sinn mehr. Wenn dieses Kind kausale Aussagen externalisiert, wenn es Distanz von ihnen erhält, so spürt es, daß sie allein dastehen, nackt, unzureichend. Höhere Reversibilität heißt nun, daß der Grund selber wieder in ein Zweck-Mittel-Schema eingebettet werden muß. Dieses ist z. B. ein Präventivmuster oder ein Gib-damit-gegeben-wird-Konzept.

Antworten eines 12jährigen Mädchens lauten:
»Vielleicht will Gott, daß die Kinder einen anderen Vater erhalten; denn dieser liebt sie dann mehr, als der eigene Vater es getan hätte.«
»Gott denkt sich, daß es besser so ist, sonst hätte der Vater vielleicht eines Tages seine eigenen Kinder erschlagen.«
»Vielleicht will Gott ihnen eine Lehre geben, und das wird man erst später verstehen.«
(Im Gegensatz zu Kindern der Stufe 1 sagt dieses Mädchen auch, daß es sich über diese Fragen schon manchmal Gedanken gemacht habe.)
Hier wird also gesagt, daß der unmittelbar sichtbare Grund (Stufe 1) nicht genügt. Da ist ein »anderer« Grund, weiterreichend, den wir nicht unmittelbar erkennen. Es braucht also eine neue Art von gedanklichem »Vorgriff«, um erahnend zu ermitteln, warum wohl dieses Ereignis eingetroffen ist.
»Vielleicht will Gott, daß die Kinder einen anderen Vater erhalten; denn dieser liebt sie dann mehr, als der eigene Vater es getan hätte.« Der

uns unbekannte Sinn wird dann schon einmal sichtbar. Die Rekonstruktion einer solchen »Tatsache«, nämlich daß da ein nicht unmittelbarer, *verborgener* Sinn ist, den wir aber nicht kennen, bedingt aber auch, daß das Schicksal, das Letztgültige, das Umgreifende in der Weise »beeinflußt« werden kann, daß dieser unsichtbare Sinn hervorbrechen muß. Höhere Reversibilität heißt nun, daß Personen der Stufe 2 nicht bloß von der unmittelbaren Begründung her die vorliegende Wirklichkeit repräsentieren, sondern daß sie noch einen Schritt weiter zurücktreten können. Sie nehmen, wie schon gesagt, an, daß da *sowieso* ein verborgener Grund sei, der plötzlich offenbar werde, und zwar durch den Verlauf der Dinge. Von hierher erhalten alle Ereignisse, auch die tragischen, einen verborgenen Sinn, und Personen dieser Stufe gehen schon mit dieser Vorstruktur, diesem Vorgriff an die Interpretation der Wirklichkeit. Daß die unsichtbaren »Mächte« auch noch beeinflußt werden können, ist dabei bloß eine Folge der Möglichkeit, soweit zurückzustehen, daß die verborgene Wirklichkeit schon vorwegnehmend sinnvoll eine Absicht »im Sinne hat«. Höhere Reversibilität heißt, von dieser schon immer verborgenen Absicht her Situationen zu verstehen suchen.

Stufe 3: Welches ist nun die nächsthöhere Reversibilität der Stufe 3? Eine Person dieser Stufe kann sich nicht mehr damit zufriedengeben, daß da eine verborgene Absicht sei. Ihre Kritik setzt gerade an diesem Punkt an.
Ihr geht es darum, daß Ereignisse soweit offengelegt werden, daß sie in den Verantwortungsbereich von souveränen »Persönlichkeiten« fallen und daß das Letztgültige einen eigenen, vom Weltlichen getrennten Seinsbereich erhält. Ein 16jähriger sagt: »Daß Menschen sterben, daß sich Eltern trennen voneinander und Scheidungswaisen hinterlassen, das alles fällt in die Verantwortung des Menschen. Gott kann dafür nicht verantwortlich gemacht werden.«
Oder:
»Es ist lächerlich, alles, was nicht klappt auf dieser Welt, so anzusehen, als ob da doch ein verborgener Grund sei. Die Menschen müssen ihr Schicksal selber in die Hand nehmen.«
Oder:
»Das Göttliche hat nichts mit diesem Elend der Trennung zu tun. Man soll Gott anbeten, ohne etwas von ihm zu verlangen für diese Leute oder diese Kinder. Da müssen wir Menschen selber etwas tun.«
Nun stellt sich die Person innerlich nochmals einen Schritt zurück, hinter den »verborgenen Grund« der Stufe 2. Sie legt diesen Grund in den

Handlungsspielraum des Menschen. Dabei muß sie zwangsläufig das Letztgültige vom Menschlichen trennen, es in seinen Ursprung verweisen. Höhere Reversibilität heißt, daß der *Vorgriff*, mit dem ich schon in die jeweilige, zu interpretierende Situation eintrete, jegliche Kausalität in den Entscheidungs- und Eigenverantwortungsbereich des Menschen stellt. Auch beinhaltet diese Art von Apriori eine »Verselbständigung« des »Göttlichen«, die sich auch in Negation oder in pathetischer Adoration dieses »Göttlichen« ausdrückt.
(Diese drei Formen der Stufe 3 sind als Typen eines und desselben religiösen Denkmusters zu interpretieren:
a) Die Trennung von menschlichem Verantwortungsbereich und dessen, was dem Ultimaten zukommt, in zwei gleichwertige Teile;
b) die einseitige Betonung des menschlichen Eigenwillens und die Negation des Letztgültigen;
c) die Betonung eines ultimaten Eigenbereichs und damit religiöser, symbolorientierter Handlungsweisen, wobei diese vollständig abgehoben sind von allem »irdisch Wichtigen«).
Aber nochmals zurück zum Begriff der höheren Reversibilität: Loslösbar vom Handlungsraum sind nun nicht bloß die verborgenen und doch sinnvollen Intentionen (Stufe 2), sondern weil der Mensch sich hinter diese Vorstellung zurücknehmen kann, gelingt es ihm auch, diese »Verborgenheit« zu handhaben: Es ist die nichtberührbare, ferne Seinsweise des Transzendenten, die nicht für den Menschen in Anspruch genommen werden soll. Der Abgrund zwischen Immanenz und Transzendenz ist unüberschreitbar, der Abgrund auch zwischen den anderen Dimensionspaaren. Das ist auch zugleich die Begrenzung. Aber die zu interpretierende Situation wird immer schon, vorwegnehmend, als dieses Unüberschreitbare erkannt. Und darin erschöpft sich das Gleichgewicht der Stufe 3.

Stufe 4: Mit den strukturellen Apriori der Stufe 3 kann sich eine Person der Stufe 4 nicht zufriedengeben. Denn hier ist wiederum eine höhere Reversibilität zu verzeichnen. Sie besteht in einer neuen Vermitteltheit zwischen Immanenz und Transzendenz. Der Mensch ist nicht sein eigener Ursprung. Er hat sich nicht selbst geschaffen. Die Trennung zwischen der menschlichen Verantwortung und dem »göttlichen Bereich« wird deshalb als freiheitswidrige Gebundenheit empfunden.
»Da ist uns immer die Möglichkeit gegeben, Scheidungswaisen zu verhindern. Das ist ja gerade der unsichtbare göttliche Anruf in uns, uns um der Sache besserer Menschlichkeit willen zu engagieren, z. B. durch Familienberatung, finanzielle Unterstützung.«

Der *Vorgriff* ist hier die Erkenntnis, daß die Begründung der Möglichkeit menschlicher Handlung immer schon gegeben ist, als das Urmenschliche und zugleich Letztgültige im Menschen. Die Person kann die beiden Dimensionen in differenzierter Weise auf einer neuen Ebene miteinander vermitteln, und zwar deshalb, weil sie sich außerhalb beider stellen kann. Ihr Vorgriff besteht in der Annahme, daß die Bedingung der Möglichkeit von Handeln das *Dauergeschenk* an den Menschen ist, das, was ihn um- und übergreift, die Gegenwart eines Letzten. Reversibilität besteht darin, daß das Subjekt über diese Vorbedingungen von der Realität korrelativ zum Ultimaten und umgekehrt von diesem korrelativ zum Hier und Jetzt, zum Diesda denken kann. Der Mensch als »Gottes Gefäß« oder als »Gottes Werkzeug« sind mögliche Spielarten dieses Gedankens.

Das neue Gleichgewicht besteht also in der mittelbaren Vermitteltheit von Immanenz und Transzendenz und der anderen Dimensionspole, ermöglicht durch das Sehen der Vorbedingungen menschlichen Lebens Handelns, Leidens und Sterbens. Und dies wird ergänzt durch die Repräsentation eines Planes, in dem die Welt sich letztlich und immer schon (wenn auch oft in verborgener Weise) zum Guten hin entwickelt. Zugleich aber bleibt die Erkenntnis der Stufe 3, daß nämlich der Anspruch, im Gehorsam gegen ein Letztes, Höheres oder eine bestimmte Art von Geschichte leben zu müssen, nicht ein Anspruch des Letztgültigen ist, sondern von Menschen.

Stufe 5: Die Subjekte dieser Stufe können auch die korrelativ vermittelte Seinsinterpretation des religiösen Urteils der Stufe 4 objektivieren. Sie sehen den Ort dieser Verbindung immer schon gegeben als den Ort der menschlichen Liebe, der Kommunikation. Das Hinausgehen über alle Gegenstände und Chiffren, wirkliches Transzendieren, ist nur in der Immanenz menschlich strategiefreier Kommunikation zu finden (vgl. Jaspers 1962, S. 428). Hier erhält es durch Rekonstruktion der Wirklichkeit unter dem Gesichtspunkt der Möglichkeit helfenden, liebenden, sich engagierenden Tuns die Sichtbarkeit. Theologisch gesprochen: Gott ist Mensch geworden *unter den Menschen:* »Es gibt Augenblicke, in denen der Gedanke an Gott uns von ihm trennt. Die Scham ist die Vorbedingung der hochzeitlichen Vereinigung.

In der wahren Liebe lieben nicht wir die Unglücklichen in Gott, sondern Gott in uns liebt die Unglücklichen. Und befinden wir selber uns im Unglück, so liebt Gott in uns die, welche uns wohlwollen. Das Mitleid und die Dankbarkeit steigen von Gott herab, und wenn sie in einem Blick ausgetauscht werden, so ist Gott an jenem Punkte gegenwärtig,

wo die Blicke sich begegnen. Der Unglückliche und der andere lieben sich von Gott her, durch Gott hindurch, aber nicht aus Liebe zu Gott; sie lieben sich aus Liebe zueinander. Dies ist etwas Unmögliches. Darum geschieht dies nur durch Gott« (Simone Weill).
Die höchstmögliche Reversibilität ist also die Interpretation der menschlichen Gegebenheiten aus dem Vorhandensein kommunikativer Liebe oder dem Fehlen dieser Liebe. Oder im Beispiel einer möglichen Antwort zur obigen Frage:
»Indem wir solche Kinder aufnehmen und solche Eltern beraten, geben wir ihnen die Möglichkeit, sich zu entfalten. Nur darin kann das Göttliche in dieser Welt durchscheinen.«
Die Reversibilität dieser höchsten Stufe liegt im *Vorgriff*, der eine stets gegenwärtige anthropologische Religiosität bedeutet, d. h. daß das Erkennen von Sein und Transzendenz hineinverlegt wird in den interaktiven Sinnbereich. »Sich dem anderen stets und immer zum nächsten machen« ist nicht eine Teilformel, sondern alles: »Gott ist auf den Menschen zu«, oder »die Sache Gottes ist der Mensch«.

Nur das Verstehen des jeweiligen stufenmäßigen Vorgriffs, des stufenmäßigen Apriori, ermöglicht uns, die kognitiven religiösen Stufen als nicht leicht veränderbare, wichtige Persönlichkeitsbestandteile zu verstehen. Stufen sind nicht »Typen« verschiedener Sinnkonstruktionen. Vielmehr sind sie fundamentale Persönlichkeitsstrukturen. Als solche assimilieren bzw. akkommodieren sie Realität aus dem jeweiligen Vorgriff mit hoher Beweglichkeit. Deswegen meint höhere Reversibilität ein je differenzierteres, freieres und intensiveres Kommunikationsverhältnis Subjekt-Subjekt-Letztgültiges.

Wenn höhere Reversibilität in eindeutiger Weise beschreibbar ist, können wir Aussagen über Transformationsprozesse machen. Sie lassen sich folgendermaßen bündeln:

a) Wir nehmen an, daß es eine universale Grundstruktur der Entwicklung gibt, die nicht mit probabilistischen oder ähnlichen Modellen beschrieben werden kann. Das Individuum steht auf einer bestimmten Stufe, in einem bestimmten Bereich: die nächste Stufe hat eine qualitativ andere Struktur, obwohl sie die vorhergehende integriert.

b) Es ist möglich, daß das Individuum seine Stufe nicht zur Anwendung bringt, weil es z. B. religiös nicht sensibilisiert ist, weil keine religiöse Rollenübernahme möglich ist, weil bestimmte Abwehr-Mechanismen es verhindern, weil die Situation nicht relevant genug ist oder weil keine Zeit zur Verwendung der aufgebauten Strukturen vorhanden ist und Entscheidung vor der Begründung gefordert wird. Wir bezeichnen dies als Kompetenz-Performanz-Gefälle.

c) Wir nehmen an, daß die kulturelle Entwicklung den Aufbau der individuellen Stufen hemmt oder fördert und sie zugleich inhaltlich prägt. Bestimmte Inhalte sind zu bestimmten Zeiten nicht relevant, und sie bringen deshalb keine religiöse Argumentation hervor. Die Zerstörung der Natur mußte vor 1000 Jahren ontologisch kaum reflektiert werden, weil die Natur unerschöpflich und mächtig genug schien, um Eingriffen Stand zu halten. Vielmehr war damals die Gefahr durch die Natur der entscheidende Anlaß zur Reflexion.

d) Wir glauben, daß auch die soziale Praxis der Sinnstiftung die religiösen Strukturen fördert oder hemmt. Sinninterpretative Momente sind solche, die den Alltag durch Urteile und Handlungen kommunikativ interpretieren, die sprachliche, kultische oder beziehungsmäßige Interpretation von Erfahrung. Intersubjektiv ist diese Interpretation aufgehoben in den religiösen Riten, Handlungen, Gebeten und der sprachlichen Interpretation des Verwirklichungsdrucks des Weltgeschehens und seiner Grenzsituationen. Damit ist gesagt, daß die Strukturen sich unterschiedlich in verschiedenen Kulturen oder Zivilisationen ausprägen. Denn sie haben je eine andere Funktion der Bewältigung jener unerklärbaren Zusammenhänge, die ohnehin in einer jeweilig partikularen Weise transzendiert werden. Trotzdem sind sie – nach unserer Annahme – universell.

e) Wir glauben, daß höhere Reversibilität des religiösen Urteils etwas sozial Wünschbares darstellt.

4 Die Methode zur Erfassung des religiösen Urteils

In diesem Kapitel wird die sog. klinische Interviewmethode zur Feststellung der Stufe des religiösen Urteils vorgestellt. Kernstück dieser Methode ist das sog. »religiöse Dilemma«. Von vielen möglichen solcher Dilemmata hat sich das »Paul-Dilemma«, das wir auf S. 118 ff. beschreiben, am besten bewährt. Fast alle Personen reagieren auf dieses Beispiel, geben Antworten, verstricken sich in Rechtfertigungen und nehmen bewußt Stellung. Die Fragen zu diesem Dilemma müssen zu den auf S. 31 ff. beschriebenen fundamentalen Dimensionen des religiösen Urteils in Bezug gesetzt werden. Die Fragegruppen bilden denn auch den Kern der anschließenden Auswertung. Damit der Leser eventuelle Einschätzungen selber vornehmen kann, haben wir Beispielantworten zu jeder Stufe und zu je sieben Fragetypen von unterschiedlichen Personen angefügt. Die Interpretation dieser Antworten auf dem Hintergrund der Stufentheorie sollte zu einer Festlegung der Stufe des religiösen Urteils führen.

4.1 Methodische Einführung: Das semi-klinische Interview

> Auf welche Art und Weise ist es möglich, ein religiöses Urteil zu stimulieren und methodisch kontrolliert zu erfassen? Diese zentrale und schwierige Frage hat dann ihre adäquate Antwort gefunden, wenn es gelingt, eine Methode zur Anwendung zu bringen, die bei Personen tatsächlich zum Ausdruck ihres religiösen Urteils führt. Die hier verwendete Methode des sog. »semi-klinischen Interviews« vermag diesen Anforderungen zu genügen. Sie ermöglicht es, Personen gezielt mit einem religionsträchtigen Problemkomplex zu konfrontieren und zu begründeten Handlungsentscheidungen aufzufordern. Dabei – und dies ist entscheidend – bleibt ein großes Maß an Offenheit und Flexibilität bezüglich der Antwortmöglichkeiten bestehen. Es gelingt so, die bestmögliche Antwortkompetenz einer Person zu erhalten; sie sollte ihrer tatsächlichen religiösen Tiefenstruktur entsprechen.

Wenn wir das religiöse Urteil von verschiedenen Personen erheben wollen, müssen wir wissen, wie man ein solches Urteil evozieren kann. Wie wir in der Einleitung und im Kapitel über das religiöse Urteil schon herausgestellt haben, tritt das religiöse Urteil dort auf, wo es um die religiöse Erschließung persönlicher Erfahrungen geht oder um die Bewältigung von Kontingenzsituationen im Horizont der Frage nach einem Ultimaten. Demnach wären für die religiöse Urteilserhebung der ideale Fall jene Personen, die gerade solche Kontingenzsituationen aktuell und real erleben. Doch auch für diesen idealen Fall wäre noch keine Gewähr gegeben, daß diese Personen valide religiös urteilen und dabei ihr religiöses Schema zu erkennen geben. Es wäre ja zum Beispiel möglich, daß sie verschiedene Abwehrmechanismen aktivieren, das Problem verdrängen, mit angelernten Erklärungen an der Oberfläche einer bekenntnishaften Metaebene bleiben oder, umgekehrt, ihre wahren religiösen Tiefenstrukturen besonders in Situationen anwenden, die nicht unbedingt Kontingenzsituationen darstellen. Die Aufgabe besteht also darin, einen Weg zu finden, der es ermöglicht, einer Person problemgeladene Wirklichkeitsbereiche so vorzulegen, daß die Auseinandersetzung damit tatsächlich zum Ausdruck ihres religiösen Urteils führt.

Um also zu erfassen, wie Personen ihr religiöses Regelsystem aktivieren, haben wir uns zur *Methode des »semi-klinischen Interviews«* entschlossen. Die Verwendung der Methode des klinischen Interviews im Bereich der Entwicklungspsychologie geht vor allem auf Piaget (und Kohlberg) zurück. Danach wird der Proband »bei dieser Methode (a) mit einer bestimmten *Aufgabe* oder einem bestimmten *Problem* konfrontiert und (b) zu einer *Handlungsentscheidung* aufgefordert. Charakteristisch ist (c) die Anknüpfung theoriegeleiteter, hypothesenorientierter Fragen an die Antworten des Interviewten; diese Fragen zielen auf *Begründungen* für die vom Probanden gefällte Entscheidung (Lösung des Problems) ab, wobei Begründung und Entscheidung zusammen das *Urteil* ausmachen. Bei diesen Vorgaben handelt es sich um einen Prozeß fortlaufender Hypothesenbildung und -testung, der erhebliche, eigentlich unerreichbare Anforderungen an den Interviewer stellt: Er muß zum einen dem Interviewten Gelegenheit geben, seine Denkvorgänge *unbeeinflußt* zu explizieren; auf der anderen Seite muß er ständig definitive *Arbeitshypothesen* präsent haben, die es *abzuklären* gilt. Piaget vertritt die Auffassung, daß (dennoch) nur mit dieser Methode Personen in ihrem intellektuellen Prozeß beobachtet werden können« (L. H. Ekkensberger u. a. 1980, S. 338). Die genannten Vorteile legen es nahe, auch für die Erfassung des religiösen Urteils gegenüber den quantitativen Skalen und standardisierten Tests die qualitative klinische Methode zu bevorzugen. Dieser Entscheid ergibt sich aber auch aus der Eigenart des Problembereiches des religiösen Urteils sowie aus entwicklungspsychologisch-paradigmatischen Annahmen. So schreibt Piaget: »Die klinische Untersuchungsmethode ist in dem Sinn ein Teil des Experiments, als der Kliniker sich Probleme stellt, Hypothesen bildet, die beteiligten Bedingungen verändert und schließlich jede dieser Hypothesen im Kontakt mit den durch dieses Gespräch hervorgerufenen Reaktionen kontrolliert. Aber die klinische Untersuchungsmethode in diesem Sinne besteht auch in der direkten Beobachtung, als nämlich der gute Kliniker, indem er leitet, sich auch leiten läßt und somit den ganzen geistigen Kontext miteinbezieht, anstatt ein Opfer der ›systematischen Fehler‹ zu werden, wie es beim reinen Experimentator oft der Fall ist« (Vinh-Bang 1978, S. 86 f.). Das von uns verwendete semi-klinische Interview besteht allgemein aus a) (inhaltlichen) Fragen, welche standardisiert sind, und b) im Sinne der Kompetenz-Performanz-Spannung aus nicht-standardisierten Fragen, welche in dynamischer Weise im Anschluß an Antworten auf die standardisierten Fragen gestellt werden.[1] Wenn also bei den Interviewfragen zwischen den vorgegebenen, standardisierten und den freien, sich aus den Antworten der Gesprächspartner ergebenden Fragen unterschieden wird, so haben dabei die nicht-standardisierten Fragen die Aufgabe, die standardisierten Fragen in folgenden beiden Funktionen zu unterstützen:

Die erste Funktion besteht in der Lenkung des Interviews in den für die Untersuchung des religiösen Urteils relevanten Bahnen. Es sind Fragen, die sich direkt

---

[1] Semi-klinisch nennt man das Interview nicht nur deswegen, weil halbstandardisierte Fragen vorkommen, sondern auch weil das Auswertungsverfahren halbblind ist, d. h. der Rater zwar die Theorie, aber nicht Alter, Sozialstatus, Name usw. der Versuchspersonen kennt.

auf die Dilemmasituation beziehen. Zum Beispiel: »Glauben Sie, dieser Entscheid hat irgendwelche Konsequenzen für Pauls weiteres Leben?« Nun kommt es öfters vor, daß die Probanden diesen Fragen ausweichen, indem sie z.B. von irgendwelchen anderen Situationen zu sprechen beginnen, von sich aus ähnliche Situationen schildern, verschiedene Antwortmöglichkeiten aufzeigen, ohne sich selber auf eine Antwort festzulegen. Die nicht-standardisierten Zusatzfragen haben hier die Aufgabe, das Gespräch wieder auf das untersuchungsrelevante Thema zu bringen. Zum Beispiel: Wenn auf die oben genannte Frage die Antwort folgt: »Es kommt darauf an, je nachdem, wie intensiv er an Gott glaubt«, so hat man offensichtlich kein persönliches Urteil der interviewten Person erhalten. Diese hat ja überhaupt nichts über sich ausgesagt. Die hier angemessene Zusatzfrage würde sinngemäß etwa lauten: »Was würden Sie, wenn Sie in dieser Situation wären, glauben?«

Die zweite Funktion der nicht-standardisierten Fragen besteht in der Sicherung einer gewissen Reflexionshöhe der Antworten der interviewten Person. Dabei geht es darum, das Individuum an die ihm bestmögliche Antwortkompetenz heranzuführen. Unter Antwortkompetenz wird hier die potentiell vorhandene Denkfähigkeit eines Menschen verstanden. Im Gegensatz dazu kann von einer Antwortperformanz gesprochen werden. Diese umfaßt die in gewissen Situationen aktivierten Antworten, die nicht unbedingt auf den äußersten Denkmöglichkeiten eines Menschen beruhen. Folglich kann man aus solchen Performanzen keine neuen Schlüsse in bezug auf die dahinterstehenden Denkstrukturen ziehen. Es bedarf der Kompetenzen. Entscheidend für die Kompetenzstruktur ist aber die Frage nach der Begründung einer Anwort. Dementsprechend wird in den Interviews, wenn dies von der »Hauptfrage« her möglich ist, jede Antwort mit einem »Warum?« oder »Warum nicht?« begleitet. Besonders bei den *Zusatzfragen* wird die *per se* auf Begründung abzielende »Warum-Frage« außerordentlich wichtig. Der Interviewer muß jedoch wissen, wann er ein zunächst durchaus sinnvolles und notwendiges Insistieren auf einer »Warum-Frage« abbrechen sollte – etwa, weil keine Begründung gegeben werden kann, weil Wiederholungen auftauchen usw. – und wann er andere Zusatzfragen stellen sollte (vgl. Ekkensberger u.a. 1980, S. 340 f.). Der Interviewer gibt sich also nie mit einer ersten Antwort zufrieden, da hier in der Regel noch nicht entschieden werden kann, inwiefern die Antwort wirklich auf der Kompetenzebene liegt. Auch hier wird wieder deutlich, daß der Interviewer nicht nur die stufenspezifischen und stufendifferenzierenden Merkmale ständig präsent haben muß, sondern darüber hinaus auch eine detaillierte Kenntnis der Theorie der Entwicklung des religiösen Urteils besitzen sollte.

Die nicht-standardisierten Fragen sollten also die standardisierten Warum-Fragen in ihrer Wirkung verstärken. Konkret geht es dabei meistens um die Aufforderung zur Begründung, um die Präzisierung von Aussagen und um das Aufdekken und Hinterfragen von Widersprüchen in den Antworten der Probanden. Zum Beispiel: »Glauben Sie, daß dieser Unfall irgend etwas damit zu tun hat, daß Paul sein Versprechen gegenüber Gott nicht eingehalten hat?« Antwort: »Weil Gott nicht in dieser Weise in die Welt eingreift. Gott hat nichts mit den Unfällen, Krankheiten usw. in dieser Welt zu tun.« Nicht-standardisierte Begründungsfrage: »Können Sie noch etwas weiter ausführen, warum Gott nicht in dieser Weise in die Welt eingreift?« Antwort: »Weil der Mensch selbst für sein Tun verantwortlich ist und Gott immer das Gute für den Menschen will.« Das halbstandardisierte Interview läßt also den Probanden ein großes Maß an Offenheit bezüglich der Antwortmöglichkeiten, insofern einerseits gewisse Fragen zum voraus formuliert worden sind und allen Probanden gestellt werden, andererseits aber der Interviewer jederzeit die Gelegenheit hat, die Reihenfolge der Fragen zu ändern und mit Zusatzfragen auf die Argumentation der interviewten Personen einzugehen.

Zusammenfassend: Die semi-klinische Methode konstituiert sich durch folgende Elemente: 1. Konfrontation mit einer bestimmten (Dilemma-)Aufgabe, 2. Aufforderung zu einer (inhaltlichen) Handlungsentscheidung, 3. Begründungen der Handlungsentscheidung, 4. Stimulation von weiteren Begründungen durch standardisiertes Nachfragen bzw. 5. durch nicht-standardisierte Zusatzfragen. Auch wenn die Wahl einer solchen Interviewmethode nicht immer gut verstanden wurde, so kann sie doch als kritische Methode bezeichnet werden, weil sie einen Differenzierungsgrad zuläßt, der für den hier behandelten Problembereich des religiösen Urteils vonnöten ist. »Kritisch ist diese Methode also durch die systematische Infragestellung der Aussagen der Versuchsperson, nicht, um damit die Beständigkeit einer Überzeugung zu messen, sondern um das zugrundeliegende logische Denken zu deuten und die charakteristische Struktur eines bestimmten Entwicklungsstadiums zu erfassen und nicht nur seine funktionellen Leistungen bzw. seine spontane Meinung« (Vinh-Bang, 1978, S. 91).

4.2 Das religiöse Dilemma

> Das Kernstück der klinischen Methode bildet das sog. religiöse Dilemma. Es hat sich gezeigt, daß es sich zur Aktualisierung des religiösen Regelsystems hervorragend eignet. Ein Dilemma führt in eine Konfliktsituation hinein. Man muß sich grundsätzlich zwischen zwei prinzipiellen Handlungsmöglichkeiten entscheiden. Eine Person, die ein solches Dilemma diskutiert, schlägt vor, wie sie handeln würde, und gibt Gründe dafür an. Das Spezifische der religiösen Dilemmasituation besteht darin, daß sie eine sog. Mutterstruktur (vgl. S. 61 ff.) aktualisieren soll.

Beim halbstandardisierten Interview zum religiösen Urteil besteht die Problemstellung in der Vorgabe sog. religiöser Dilemmata. Global kann man sagen, daß es sich bei einem Dilemma um einen Konflikt zwischen zwei »Werten«, z.B. Immanenz vs. Transzendenz, handelt. Das Besondere der spezifischen Konfliktsituation eines Dilemmas besteht darin, daß das kognitive Ungleichgewicht erhalten bleibt, welche Lösung auch immer angestrebt wird. Dilemmata lassen nämlich prinzipiell keine befriedigende Lösung zu. Vor einem Dilemma stehen wir also immer dann, wenn sich zwei Seiten einer Alternative gegenüberstehen. Wähle ich die Alternativmöglichkeit A, dann muß ich die alternative Möglichkeit B verwerfen. Wenn ich die Alternative A ablehne, muß ich die Alternative B bejahen.

Das Spezifische des *religiösen* Dilemmas besteht darin, zwischen endlichen Sinnansprüchen und der Frage nach absolutem Sinn bzw. nach der Einheit des Ganzen in einer religiös relevanten Konflikt- oder Kontingenzsituation ein Gleichgewicht zu schaffen. Die endliche Sinnhaftigkeit gerät dann an ihre Grenze, wenn das kontingenzerfahrende Subjekt nicht mehr in der Lage ist, den Sinn des Ganzen in seine innere Sinnstruktur zu integrieren. Dabei wird eine religiös relevante Kontingenzsituation dahingehend definiert, daß sie ihrem Inhalt nach eine sog. Mutterstruktur repräsentiert (vgl. oben S. 62 ff.). Als religiöse Struktur setzt sie sich dabei immer aus den sieben konfligierenden Dimensionen bzw. deren Elementen zusammen: Heiliges vs. Profanes, Hoffnung vs. Absurdität, Angst vs. Vertrauen, Transzendenz vs. Immanenz, Freiheit vs. Abhängigkeit, Vergänglichkeit vs. Dauer (Ewigkeit) und unerklärliches Magisches vs. funktional Durchschaubares (vgl. S. 31 ff.). Diese sieben Dimensionen sind in einem quasi unaufgelösten Zustand in jeder religiösen Mutterstruktur bzw. in jedem Dilemma latent vorhanden. Indem nun das Individuum durch die konkrete Dilemmasituation in seinem Entscheidungsspielraum eingeschränkt wird, wird es gezwungen, religiöse Erklärungen zu geben. Die »Aufklärung« und die Integration einer erfahrenen Wirklichkeit, d.h. die Überwindung des kognitiven Ungleichgewichts, geschieht nun dadurch, daß das Subjekt die in der religiösen Mutterstruktur latent vorhandenen sieben konfligierenden Dimensionen *subjektiv* miteinander verknüpft. Indem das Subjekt in einer konkreten dilemmaartigen Kontingenzsituation, seinen kognitiven Möglichkeiten oder seiner religiösen Kompetenz entsprechend, sich in Beziehung zu ultimaten Bedingungen setzt, nimmt es eine relationale Strukturierung mit seinem Regelsystem vor. In diesem Vorgang der relationalen Strukturierung wandeln sich diese sieben Dimensionen der Sachstruktur insofern zu Dimensionen bzw. Elementen der Subjektivität, als sie spezifisch untereinander verbunden sind. Die Bevorzugung und Aktivierung bestimmter Dimensionen, welche das Subjekt leistet, repräsentiert das jeweilige subjektive religiöse Regelsystem. Diese Dimensionen, welche dem Dilemma inhärent sind, werden also durch die Entscheidungssituation im Subjekt selbst aktiviert. Es läßt sich insofern von einem Entscheidungselement sprechen. Dieses konstituiert das Dilemma als Dilemma, aktiviert im Subjekt in repräsentativer Weise die spezifisch religiösen Gegebenheiten bzw. die kognitiv-religiöse Struktur. So aktiviert das religiöse Dilemma einen dialektischen Prozeß: indem das Subjekt, gezwungen durch das Entscheidungselement, mit seinem religiösen Schema auf die erfahrene Grenzsituation einwirkt, erweckt es in einem subjektiven Strukturierungsprozeß die darin latent vorhandenen religiösen Grundelemente gleichsam zu neuem Leben; es legt dabei zugleich durch die jeweils bestimmte Art und Weise der Verknüpfung der Elemente sein Regelsystem offen.

Ein weiterer wichtiger Aspekt der Eigenart des religiösen Dilemmas besteht darin, daß Individuen angesichts von Kontingenzsituationen nur dann religiöse Urteile abgeben, wenn entweder schon in der Dilemmasituation inhaltliche Elemente einer religiösen Handlung vorkommen oder wenn anschließend die halbstandardisierten Fragen auf die religiöse Wirklichkeit hinzielen. Aus diesem Grund ist es notwendig, Formulierungen religiösen Inhalts in die Dilemmata einzubauen, so z.B.: »In dieser Situation denkt er an Gott und beginnt zu beten.« Diese Art der inhaltlichen Vorstrukturierung erwies sich als notwendig, damit Personen tatsächlich auch religiös »attribuieren«. Würde man darauf verzichten, so müßte man die religiöse Dimension allein in die standardisierten Fragen »verbannen«. Das Individuum wäre dann aber nicht genügend vorbereitet, auf die »religiösen Fragen« überhaupt einzugehen. Anderseits aber besteht die Gefahr, daß mit der direkten Einführung religiöser Elemente in die Dilemmasituation eine Vorstrukturierung vorgenommen wird, die dem Individuum für eine völlig freie Antwort nicht genügend Spielraum läßt. Wir interpretieren dieses Vorgehen allerdings so, daß in unseren Dilemmata nur *inhaltliche*, nicht aber *strukturelle* Färbungen vorgenommen wurden. Es steht jeweils ein bestimmter Inhalt zur Diskussion, und darauf soll das Subjekt reagieren. Wir sehen aus den

Ergebnissen, daß vermutlich kein Experimentiereffekt vorliegt; eine mögliche Erklärung dieses Problems wäre, daß unterschiedliche Altersgruppen unterschiedlich (genügend trennscharf) auf die Dilemmata reagieren.

4.3 Das Paul-Dilemma

> Im folgenden soll ein Beispiel eines religiösen Dilemmas, das sich besonders gut bewährt hat, ausführlich vorgestellt werden. Es handelt sich um das sog. Paul-Dilemma, mit dem wir als Standard-Interview über alle Untersuchungsreihen hindurch konstant gearbeitet haben.

Das Paul-Dilemma enthält als religiöses Dilemma eine Mutterstruktur. Daß dem so ist, geht u. a. auch aus Reaktionen von Personen hervor, die sich als nicht gläubig bezeichnen: Sie akzeptieren den Modus der Handlung, gehen darauf ein. So haben denn auch viele Versuchspersonen die Parallelität zwischen der geschilderten Konfliktsituation und ihrem eigenen Leben betont, nämlich ebenfalls solche oder ähnliche Versprechen in ihrer Kindheit und Jugend abgelegt zu haben. Obwohl sich viele Versuchspersonen im Prozeß des Argumentierens aus vielerlei Gründen gegen die Art und Weise eines solchen hier unterstellten Versprechens gewandt haben (und etwa auch sagen, daß sie ein solches Versprechen nicht abgeben würden), so bestätigen sie doch im ganzen die Affinität zu ihrem eigenen Leben. Welches ist nun gleichsam die »Grammatik der Geschichte«, welche dem Paul-Dilemma zugrundeliegt? Man kann sie durch folgende Ablaufstruktur kennzeichnen:
1. Das glückliche Leben des Paul; 2. die kritische Situation; 3. Reaktion von Paul angesichts dieser Notsituation; 4. Versprechen als Reaktion auf dieses Verhalten; 5. positiver Ausgang (Lebensrettung); 6. Bedrängnis, das Versprechen einzuhalten bzw. nicht einzuhalten, und 7. Entscheidung.

In Fig. 9 soll dies verdeutlicht werden:

Fig. 9: Graphische Darstellung der Struktur des Paul-Dilemmas

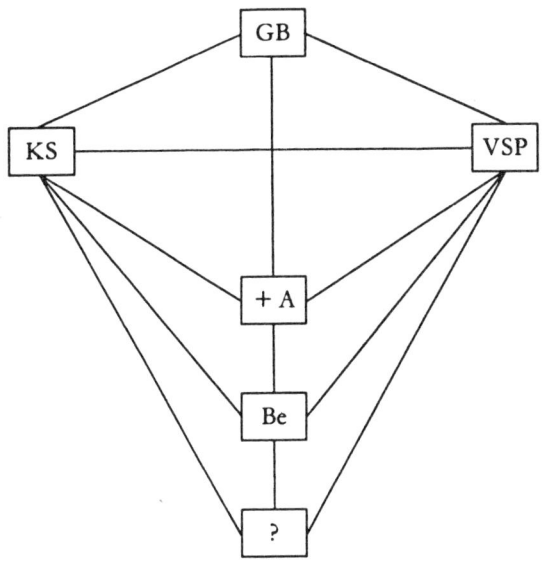

KS = Kritische Situation
GB = Bezug dieser Situation zum Ursprung des Religiösen (Gebet zu Gott)
VSP = Versprechen, das als Reaktion auf dieses Verhalten gegeben wird (GB)
+ A = Positiver Ausgang (Lebensrettung)
Be = Bedrängnis, das Versprechen einzuhalten bzw. nicht einzuhalten
? = Erstes Entscheidungselement der Versuchsperson

Das Paul-Dilemma lautet folgendermaßen:
Paul, ein junger Arzt, hat soeben sein Staatsexamen mit Erfolg bestanden. Er hat eine Freundin, der er versprochen hat, daß er sie heiraten werde. Vorher darf er als Belohnung eine Reise nach England machen, welche ihm die Eltern bezahlen. Paul tritt die Reise an. Kaum ist das Flugzeug richtig aufgestiegen, meldet der Flugkapitän, daß ein Motor defekt ist und der andere nicht mehr zuverlässig arbeitet. Die Maschine sackt ab. Alle Sicherheitsvorkehrungen werden sofort getroffen – Sauerstoffmasken, Schwimmwesten usw. werden verteilt. Zuerst haben die Passagiere geschrien, jetzt ist es totenstill. Das Flugzeug rast unendlich schnell zur Erde. Paul geht sein ganzes Leben durch den Kopf. Er weiß, jetzt ist alles zu Ende. In dieser Situation denkt er an Gott und beginnt zu beten. Er verspricht – falls er gerettet würde –, sein Leben ganz für die Menschen in der Drit-

ten Welt einzusetzen und seine Freundin, die er sehr liebt, sofern sie ihn nicht begleiten will, nicht zu heiraten. Er verspricht, auf ein großes Einkommen und Prestige in unserer Gesellschaft zu verzichten. Das Flugzeug zerschellt auf einem Acker – doch wie durch ein Wunder wird Paul gerettet! Nach seiner Rückkehr wird ihm eine gute Stelle in einer Privatklinik angeboten. Er ist aus 90 Anwärtern aufgrund seiner Fähigkeiten ausgewählt worden. Paul erinnert sich jedoch an sein Versprechen, das er Gott gegeben hat. Er weiß nun nicht, wie er sich entscheiden soll.

Die standardisierten Fragen lauten:
1 a) Soll Paul sein Versprechen an Gott halten? Warum oder warum nicht?
1 b) Muß der Mensch überhaupt Versprechen an Gott halten? Warum oder warum nicht?
1 c) Glauben Sie, daß der Mensch ganz allgemein gegenüber Gott etwas tun muß? Warum oder warum nicht?
2) Was würden Sie zu dem Satz sagen: Es ist Gottes Wille, daß Paul in die Dritte Welt geht (bzw. sein Versprechen einhält)?
In der vorangegangenen Geschichte stehen sich zwei Größen gegenüber: hier Pauls Freundin und die angebotene Stelle in der Klinik, dort Gott bzw. das Versprechen an Gott.
3 a) Welche dieser beiden Größen finden Sie bedeutsamer, bzw. wie sollten sich diese zwei Größen zueinander verhalten?
3 b) Was ist überhaupt für diese Welt bedeutsamer: Der Mensch oder Gott? (Wenn Mensch, dann fragen, was Gott für eine Rolle spiele; wenn Gott, dann fragen, was der Mensch für eine Rolle spiele)
Angenommen, Paul erzählt seine Erlebnisse und die verzwickte Situation, in der er sich befindet, seinen religiösen Eltern. Diese beschwören ihn, unbedingt Gott zu gehorchen und sein Versprechen zu halten.
4) Soll Paul dem Ratschlag seiner Eltern folgen? Warum oder warum nicht?
Paul fühlt sich einer religiösen Glaubensgemeinschaft verpflichtet (Kirche usw.) und ist in ihr sehr engagiert. Die geistige Haltung und die »Gebote« dieser Gemeinschaft verlangen, daß der Anruf und der Wille Gottes vom Menschen angenommen wird, d.h., daß Paul sein Versprechen unbedingt einlösen muß.
5 a) Was bedeutet diese Forderung für Paul? Muß er als gläubiger Mensch sich in seiner Entscheidung von den Vorschriften dieser Gemeinschaft leiten lassen? Warum oder warum nicht?
5 b) Muß sich der Mensch überhaupt in wichtigen Entscheidungen von den Grundsätzen und Forderungen einer religiösen Gemeinschaft leiten lassen? Warum oder warum nicht?
5 c) Welche Verpflichtungen hat überhaupt ein Mensch gegenüber einer religiösen Gemeinschaft? Warum?

5 d) Darf ein Mensch seine persönliche Freiheit gegen die Ansprüche einer religiösen Gemeinschaft stellen? Warum oder warum nicht?

Nehmen wir an, daß Paul nach vielen schlaflosen Nächten, Unsicherheit und Verzweiflung sein Versprechen doch nicht einhält und die verlockende Stelle in der Privatklinik antritt.

6) Glauben Sie, daß dieser Entscheid irgendwelche Konsequenzen für das weitere Leben von Paul hat? Warum oder warum nicht?

Kurze Zeit später passiert Paul ein sehr schwerer Autounfall, den er selbst verschuldet hat.

7 a) Hat dieser Unfall etwas damit zu tun, daß Paul sein Versprechen gegenüber Gott nicht gehalten hat? Warum oder warum nicht?

7 b) Glauben Sie, daß Gott Paul für die Nichterfüllung seines Versprechens straft? Warum oder warum nicht?

7 c) Wenn ja: Wird Gott in jedem Fall in die Welt eingreifen? Wenn nein: Zeigt sich Gott überhaupt in der Welt, und auf welche Weise?

Angenommen, Paul tritt die gute Stelle als Arzt an und beschließt, dafür jeden Monat ein Zehntel seines Verdienstes für gute Zwecke zu spenden.

8) Glauben Sie, daß Paul mit diesem Entschluß seinem ursprünglichen Versprechen doch noch gerecht wird?

Zusätzliche standardisierte Fragen zum Paul-Dilemma:
1) Bis jetzt haben wir ein hypothetisches, religiöses Dilemma zu lösen versucht. Nun, haben Sie auch schon persönlich ein religiöses Dilemma erfahren? Würden Sie die Freundlichkeit haben, uns dieses zu beschreiben?
1 a) Wie war Ihre persönliche Entscheidung?
1 b) Wie wußten Sie, daß dies eine gute/schlechte Entscheidung war?
2) Hat sich Ihre Entscheidung (Ihr Denken) über religiöse Fragen in den letzten Jahren geändert, oder erinnern Sie sich an Veränderungen in Ihrer Jugend?
2 a) Wie war diese Veränderung?
2 b) Warum kam es zu dieser Veränderung, oder warum gab es keine Veränderung?
3) Was für eine Bedeutung hat Religion für Sie ganz persönlich?

(Zu diesen letzten Zusatzfragen werden wir in diesem Band keine Resultate vorlegen, und zwar deshalb, weil wir diese Fragen erst im Verlaufe unserer ersten Untersuchung entwickelt haben und daher noch wenig Material zur Verfügung steht. Die Ergebnisse sollen in einer späteren Veröffentlichung berichtet werden.)

Dem Paul-Dilemma sind nun ebenfalls, getragen durch die Grammatik der Geschichte, die sieben konfligierenden Dimensionen inhärent. Durch die Entscheidungssituation – »Soll er das Versprechen gegenüber Gott einhalten? Warum oder warum nicht?« – wird der Problemlösungsprozeß im Sinne der subjektiven Strukturierung der hier zugrunde liegenden Mutterstruktur angestoßen.

Mit dem Entscheidungselement im Paul-Dilemma geschieht nach unserer Theorie – wie schon erwähnt – folgendes: Da nach Piaget (1973 a, S. 23) ein Objekt erkennen bedeutet, auf es einzuwirken, wird die Versuchsperson, der man dieses Dilemma vorlegt, also auf es einwirken. Dies tut sie mit jenen Schemata (System von Transformationen), die sie bisher durch Interaktion mit anderen Personen bereits aufgebaut hat. Gerade weil sie die Struktur durch ihre inneren Operationen wiedergibt, offenbart sie dadurch die schon bestehende Struktur. »Denn Realität erkennen, heißt Transformationssysteme zu konstruieren, die der Realität – mehr oder weniger adäquat – entsprechen« (Piaget, 1973 a, S. 23). Das »mehr oder weniger« entspricht genau den Stufen unterschiedlicher Qualität, Adäquatheit und Komplexität. Die offengelegte Struktur ist als solche nichts anderes als der konstruktive Prozeß des Problemlösens, wobei die bisher aufgebauten Schemata diesen Prozeß erst offenbar machen, aber durch diesen Prozeß auch selber erst offenbar werden. Dazu sagt B. Inhelder: »Les progrès accomplis par l'enfant dans la découverte de son univers résultent du dépassement des conflits engendrés par la confrontation de procédures différentes destinées à résoudre des problèmes d'ordre physique ou langagier« (Inhelder, 1979, S. 204). Wir würden »d'ordre réligieux« sagen, weil die vorgegebenen Probleme religiöse »Mutterstrukturen« beinhalten.

4.4 Beschreibung der Fragetypen des Paul-Dilemmas

> Eine weitere Eigenart der Dilemmakonstruktion soll hier zur Sprache kommen: Bei den Fragen, welche unmittelbar an die eigentliche Dilemmageschichte anschließen, soll zwischen verschiedenen Fragetypen unterschieden werden. Die einzelnen Fragetypen haben die Aufgabe, die sieben fundamentalen Dimensionen (vgl. S. 31 ff.) zur Sprache zu bringen. Die Konstruktion dieser Fragetypen geschieht einerseits durch den »Stoff« der jeweiligen Dilemmageschichte und soll andererseits einem dialektischen Grundprinzip folgen (vgl. Fig. 10).

Dem Paul-Dilemma sind insgesamt 16 Einzelfragen beigefügt. Diese können zu 7 Fragegruppen zusammengefaßt werden. Jede Fragegruppe verkörpert je einen bestimmten Typus von Fragen, welcher sich von den anderen Fragetypen durch seine andersartige inhaltliche Bestimmungsrichtung unterscheidet. Jede Fragegruppe intendiert also eine inhaltlich anders strukturierte Fragestellung in bezug auf die religiöse Wirlichkeitsbewältigung einer ganz bestimmten Realität (Paul-Dilemma).

Der Zweck dieser standardisierten Fragen besteht, wie gesagt, darin, die sieben grundlegenden religiösen Dimensionen in der Versuchsperson zu aktivieren. Die Antworten auf diese Fragen sollen die je persönliche religiöse Urteilsstruktur hervorbringen, die in der subjektiven, spezifischen Verknüpfung und Gewichtung der religiösen Grunddimensionen besteht.

Bei jeder einzelnen Frage werden *alle* erwähnten religiösen Dimensionspaare angesprochen; nichtsdestoweniger ist in jeder Fragegruppe eines dieser Paare akzentuiert.

Die sieben Fragetypen des Paul-Dilemmas zeichnen sich durch folgende inhaltlich bestimmte Struktur aus:

1) Fragetyp 1 umfaßt die Frage 1 a:
Dieser Typus von Fragen will die allgemeine Struktur der Verhältnisse zwischen endlichem Subjekt und weltübergreifender Transzendenz thematisieren. Es geht um die Gestaltung, die Verpflichtung, die Dynamik dieses Verhältnisses. Der Akzent liegt auf der Aktivität des Subjekts in bezug auf die Herausforderung: »Freiheit vs. Abhängigkeit«.

2) Fragtyp 2 umfaßt die Fragen 1 b und 1 c:
»Unerklärliches (Magisches) vs. funktional Durchschaubares« ist hier angesprochen. Etwas muß getan werden, damit die Wirkung eines Ultimaten eine »gerichtete« Funktion erhält. Natürlich ist das »Unerklärliche (Magische)« als ein Teil des Göttlichen dargestellt, das durch die Aktivität des Menschen gegenüber dem Göttlichen vermittelt wird.

3) Fragetyp 3 umfaßt die Frage 2:
Dieser Fragetyp legt den Akzent mehr auf jene transzendente Wirklichkeit, welche das Subjekt als Gegenüber erfährt. Es ist eine Frage, die angesichts endlicher Kontingenz des Menschen die ihm handlungentzogene, transzendente Wirklichkeit thematisiert. Es ist die Frage nach der Kausalität und weltlicher Vermittlung transzendenter Wirklichkeit: »Transzendenz vs. Immanenz« sind akzentuiert.

4) Fragetyp 4 umfaßt die Fragen 3 a und 3 b:
Angesprochen ist »Heiliges vs. Profanes«. Der Mensch tritt dem Heiligen entgegen und stellt dessen Ort in seinem Leben fest. Zwar hat das Heilige hier eine bestimmte inhaltliche Prägung: Im christlich-jüdischen Kontext ist Gott selber das Heilige. Nichtsdestoweniger können darin allgemeine Bezugsstrukturen aufgedeckt werden.

(Dieser Fragetyp zeigt vielleicht am deutlichsten, daß in jeder Frage alle Dimensionspaare aufscheinen, aber eines akzentuiert wird.)

5) Fragetyp 5 umfaßt die Fragen 4, 5 a bis 5 d:
Diese Stimuli über die Verankerung in Gemeinschaften betonen das Dimensionspaar »Hoffnung vs. Absurdität«. In der Gemeinschaft ist der einzelne getragen von jenen Normen, die diese Gemeinschaft bestimmen; sie bedeuten ihm die Möglichkeit des Getragenseins, Gesichertseins, der religiös-sozialen Identität.[2]

6) Fragetyp 6 umfaßt die Fragen 7 a, 7 b und 8:
In diesem Fragetyp geht es darum, ausgehend von einem religiös relevanten inhaltlichen Bereich (Theodizee) die mehr allgemeinen Fragen zur Struktur des Verhältnisses von Mensch und Transzendenz in einem konkret eingegrenzten Feld religiöser Wahrnehmung zu thematisieren: »Angst vs. Vertrauen« sind akzentuiert. Denn hier steht ja zur Diskussion, wie sehr die Konsequenzen einer Entscheidung zukünftiges Leben determinieren, ja eventuell ruinieren.

7) Fragetyp 7 umfaßt die Fragen 6 und 7c:
»Dauer (Ewigkeit) vs. Vergänglichkeit« scheint in der Perspektive der Auseinandersetzung mit den zukünftigen Konsequenzen und einer möglichen eschatologischen Vorstellung auf. Das zeitlich Vorgestellte hat überprüfende Bedeutung, denn eine Entscheidung soll stets eine Entscheidung für einen besseren, sicheren, hoffnungsvolleren Zustand sein, der dauert.

Es sei nochmals betont, daß jede Frage in jedes Dimensionspaar »eingreift«, es aktualisiert, und zwar deshalb, weil Zusammenhänge unter den Dimensionspaaren bestehen. Der jeweilige Schwerpunkt bei einem Dimensionspaar bedeutet nicht, daß nur dieses betont wird. Der Interviewer wird deshalb auch durch Zusatzfragen die jeweilige Dimension betonen, unterstreichen, hervorlocken.

Die Konstruktion von Fragetypen ergibt sich also einerseits aus der immanenten Logik des jeweiligen Dilemmas und andererseits aus einem Konstruktionsprinzip, welches für die religiöse Urteilsstruktur konstitutiv ist.

Die Fragetypen sollten immer nach einem dialektischen Grundprinzip aufgebaut sein, einer Dialektik, von der das religiös urteilende Subjekt immer selbst auch im Akt des Urteilsbildungsprozesses hin- und hergerissen wird. Diese Logik kann mit dem dialektischen Dreischritt demonstriert werden:

---

[2] Nichsdestoweniger stellt dieser Fragetyp einen Sonderfall dar, insofern er nicht direkt nach der psychologischen Urteilsstruktur fragt, nicht unmittelbar die grundlegenden religiösen Dimensionen abfragt. Da dieser Fragetyp inhaltlich die Institutionalisierungs- und Sozialisierungsproblematik thematisiert, liegt er auf einer anderen theoretischen Ebene. Gefragt wird, in welchem Ausmaß *vorgegebene* Deutungsmuster internalisiert sind und werden. Unmittelbar ist dieser Fragetyp für die Untersuchung nicht von Belang. Er wurde trotzdem aufgenommen, da er als Indikator, als Interpretationshilfe, zusätzliches Material liefert und wichtige Hinweise für die Deutung der übrigen Aussagen des Probanden geben kann.

1) Das Handeln des Menschen angesichts transzendenter Herausforderung. Die Betonung liegt auf der aktiven Seite des Menschen (These).
2) Das »Handeln« transzendenter Wirklichkeit. Die Betonung liegt auf der aktiven Seite des Ultimaten (Antithese).
3) Die Vermittlung der beiden aktiven Handlungsebenen von Mensch und Transzendenz (Synthese).
Konkret findet sich dies beim Paul-Dilemma in den Fragetypen 1, 2, 3. Der Fragetypus 5 stellt prinzipiell keine neue Fragerichtung dar. Vielmehr versucht er, in einem religiös relevanten, dem Dilemma inhärenten, inhaltlichen Feld die vorangegangenen Fragen bzw. Antworten zu verifizieren, zu präzisieren, und zwar in einem inhaltlich neuen Feld.

Schematisch wird dies in Fig. 10 wie folgt dargestellt:

Fig. 10 Dialektisches Grundprinzip der Rekonstruktion des religiösen Urteilsprozesses

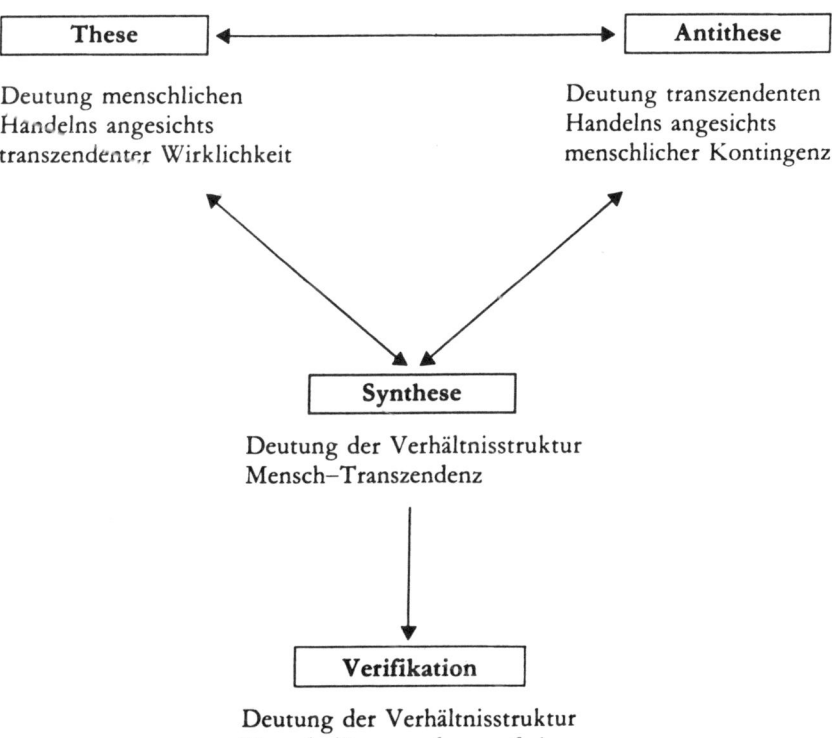

4.5 Der Meßwirkungsprozeß

> Wie die Daten, welche mittels der oben beschriebenen Methode erhoben wurden, ausgewertet werden, soll im folgenden Kapitel dargelegt werden. Da die hier verwendete Methode äußerst voraussetzungsreich ist und vom Interviewer ein großes Maß an Flexibilität und Einfühlungsvermögen erfordert, sei ausführlich auf die dafür notwendigen allgemeinen Voraussetzungen und auf das praktische Vorgehen hingewiesen. Im weiteren werden die Berechnungsgrundlagen zur Stufeneinschätzung vorgelegt.

4.5.1 Voraussetzungen

Beim Auswertungs- bzw. Skoringprozeß geht es darum, die durch die Dilemmadiskussion gewonnenen Aussagen ihrem strukturalen Gehalt nach zu analysieren. Dies bedeutet die Eruierung der kognitiv-religiösen Denkstruktur des Probanden und die Zuordnung zu den fünf Stufen des religiösen Urteils. Der Auswertungs- bzw. Skoringprozeß[3] stellt ein anspruchsvolles Verfahren dar, das nicht mit einfachen Zuordnungsaufgaben zu vergleichen ist. Deshalb ist eine eingehende Schulung der Einschätzer/Skorer erforderlich.

Voraussetzungen zur praktischen Skoringarbeit sind:

1. Der Einschätzer muß das Gesamt der strukturgenetischen Entwicklungstheorie kennen. Es muß ihm klar werden, daß es sich um einen Ansatz handelt, der sich vom herkömmlichen psychometrischen qualitativ unterscheidet. Wenn wir nach religiösen Denkstrukturen suchen, genügt es nicht, bloß mechanistisch vorzugehen, um das gewünschte Ziel zu erreichen. Vielmehr müssen die grundlegenden entwicklungspsychologischen Begriffe wie Struktur, Inhalt, Stufe, invariante Sequenz, hierarchische Integration usw. bekannt sein.

2. Die Sichtweise, Denkstrukturen zu erkennen und sich nicht wie gewöhnlich auf den inhaltlichen Bereich von Argumenten zu konzentrieren, muß erlernt und eingeübt werden. Der Auswerter muß sich des grundlegenden Unterschiedes zwischen Inhalt und Struktur bewußt sein.

---

3 Für den Auswertungsprozeß verwenden wir dann den Ausdruck »Skoringprozeß«, wenn es spezifisch darum geht, eine Stufe als solche zu erkennen und zu bezeichnen.

4.5.2 Praktisches Vorgehen

Phase I:
Durchlesen des ganzen Protokolls. Ziel: Vorläufige Grobeinschätzung des gesamten Aussagenmaterials.

In dieser Phase sollen zudem drei Vorarbeiten ausgeführt werden:

1. Der Auswerter soll diejenigen Aussagen ausscheiden, die keine Begründungen von Handlungsentscheidungen darstellen, so z. B. metatheoretische Aussagen, die Aufzählung verschiedener Entscheidungsmöglichkeiten ohne persönliche Entscheidung, nicht zum Thema gehörende Exkurse. Ferner sollen stereotype Aussagen ausgeschlossen werden.

2. Der Auswerter soll Kernsätze und Schlüsselaussagen bezeichnen, die seiner Ansicht nach für die religiöse Urteilsstruktur der Versuchsperson relevant sind.

3. Der Auswerter soll auf der Basis der Kenntnis des Stufenmodells eine intuitive Stufeneinschätzung vornehmen.

Phase II:
In dieser Phase findet die konkrete Einschätzung des Interviewmaterials nach Einzelaussagen statt.

1. Die detaillierte Einschätzung der Aussagen geschieht dabei immer im Rahmen der jeweiligen Fragegruppe. Eine Fragegruppe umfaßt dabei alle jene Fragen, die ihrem Inhalt nach die gleiche oder eine ähnliche Sachproblematik ansprechen. Jede einzelne Fragegruppe, die eine oder mehrere Einzelfragen umfaßt, wird einzeln vermerkt bzw. einer Stufe zugeordnet. Zu beachten ist, daß reine Stufenzuweisungen selten sind. Sobald aber eine klare Tendenz in Richtung einer bestimmten Struktur vorhanden ist, wird diese der entsprechenden Stufe zugeschrieben.

2. Besteht seitens des Auswerters Unsicherheit bezüglich der Übereinstimmung der Stufenstruktur und der konkreten Aussage der Versuchsperson, dann prüft er, ob die einzuschätzende Aussage nicht eher den benachbarten Stufen (- 1 bzw. + 1) entspricht. Führt dies zu keiner klaren Zuordnung, dann wird dieser Aussage ein »Guess-Skore« (Schätz-Wert) zugeordnet. Dies wird dann mit einem G vor der Stufennummer gekennzeichnet.[4]

---

4 Vgl. dazu die unterschiedlichen Einschätzungsvorschriften zu den verschiedenen Fassungen des dreibändigen Skoringmanuals von L. Kohlberg. Die Fassungen datieren von 1971–1983.

4.5.3 Berechnung der Stufe

Die Stufeneinschätzung aller relevanten strukturalen Aussagen werden für jede Dilemmageschichte zu einem Globalwert verrechnet. (Globalwert = berechnete Stufenhöhe aus allen Einzelwerten der Fragegruppen.)
Dies geschieht wie folgt:

1. Reine Globalstufen:
80% oder mehr der relevanten strukturellen Aussagen einer Versuchsperson liegen auf derselben Stufe, z. B. Stufe 2. Der Rest verteilt sich nach oben und unten.

2. Übergangsstufen:
75% aller Aussagen liegen z. B. auf der Stufe 2, während 25% der Aussagen zur nächsthöheren Stufe gehören. Endresultat: Stufe 2 (3) oder 2.33. Oder 50% der Aussagen gehören der Stufe 2 und 50% der Stufe 3 an. Endresultat: Stufe 2/3 oder 2.5.

3. Konsolidierungsstufe:
25% aller Aussagen gehören z. B. zu Stufe 2, während 75% zur Stufe 3 gehören. Endresultat: Stufe 3 (2) oder 2.67.

Die Mischstufen 2 und 3 kommen relativ häufig vor, da selten jemand völlig konsistente Stufenurteile abgibt. Ferner werden die Globalstufen in »Religious Maturity Scores« (RMS) umgerechnet, ähnlich wie Kohlberg verfährt, der mit dem »Moral Maturity Score« (MMS) arbeitet. Dies geschieht, indem die Gewichtungen mit der jeweiligen Stufe multipliziert und durch die Spaltensumme dividiert werden.

Dies sei an einem Beispiel demonstriert. Nehmen wir an, daß aus einem Protokoll fünf Fragetypen verwendet werden. Die Teilwerte (T) der Person X wären:

T_1 = Stufe 3 (eindeutig)
T_2 = Stufe 2/3 (eindeutig)
T_3 = Stufe 3 (nicht eindeutig)
T_4 = Stufe 3 (eindeutig)
T_5 = Stufe 2 (eindeutig)

Die Berechnung wäre nun:

	T_1	T_2	T_3	T_4	T_5	Summen	RMS	
Stufen	3	4 P	2 P	2 P	4 P	12	36	(3 x 12)
	2		2 P		4 P	6	12	(2 x 6) P: Punkte
						18	48	

RMS: $\dfrac{48 \cdot 100}{18} = 267$ entspr. 3(2)

4.5.4 Berechnung der Interrater-Reliabilität

Bei der Berechnung der Interrater-Reliabilität gehen wir davon aus, daß wir erst dann von zwei nicht übereinstimmenden Werten sprechen, wenn die Differenz zwischen dem Wert des einen Einschätzers und dem Wert des anderen Einschätzers größer als $^1/_3$-Stufe ist. Somit betrachten wir z. B. die beiden Werte 2 und 2 (3) (Differenz = 0.33) noch als übereinstimmend, während z. B. die Werte 2 und 2/3 (Differenz = 0.5) für uns eine Nichtübereinstimmung signalisieren.

Im folgenden sei kurz das Vorgehen zur Bestimmung der Interrater-Reliabilität illustriert:

Pbn	Einschätzer I	Einschätzer II	Differenz	Übereinstimmung
	Stufe	Stufe		
1	1	1	0	ja
2	2(1) = 1.67	1/2 = 1.5	0.17	ja
3	3	3/4 = 3.5	0.5	nein
4	2(3) = 2.33	3(2) = 2.67	0.33	ja
5	4	3	1	nein

Die Rechnung der Übereinstimmungsprozente geschah aufgrund der Formel

$$\% = \frac{\text{Anzahl gefundener Übereinstimmungen}}{\text{Anzahl möglicher Übereinstimmungen}}$$

Im obigen Beispiel würden wir demnach eine Übereinstimmung von 3/5 = 60 % erhalten. Das heißt, in 60 % der Einschätzungen stimmten die Einschätzer innerhalb einer Drittelstufe überein (was natürlich ungenügend wäre).

Es ist wichtig zu sehen, daß die Aussageanalyse religiöser Interaktionstexte einen sog. »inneren Kontext« hat (vgl. Oevermann et al. 1979, S. 422). Es sind dies die »dauerhaften«, auf die Stufenbeschreibung zu beziehenden strukturellen Merkmale, die durch das Ausschließen von inhaltlichen Spezifitäten herausgefiltert werden. Der Einschätzungsprozeß ist in erster Linie Interpretation einer begründeten Wirklichkeit auf dem Hintergrund angenommener objektiver Strukturbeschreibungen. Zwischen die Betrachtung der Stufenbeschreibung und den »Spezialfall« schieben sich Beispiele, die das Regelsystem jeweils exemplarisch erhellen und so die Interpretation erleichtern. Es wäre falsch zu glauben, es handle sich bei diesen Beispielen um absolute Skoringmuster; vielmehr haben sie bloß kriteriengeladenen Referenzgehalt in bezug auf Klärung dessen, was das Regelsystem einer bekannten Stufe schon immer enthält. Es wäre auch falsch zu glauben, die Zahl 4 sei eine Rangzahl in sich; sie hat tatsächlich z. B. einen höheren Komplexitätsgrad als 3. Aber viel wichtiger ist, daß durch sie etwas bezeichnet wird, was hochkomplex ist und in einer immer wieder neu versuchten Stufenbeschreibung zum Ausdruck kommt.

Problematisch ist daher die Berechnung eines RMS zur Ermöglichung komplizierter statistischer Auswertungsverfahren; dies, weil hier die qualitativen Diskontinuitätsmaße linear transformiert werden. Wir haben dieses Prozedere dennoch gewählt, im Bewußtsein, daß es gegenüber dem globalen, interpretativen Ansatz zweitrangig ist. Wir werden alle Ergebnisse inferenz- oder korrelationsstatistischer Analysen mit höchster Vorsicht interpretieren. Wir können dadurch allerdings das Problem nicht vertuschen, daß in den Sozialwissenschaften noch kaum adäquate Analyseverfahren zur Erfassung analytisch und strukturell komplexer Beziehungen entwickelt worden sind.

4.6 Beispiele religiöser Urteile nach den Entwicklungsstufen

> Die folgenden Beispiele sollen über alle Stufen hinweg konkret zeigen, was bisher mehr oder weniger abstrakt dargelegt wurde. Als Grundlage dient wiederum das Paul-Dilemma. Anhand dieser Beispiele wird nicht nur die innere Struktur der einzelnen Stufe(n), sondern auch die gesamte Entwicklungslogik des religiösen Urteils deutlich und »hautnah« erfahrbar.

Die folgenden Beispiele entstammen verschiedenen Studien, die im Laufe des Projektes durchgeführt wurden. In der Darstellung werden nicht alle Fragen des Dilemmas berücksichtigt. Es wurden nur die für die Stufenstruktur unbedingt wichtigen Fragenkomplexe ausgewählt. Pro Frage werden jeweils Antworten von 3 Personen wiedergegeben. Dabei wird nach Möglichkeit versucht, durch alle Fragen des Dilemmas hindurch jeweils Antworten der gleichen Person einer bestimmten Stufenstruktur wiederzugeben, damit die Konsistenz des Urteils bei verschiedenen inhaltlichen Fragekomplexen deutlich wird. Es kann jedoch aus interviewtechnischen und persönlichen Gründen des Probanden vorkommen, daß jeweils nicht zu allen gestellten Fragen aussagekräftige Antworten vorliegen. In diesem Fall werden Antworten anderer Probanden herangezogen, welche speziell gekennzeichnet sind (*). Zur Verdeutlichung von Antworten auf Standardfragen werden – wenn nötig – auch die Zusatzfragen wiedergegeben. Ferner ist zu beachten, daß die Antwortrichtung Ja/Nein (soll Paul das Versprechen halten oder nicht?) für die Stufenhöhe nicht entscheidend ist.

(Die Fragen sind hier stets in ihrem ursprünglichen Wortlaut (Interviewleitfaden) wiedergegeben; es ist klar, daß sie für Kinder sprachlich vereinfacht wurden, daß man sie oft zweimal gestellt und umschrieben hat, um ein optimales Verständnis zu gewährleisten. Selbstverständlich wurden die Kinder mit Du angesprochen.)

Stufe 1

- *Frage 1a: Soll Paul sein Versprechen gegenüber Gott einlösen?*
  Warum oder warum nicht?

▶ *Antworten:*

Vp 1: Mädchen, 8 Jahre
»Der Paul sollte nach Afrika gehen – weil er Gott gesagt hat, er gehe nach Afrika und bleibe nicht in der Schweiz. Es wäre doch schöner, er tut, was Gott gesagt hat – er wäre nicht lieb, wenn er das Versprechen an Gott nicht einhält – Gott hat die armen Leute gern, und diese haben Gott gern, und es wäre einfach schöner, wenn Paul nach Afrika ginge, anstatt reich in der Schweiz zu bleiben.«

Vp 2: Mädchen, 8 Jahre
»Ja – das sollte er wirklich. Wenn er etwas verspricht, dann soll er das auch halten. Ich habe manchmal auch etwas versprochen, aber immer gehalten. Man muß Versprechen halten.«

Vp 3: Knabe, 10 Jahre
»Er soll schon gehen. Weil er es versprochen hat. Wenn etwas geschieht, soll man an den lieben Gott denken. Der liebe Gott ist der Liebste, er hilft den Leuten, wenn man ein Versprechen gemacht hat, und dann muß man auch tun, was man versprochen hat.« *Wieso soll man ein Versprechen halten?* »Weil man vielleicht sonst doch bestraft wird. Gott tut, daß man im Innern weh hat – Bauchweh oder so etwas.«

● *Frage 2: Was würden Sie/würdest Du zur Formulierung sagen: Es ist Gottes Wille, daß Paul in die Dritte Welt geht (bzw. sein Versprechen hält)?*

▶ *Antworten:*

Vp 1: Mädchen, 8 Jahre
»Ja, es ist Gottes Wille, daß Paul nach Afrika geht; vielleicht sind dort so ganz arme Leute, und Gott hat die gern, die ganz am Sterben sind, dann hat er vielleicht eben Paul eingegeben, nach Afrika zu fahren, um den armen Leuten zu helfen, die Gott gern hat. Aber Gott könnte natürlich diesen armen Leuten, wenn die beten, das Medikament direkt geben; Gott könnte ihnen sagen, geht dort und dort hin, und dort würde man ihnen das Medikament geben, und dort würden sie alle gesund.«

Vp 2: Mädchen, 8 Jahre
»Ja – man kann sagen, es ist Gottes Wille.« *Warum?* »Gott will ja, daß man den armen Menschen hilft.« *Kann Gott machen, daß Paul sein Versprechen einhält?* »Ja – das kann er.« *Warum?* »Gott ist ja im Herzen drin. Und er sagt einem, was er will oder nicht. Er hat Macht.«

Vp 3: Knabe, 10 Jahre
»Nein. Gott, der wird sagen ›Gehe nicht hin, bete lieber fest für sie‹.« *Meinst Du, daß Beten mehr ist als für die Leute arbeiten?*
»Wenn er betet, dann geht er nach Afrika, und er lehrt dort die Leute auch beten, damit sie nicht mehr an andere Götter glauben und so; sie sollen an den richtigen Gott glauben. Er könnte auch beides tun. Aber der liebe

Gott kann mehr helfen als die Menschen – deshalb sollte man beten. Weil, wir können ja keine Pflanzen machen und so.«

- *Frage 3 a: In der vorangegangenen Geschichte stehen sich zwei Größen gegenüber:*
  Die eine ist Pauls Freundin und die ihm angebotene Stelle, die andere ist Gott bzw. das Versprechen gegenüber Gott.
  Welche dieser zwei Größen finden Sie/findest Du bedeutsamer, bzw. wie sollten sich diese zwei Größen zueinander verhalten?

▸ *Antworten:*

Vp 1: Mädchen, 8 Jahre
»Zuerst ist Gott wichtiger, zuerst sollte man das Versprechen an Gott halten. Weil Gott ganz lieb ist und gern hätte, daß wir das tun, was er uns sagt.«

Vp 2: Mädchen, 8 Jahre
»Gott und das Versprechen. Denn Gott ist ja größer als wir. Er macht ja, daß wir schönes Wetter haben, zu essen, Kleider usw. Gott ist mehr wert als der Mensch.«

Vp 3*: Mädchen, 12 Jahre
»Gott und das Versprechen.« *Warum?* »Weil der Paul als einziger Lebender davongekommen ist.« *Was hat das für eine Bedeutung?* »Paul hat sein Versprechen gemacht: in die Dritte Welt zu gehen – und das muß er einhalten.« *Aber warum ist Gott bedeutsamer?* »Er hilft einem immer, wenn man ihm etwas verspricht. Er beschützt uns ... und er hat uns und die Tiere erschaffen. Er schaut auf uns herab und überblickt alles.«

- *Frage 6: Glauben Sie/glaubst Du, der Entscheid, das Versprechen nicht zu halten, hat irgendwelche Konsequenzen für das weitere Leben von Paul?*

▸ *Antworten:*

Vp 1: Mädchen, 8 Jahre
»Ja, es wird ihm etwas passieren – weil Gott ihm gesagt hat, du mußt nach Afrika, Gott sagt ihm, du mußt dann nicht später sagen, du willst nicht gehen. Gott war mit Paul im Flugzeug, hat ihm dort gesagt, du mußt nach Afrika, der Paul hat ja gesagt, da ist ihm nichts passiert, nun geht er nicht

– und die Leute sterben unten in Afrika, die Kinder dort können nichts tun, können nicht in die Schule, das hat Gott nicht gern, da ist er traurig.«

Vp 2: Mädchen, 8 Jahre
»Er sollte das Versprechen einhalten. Es könnte ihm etwas passieren. Zum Beispiel könnte ihn Gott zwingen, zu den Negern zu gehen – oder Paul hält es nicht mehr aus, dann geht er vielleicht dorthin.«

Vp 3*: Mädchen, 12 Jahre
»Ja – er hat es versprochen. Es wird ihm vielleicht etwas passieren. Gott wird ihm ein anderes Mal nicht mehr helfen.«

- *Frage 7 a: Hat dieser Unfall etwas damit zu tun, daß Paul sein Versprechen gegenüber Gott nicht gehalten hat?*

▶ *Antworten:*

Vp 1: Mädchen, 8 Jahre
»Vielleicht hängt das damit zusammen, daß Paul nicht nach Afrika gefahren ist; Gott hat zu ihm gesagt, du sollst nach Afrika, und Paul ist nicht gegangen, da hat ihn Gott einfach fallengelassen, es war ihm gleich, was mit Paul passiert.«

Vp 2: Mädchen, 8 Jahre
»Vielleicht hat Gott Paul bestraft, weil er das Versprechen nicht eingehalten hat – denn Gott will, daß man die Versprechen, die man abgibt, auch einhält.«

Vp 3: Knabe, 10 Jahre
»Doch, dieser Unfall ist eben die Strafe, weil er sein Versprechen nicht eingehalten hat.«

- *Frage 7 b: Glauben Sie/glaubst Du, daß Gott Paul für die Nichterfüllung seines Versprechens bestraft? Warum oder warum nicht?*

▶ *Antworten:*

Vp 1: Mädchen, 8 Jahre
»Ja, weil er nicht nach Afrika gegangen ist, vielleicht, weil er auf seine Eltern gehört hat, die dagegen waren, da hat ihn Gott bestraft.«

Vp 2*: Mädchen, 12 Jahre
»Ja, ich glaube schon, z. B. macht Gott, daß Paul länger im Spital bleiben muß als üblich, daß er langsamer gesund wird.«

Vp 3: Knabe, 10 Jahre
»Doch, Gott straft Paul, weil er nicht zu den armen Leuten nach Afrika gefahren ist; es ist, um ihm zu zeigen, was er tun sollte; vielleicht geht dann der Paul doch noch nach Afrika; deshalb straft Gott Paul: um ihn zu veranlassen, daß er wieder sein Versprechen hält.«

● *Frage 7 c: Wenn Ja: Wird Gott in jedem Fall in die Welt eingreifen? Wenn Nein: Manifestiert sich Gott überhaupt in der Welt, und auf welche Weise?*

▶ *Antworten:*

Vp 1: Mädchen, 8 Jahre
»Ja, Gott macht, daß die Häuser gut geraten usw.; er macht auch, daß die Leute zu Geld kommen; es gibt reiche und arme Leute; aber es sollte so sein, daß diese ein bißchen haben und jene ein bißchen. Gott ist bei uns, man sieht ihn nicht, aber er macht, daß die Dinge gut kommen; er ist bei uns, immer im Herzen.«

Vp 2: Mädchen, 8 Jahre
»Ja, z. B. lenkend, strafend, beschützend, belohnend, helfend usw. Gott ist unsichtbar, aber man fühlt ihn. Er ist überall.«

Vp 3: Knabe, 10 Jahre
»Gott macht ja alles, er hat die Tiere gemacht und so, er macht, daß alles funktioniert; alles kommt von Gott.«

Stufe 2

● *Frage 1a: Soll Paul sein Versprechen gegenüber Gott einlösen? Warum oder warum nicht?*

▶ *Antworten:*

Vp 1: Knabe, 9 Jahre
»Ja, das muß er, Gott hat ihn auch gerettet. Er hat den Paul vielleicht darum gerettet, weil er immer lieb zu ihm war. Er hat nicht so viel Böses gemacht. Wenn wir nämlich gut zu Gott sind, dann hilft uns vielleicht Gott auch wieder einmal.« *Warum hilft uns Gott?* »Er will damit erreichen, daß wir überleben können. Wenn er uns hilft, dann können wir manchmal auch etwas für ihn tun. Zuerst machen wir etwas, vielleicht hilft er uns dann.« *Wie hilft er uns?* »Mit seinen Kräften, die er besitzt. Er kann Wunder machen. Aber er macht sie nicht immer. Es kommt ganz darauf an, wie man zu ihm ist.«

Vp 2: Knabe, 16 Jahre
»Wo er das versprochen hat, war Paul in Panik, und in Panik sagt man im Prinzip viel, das man nicht überlegen kann. Eigentlich wäre ich dafür, daß er das Versprechen halten würde, andererseits denke ich, ja, er könnte die Freundin heiraten. Nein das Versprechen soll doch gehalten werden, weil es ein Gebot gibt, das heißt: ›Du sollst nicht lügen‹; immerhin hat er es Gott versprochen. Aber falls er das Versprechen nicht einhalten würde, würde ihm Gott auch das verzeihen. Gott wäre wie eine Person, der man etwas versprochen hat, und in diesem Fall soll man einfach das Versprechen halten.«

Vp 3: Männliche Versuchsperson, 20 Jahre
»Er sollte es eigentlich schon halten, sonst ist es kein Versprechen, wenn er es nicht hält. Man sollte schon halten, was man verspricht, das ist klar. Das ist ein Problem der Ehrlichkeit, wenn man etwas verspricht, sollte man es tun, auch um das Gewissen zu beruhigen.«
Sollte man aus dem gleichen Grund denn auch Versprechen an Menschen halten?
»Ja, eigentlich schon, ja, wenn man ganz konsequent sein will. Gott ist natürlich höher, da muß man jedes Versprechen halten, und beim Menschen eigentlich auch, besonders wenn es wichtige Versprechen sind, oder?«

Wieso sollte man bei Gott jedes Versprechen halten?
»Ja, Gott ist ja der, der einen nachher aburteilt; und ich habe das Gefühl, das ist das große Problem. Hingegen bei einem Menschen ist die Konsequenz natürlich viel geringer; es könnte einem schlecht bekommen; wenn man hingegen vor Gott das Versprechen bricht, wenn man da vor das Himmlische Gericht kommt ... deshalb soll er einfach gut sein gegenüber Gott und so ungefähr nach den Geboten leben.«

- *Frage 2: Was würden Sie/würdest Du zur Formulierung sagen:*
  »Es ist Gottes Wille, daß Paul in die Dritte Welt geht
  (bzw. sein Versprechen hält)«?

▶ *Antworten:*

Vp 1: Knabe, 9 Jahre
»Ja, er hat es Gott ja versprochen, dann sollte man es auch machen. Man sollte ein Versprechen immer einhalten, sonst hilft er uns nicht mehr.« *Merkt der Mensch, wenn Gott nicht mehr hilft?* »Ja, wenn man ein Problem hat, dann kann man es einfach nicht lösen.«

Vp 2: Knabe, 16 Jahre
»Ich glaube, jeder Mensch hat seine Aufgabe, und wenn Gott will, daß er ›dort hinuntergeht‹ (nach Afrika), dann geht er sehr wahrscheinlich, oder dann sollte er gehen. Ich weiß aber nicht: Paul hat das in Panik gesagt, er ist sich wahrscheinlich arm vorgekommen. Wenn es Gottes Wille ist, daß er gehen soll, und Paul diesen Willen erfüllt, dann glaube ich nicht, daß er ihn dort unten verhungern läßt.«

Vp 3: Männliche Versuchsperson, 20 Jahre
»Ja, es ist schon Gottes Wille, denn er hat ja gemacht, daß Paul überlebt, nachdem er das Versprechen an ihn gemacht hat; also will Gott auch, daß das Versprechen gehalten wird; er will ihn auch auf die Probe stellen; er läßt ihn überleben, um zu sehen, ob er wirklich das tut, was er versprochen hat; wenn Paul das Versprechen einhält, dann ist das Gottes Wille, und das macht ihm Freude.«

- *Frage 3 a: In der vorausgegangenen Geschichte stehen sich zwei Größen*
  gegenüber: Die eine ist Pauls Freundin und die ihm angebotene
  Stelle, die andere ist Gott bzw. das Versprechen gegenüber Gott.
  Welche dieser zwei Größen finden Sie/findest Du bedeutsamer
  bzw. wie sollten sich diese zwei Größen zueinander verhalten?

▶ *Antworten:*

Vp 1: Knabe, 9 Jahre
»Das Versprechen ist wichtiger. Vielleicht hilft ihm Gott dann auch wieder. Es mag am Anfang für ihn schon schwer sein ... aber er sollte es trotzdem machen, weil er dann den armen Menschen helfen kann.«

Vp 2*: Knabe, 15 Jahre
»Das Versprechen ist auf jeden Fall wichtiger. Ein Versprechen, das ist gleich, wie wenn ein Arbeiter eine Arbeit macht, und er bekommt den Lohn auch erst nachher dafür, und man muß ihm auch sagen, du verdienst so viel. Ich finde, das ist ein Opfer, und das wäre ja auch nicht recht, wenn man diesem Arbeiter nachher sagen würde: die Arbeit ist gemacht, du bekommst jetzt nichts.«

Vp 3: Männliche Versuchsperson, 20 Jahre
»Ich habe am Anfang schon ein bißchen davon gesprochen; da ist Gott, dem man gehorchen muß; der ist wichtiger, der ist eine höhere Instanz, Paul muß sich an das Versprechen halten. Das erste Versprechen an die Freundin wird praktisch dadurch ausgelöscht, und Gott ist einverstanden, daß es so passiert.«
Aber wenn sich die Freundin dagegen auflehnt?
»Ja, das ist natürlich fast zu erwarten, aber darüber muß man sich hinwegsetzen; man muß ihr zu erklären versuchen, daß das Versprechen gegenüber Gott wichtiger ist, und sie muß sich damit abfinden.
Wenn man sich so auf Gott verläßt, kann es da dem Menschen nicht mehr schlecht gehen?
»Ja, der Mensch kann schon gewisse Qualen ausstehen, irdische Qualen; aber dann wird er nach dem irdischen Leben um so mehr nachher entschädigt.«

● *Frage 6: Glauben Sie/glaubst Du der Entscheid, das Versprechen nicht zu halten, hat irgendwelche Konsequenzen für das weitere Leben von Paul?*

▶ *Antworten:*

Vp 1: Knabe, 9 Jahre
»Es ist wahrscheinlich nicht gut, was er jetzt gemacht hat, es könnte ihm später etwas zustoßen, ein Unfall oder so. Gott macht das, weil er nicht mehr zufrieden ist mit ihm. Er hat wahrscheinlich nicht mehr an ihn gedacht.«

Vp 2: Mädchen, 10 $^1/_2$ Jahre*
»Ja, das kann ganz gut gehen, daß ihm nichts passiert, aber Gott würde das nächstemal nicht mehr auf ihn hören, wenn ihm wieder einmal so ein Unfall passieren und er dann beten würde: Gott würde ihm nicht mehr helfen, weil er das gleiche schon einmal gesagt und dann nicht gehalten hat.«

Vp 3: Männliche Versuchsperson, 20 Jahre
»Ja, ich glaube, daß dieser Entscheid im Leben von Paul Konsequenzen haben wird; weil er sich Vorwürfe machen wird; er wird ein schlechtes Gewissen haben, mit sich uneinig sein; auch hat er gegen Gott gehandelt, da er sich nicht an das Abkommen gehalten hat.«

● *Frage 7 a: Hat dieser Unfall etwas damit zu tun, daß Paul sein Versprechen gegenüber Gott nicht gehalten hat?*

▶ *Antworten:*

Vp 1: Knabe, 9 Jahre
»Nein, aber vielleicht denkt Paul, ich kann jetzt ja nichts mehr machen. Er hat ja nicht mehr zu Gott gebetet. Aber vielleicht hat Gott ihn nicht so fest gestraft, weil er nachher weiter gebetet hat.«

Vp 2: Knabe, 16 Jahre
»Nicht unbedingt. Gott ist für mich jemand, der vergibt – allerdings könnte er vielleicht die Geduld verlieren, wenn man immer den gleichen Fehler macht; aber ich glaube, daß er einem vergibt, denn durch Gebet kann man vieles lösen, glaube ich. Gott ist nicht so.«

Vp 3: Männliche Versuchsperson, 20 Jahre
»Ja, der Unfall hat mit seinem nicht gehaltenen Versprechen zu tun; weil es ein Zeichen Gottes ist, er hätte etwas falsch gemacht.«

- Frage 7 b: Glauben Sie, glaubst Du daß Gott Paul für die Nichterfüllung seines Versprechens bestraft? Warum oder warum nicht?

▶ Antworten:

Vp 1*: Mädchen, 10 Jahre
»Ich sage ja, weil Gott nachher böse wäre. Paul hat ja versprochen, allen armen Kindern zu helfen und nicht zu heiraten. Es soll ihm einfach eine Lehre sein, damit er es nie wieder macht. Vielleicht geht er im Moment noch nicht sofort darauf ein, aber wenn ihm dann zum zweitenmal etwas passiert ... vielleicht wenn er einen Sohn hat und der ist ganz klein und stirbt, dann sollte er endlich aufmerksam werden.« *Was sollte er machen?* »Er sollte zu Gott beten, er sollte sich einfach fest entschuldigen. Beten, das sollte man einfach machen am Abend ...«

Vp 2*: Knabe, 14 Jahre
»Ganz sicher. Teils, teils. Schon nicht bei allen. Denen, die an ihn glauben, hilft er sicher irgendwie, und denjenigen, die nicht an ihn glauben, denen hilft er nicht. Er macht gewisse Menschen glücklich, indem er andere unglücklich macht.«

Vp 3: Männliche Versuchsperson, 20 Jahre
»Ja, Gott straft und weist zurecht; aber es ist immer eine sinnvolle Bestrafung. Gott will, daß Paul sich korrigiert; Gott straft, weil er pädagogisch handelt, weil er möchte, daß der Mensch sich so verhält, wie er es von ihm erwartet. So gibt Gott auch dem Menschen Sicherheit, daß er noch vorhanden ist.«

- Frage 7 c: Wenn Ja: Wird Gott in jedem Fall in die Welt eingreifen?
  Wenn Nein: Manifestiert sich Gott überhaupt in der Welt und auf welche Weise?

▶ Antworten:

Vp 1: Knabe, 9 Jahre
»Bei den lieben Leuten schon, aber bei den bösen Menschen hilft er nicht mehr, weil sie Dummheiten machten.«

Vp 2: Knabe, 16 Jahre
»Sicher kann Gott in die Welt eingreifen. Zum Beispiel ich büffle zu Hause und mache dann trotzdem eine schleche Note; es könnte sein, daß Gott mich durch diese Kleinigkeit darauf hinweisen möchte, daß ich irgendwie einen Blödsinn mache, damit ich darüber nachdenke und mich dann vielleicht entschuldige. Aber ich glaube nicht, daß Gott eine so krasse Strafe mit Schädelbruch, Gehirnerschütterung usw. verhängt; Gott würde nicht eine so schwere Strafe verhängen; er straft, damit man darüber nachdenkt.«

Vp 3: Männliche Versuchsperson, 20 Jahre
»Ja, Gott greift in jedem Fall in die Welt ein – er will nicht nur hier Paul zurechtweisen, er verlangt von jedem, daß er entsprechend handelt. Gott ist allmächtig, und alles kommt von ihm, er macht alles.«

Stufe 3

● *Frage 1: Soll Paul sein Versprechen gegenüber Gott einlösen? Warum oder warum nicht?*

▸ *Antworten:*

Vp 1: Weibliche Versuchsperson, 23 Jahre
»Ich befinde mich in einem Zwiespalt, denn ich weiß nicht, ob ich dieses Versprechen halten würde. Ich bezweifle nicht, daß es Gott gibt, aber ich bezweifle, daß er einen so großen Einfluß hat auf den Menschen, daß der weitere Lebensverlauf von Paul negativ verlaufen würde, im Falle er sein Versprechen nicht einhält. Überhaupt weiß ich nicht, ob ich auf die gute Stelle in der Privatklinik verzichten könnte und wollte. Auch könnte ich nicht darauf verzichten, die Freundin zu heiraten.«

Vp 2: Männliche Versuchsperson, 17 Jahre
»Ich sehe nicht ein, wieso er das versprochen hat. Ich finde es absurd. In dieser Situation fängt er an zu beten und beginnt groß zu versprechen. Von mir aus hat er eben nur in der Situation etwas versprochen ... Ich glaube, er hat das eben nur in der Notsituation gesagt, ohne sich richtig zu

überlegen, was das für Folgen haben könnte, falls er überlebt, da er so fest
überzeugt war, daß er sterben werde. Doch ich sehe den Grund nicht ein,
wieso er das verspricht.«
*Doch nehmen wir mal an, Sie hätten so etwas in einer solchen Situation
versprochen. Wie würden Sie sich nachher fühlen?*
»Das kann ich eben nicht. Entweder fühlt man sich zur Arbeit in der Dritten Welt hingezogen oder nicht. Zum Beispiel mein Vater, das ist eines von seinen Lebenszielen, er arbeitet dort ... 20 Jahre ... das ist sein Ziel, doch er hat das nicht Gott in einer Notsituation versprochen. Er hat sich dorthingezogen gefühlt. Weil es ein Job ist, der ihm am meisten zusagt. Er hat auch ein Angebot gehabt von einem Bankdirektor, der ihm gesagt hat, nach ihm werde er Bankdirektor. Dann hätte er viel Geld und Prestige gehabt, doch er wollte lieber etwas machen, das ihm mehr gibt. Deshalb kann ich mir nicht vorstellen, daß ich in einer Notsituation so etwas versprechen würde, ohne richtig zu überlegen, was das für Folgen haben könnte.«

Vp 3: Weibliche Versuchsperson, 34 Jahre
»Der Fehler besteht schon darin, daß Paul mit dem lieben Gott einen Handel macht. Das finde ich kindisch in einer solchen Situation. Die Frage ist, was Paul noch von seinem Leben hat, wenn er alles aufgeben muß, das ihm Spaß bereitet. Ich hätte ein schlechtes Gewissen, diesen gut bezahlten Job anzunehmen, weil ich nämlich persönlich doch den Vorsatz gefaßt habe, mein Leben für die armen Menschen einzusetzen. Dies muß ich dann tun, weil es mir ein inneres Bedürfnis ist und weil ich den Entschluß in einem wichtigen Moment meines Lebens gefaßt habe, aber nicht, weil ich es dem lieben Gott versprochen habe.«

● *Frage 2: Was würden Sie zur Formulierung sagen:*
  Es ist Gottes Wille, daß Paul in die Dritte Welt geht
  (bzw. sein Versprechen einhält)?

▶ *Antworten:*

Vp 1: Weibliche Versuchsperson, 23 Jahre
»Aufgrund meiner persönlichen Einstellung kann ich dies nicht unbedingt als Gottes Willen ansehen, würde ich dieses Versprechen nicht halten, weil ich nicht auf alle meine geschmiedeten Pläne verzichten möchte. Wenn Paul dieses Versprechen einhält, ist er nachher ohnehin unbefriedigt in seinem Leben, weil er auf Dinge verzichen muß, die ihm viel bedeutet

hätten. Ich wäre nicht bereit, mein Leben wegen eines Versprechens in den Hintergrund zu stellen. Ich bin *ich,* und ich will mein Leben leben, so wie *ich* es für richtig halte. Ich möchte mich nicht von einer Macht, von der ich nicht überzeugt bin, ob dieselbe (Gott) überhaupt existiert, von meinem Lebensweg abbringen lassen. Es sei denn, die Einhaltung eines Versprechens würde mir sehr viel bedeuten. Vielleicht würde ich es dann einhalten. Allerdings ist ein Versprechen um des Versprechens willen einzuhalten und nicht, weil man es an Gott abgegeben hat. Natürlich glaube ich irgendwie, daß es irgendeine Macht gibt. Aber ich weiß nicht, ob diese Macht Gott heißt oder ob sie einen anderen Namen trägt und ob diese Macht wirklich in der mir vorgestellten Form existiert. Ich stelle mir Gott als alten Mann mit einem weißen Bart vor. Ich weiß nicht, ob er existiert. Aber ich glaube an eine Vorbestimmung. Ist diese Vorbestimmung von Gott oder sonst einer Macht? Ich weiß es nicht. Weil alles vorbestimmt ist im Leben, kann man durch die Einhaltung eines Versprechens den vorbestimmten Lebensweg auch nicht mehr beeinflussen.«

Vp 2: *Männliche Versuchsperson, 17 Jahre*
»Das glaube ich nicht. Wenn man von Gottes Willen reden will ... ich würde sagen, es kommt darauf an, daß Paul mit sich selber ›fertig‹ wird, damit er kein schlechtes Gewissen hat. Er muß doch letztlich selber wissen, was er will.«

Vp 3: *Weibliche Versuchsperson, 34 Jahre*
»Paul muß sich selber gegenüber verpflichtet fühlen, in die Dritte Welt zu gehen, und insofern kann ich hier nicht den Willen Gottes am Werk sehen. Der Mensch hält doch das Versprechen an sich selbst und nicht an Gott. Der Mensch schiebt zwar Gott vor, aber das Versprechen gibt er sich selbst.«
Aber was soll Paul tun?
»Er muß nichts tun. Ich würde das so sehen: Man sagt, Gott sei in jedem Menschen impliziert. Gott ist einfach die Moral-Vorstellung, die in uns Menschen drin ist. Diese Moralvorstellung nennen wir Gott, das Unerklärliche. Normalerweise können wir nicht einem den Schädel einschlagen, nur weil er 100 Franken, die wir gerne hätten, bei sich hat. Nicht die Angst vor der Strafe hindert uns, diesem den Schädel einzuschlagen, sondern man hat doch einfach Hemmungen, dies zu tun. Diese Hemmung ist einfach etwas Unerklärliches, und ich glaube, irgendwann hat irgend jemand einen Begriff erfunden für dieses Unerklärliche und dies einfach Gott genannt.«
(Übergang 3 zu 4)

- *Frage 3 a: In der vorangegangenen Geschichte stehen sich zwei Größen gegenüber: die eine ist Pauls Freundin und die ihm angebotene Stelle, die andere ist Gott bzw. das Versprechen gegenüber Gott. Welche dieser zwei Größen finden Sie bedeutsamer bzw. wie sollten sich diese zwei Größen zueinander verhalten?*

▶ Antworten:

Vp 1: Weibliche Versuchsperson, 23 Jahre
»Für mich sind die Freundin und die Stelle wichtiger, bedeutsamer, weil ich eine persönliche Beziehung zu Gott nicht nachvollziehen kann. In ein Verhältnis kann ich nur zu jemandem treten, zu dem ich eine persönliche Beziehung haben kann. Insofern ist mir der Mensch und sein freier Wille wichtiger.«

Vp 2: Männliche Versuchsperson, 17 Jahre
»Ich würde mich für den Menschen entscheiden.« *Wieso?* »Weil ich diesen Menschen z. B. brauche, liebe – deshalb würde ich mich für den Menschen entscheiden.« *Aber wie sieht denn das Verhältnis gegenüber Gott aus?* »Gott gegenüber fühle ich mich, ehrlich gesagt, nicht verpflichtet. Ja, verpflichtet in dem Sinn, daß ich jeden Sonntag in die Kirche gehe – aber ich finde, daß man ein genau so guter Mensch sein kann, wenn man nicht in die Kirche geht. Um noch einmal auf mein Verhältnis zu Gott zu kommen ... Wenn man die Frage stellt: ›Was ist Gott ...‹, dann ist dort schon ein riesiger ›Haken‹, an dem man schon hängenbleiben kann ... falls man nicht darüber hinauskommt. Man kann erst an Gott glauben, wenn man mit sich selber im klaren ist, was Gott überhaupt ist oder was einem Gott geben kann. Denn jeder Mensch muß in meinen Augen an etwas glauben ... an sich selber, an einen anderen Menschen oder an Gott. Weil es das ist, was einem viel Kraft geben kann ... eben der Glaube. Doch es muß, von mir aus gesehen, nicht unbedingt der Glaube an Gott sein.«

Vp 3: Weibliche Versuchsperson, 34 Jahre
»Paul muß sich selber treu bleiben: Er muß in die Dritte Welt gehen. Geht er nämlich nicht, quält ihn sein Gewissen so lange, bis er sich total verändert haben wird. Paul kann nur glücklich werden, wenn er sich selber treu bleibt. (...)
Für mich ist der ideelle Wert bedeutsamer. Der Ausdruck ›Gott‹ stört mich einfach, weil Gott für mich ein Väterchen mit einem Bart ist. Und in der Bibel steht doch geschrieben, daß man sich kein Gottesbild machen soll. Das verlangt Gott mit gutem Recht, und daran soll man sich halten.

Man kann sich nämlich wirklich kein Bild machen. Sobald man sich ein Bild macht, dann ist es kein Gott mehr, dann ist es ein Götze.«
Wie soll man sich denn Gott vorstellen, wenn man sich kein Bild von ihm machen soll?
»Gott ist etwas Abstraktes, das man sich nicht vorstellen kann. Man kann sich in Gott höchstens einfühlen.«

- *Frage 6: Glauben Sie, der Entscheid, das Versprechen nicht zu halten, hat irgendwelche Konsequenzen für das weitere Leben von Paul?*

▸ *Antworten:*

Vp 1*: Weibliche Versuchsperson, 14 Jahre
»Von Gott aus wahrscheinlich nicht. Aber von sich aus eher -, daß sein Gewissen ihn plagt, und zwar über eine längere Zeit hinweg. Er kommt da nicht reibungslos davon ... ich würde das nicht aushalten. Mich würde das Nichterfüllen ziemlich stark beschäftigen ... ich wüßte nicht, wie ich dann reagieren würde.«

Vp 2: Männliche Versuchsperson, 17 Jahre
»Es kann, ganz sicher. Es kann dazu führen, daß er ein schlechtes Gewissen hat. Es ist möglich, daß es ihn so lange beschäftigen wird, bis er tatsächlich in die Dritte Welt gehen würde. Entscheidend ist aber, daß er lernt, selber zu entscheiden, lernt, selber mit sich ›fertig‹ zu werden.«

Vp 3: Weibliche Versuchsperson, 34 Jahre
»Ja, eben, wie gesagt, wird Paul aus lauter Gewissensbissen seinen Job vernachlässigen, und sehr wahrscheinlich wird er auch mit seiner Freundin Streit bekommen. Da er weiß, daß er im Unrecht ist, wird er ständig mißgelaunt sein.«

- *Frage 7 a: Hat dieser Unfall etwas damit zu tun, daß Paul sein Versprechen gegenüber Gott nicht gehalten hat?*

▸ *Antworten:*

Vp 1: Weibliche Versuchsperson, 23 Jahre
»Wenn es vorbestimmt war, daß Paul das Versprechen hätte einhalten sollen, hat dieser Autounfall mit der Nichteinhaltung des Versprechens etwas zu tun. Vielleicht ist der Unfall auch zufällig geschehen.«

Vp 2: Männliche Versuchsperson, 17 Jahre
»Das ist total an den Haaren herbeigezogen. Er könnte ja auch in die Dritte Welt gegangen sein, und dort wäre ihm zufällig ein Baumstamm auf den Kopf geflogen. Ich finde es extrem, wenn man sagt, ›das hängt mit dem zusammen‹, ›ich habe es gewußt, daß es so kommen wird ...‹ Zum Beispiel im Flugzeug, wieso ist er nicht gestorben? Weil er das Versprechen abgelegt hat? Ich glaube nicht. Ich glaube, daß alle anderen im Flugzeug auch etwas versprochen haben, und die haben es ja nicht überlebt. Vielleicht haben sie genau dasselbe versprochen ... Vielleicht sogar noch mehr. Wieso haben dann diese es nicht überlebt?«

Vp 3: Weibliche Versuchsperson, 34 Jahre
»Ja, Paul hat diesen Unfall irgendwie provoziert. Dieser Unfall ist der Anfang einer Reihe von Mißgeschicken, die auf ihn zukommen, welche er aber auf sich zurückzuführen hat, einfach durch sein Verhalten. Wenn man ein schlechtes Gewissen hat, begeht man alles Fehlhandlungen, einfach weil man nicht mehr fähig ist, das Richtige zu tun.«

● *Frage 7 b: Glauben Sie, daß Gott Paul für die Nichterfüllung seines Versprechens bestraft? Warum oder warum nicht?*

▶ *Antworten:*

Vp 1: Weibliche Versuchsperson, 23 Jahre
»Ich habe Gott nie als strafende Macht verstanden. gibt es eine Macht, die unseren Weg lenkt, hat diese auch andere Möglichkeiten, unseren Weg zu lenken, als durch Strafe.«

Vp 2: Männliche Versuchsperson, 17 Jahre
»Nein, das finde ich wirklich an den Haaren herbeigezogen. Ich glaube einfach nicht, daß das etwas mit dem zu tun hat.« *Mit was zu tun hat?* »Mit dem Versprechen ... ich denke, er hätte genausogut in der Dritten Welt umkommen können. Ich kann nur hier die Treppe runterfliegen und tot sein ... Das Leben ist voller Gefahren, so daß ich nicht sagen kann, wenn ich das oder das getan hätte, wäre das oder das passiert.«

Vp 3: Weibliche Versuchsperson, 34 Jahre
»Nein, Paul straft sich selber mit der Nichterfüllung seines Versprechens. Pauls Seele straft ihn, Paul selber. Gott kann nicht bestrafen.« *Warum?* »Wer oder was ist denn Gott?« *Wer oder was ist dann die Seele?* »Ich sage ja, die Seele ist etwas Undefinierbares, einfach etwas, das in uns drin ist.

Ich habe schon mit Priestern gesprochen und sie befragt, was sie denn von Gott halten. Aber auch diese konnten mir keine Antwort geben. Sie sagten immer, man müsse halt einfach an Gott glauben. Sie konnten nicht einmal einen Anhaltspunkt geben, an was konkret man glauben soll. Weiß denn jemand, wer oder was Gott ist?«

- *Frage 7 c: Wenn Ja: Wird Gott in jedem Fall in die Welt eingreifen? Wenn Nein: Manifestiert sich Gott überhaupt in der Welt, und auf welche Weise?*

▶ *Antworten:*

Vp 1: Weibliche Versuchsperson, 23 Jahre
»Gott zeigt sich nicht. Er zeigt sich nur in meiner Vorstellung. Gott kann sich in der Vorbestimmung des Weges zeigen – aber man überlegt dann jeweils in der entsprechenden Situation, ob dies auch tatsächlich die Lenkung Gottes ist.«

Vp 2*: Männliche Versuchsperson, 23 Jahre
»Er greift sicher ein, aber nicht auf eine für uns logische Art. Wir schaffen natürlich diese Zusammenhänge. (...) In dem Denksystem, in dem wir drin sind, können wir sein Wirken nicht erkennen. Es sind irgendwie zwei getrennte Bereiche, das Göttliche und das Menschliche, die aber doch irgendwie einen inneren Zusammenhang haben.«

Vp 3: Weibliche Versuchsperson, 34 Jahre
»Nein, in diesem Sinne nicht. Gott zeigt sich nicht, weil er sich gar nicht zeigen kann. Denn es gibt ja kein Wesen mit dem Namen Gott. Wenn sich Gott zeigen würde, müßte er ja ein Wesen sein.«

Stufe 4

- *Frage 1 a: Soll Paul sein Versprechen gegenüber Gott einlösen? Warum oder warum nicht?*

▶ *Antworten:*

Vp 1: Männliche Versuchsperson, 44 Jahre
»Dieses Versprechen muß er nicht halten, denn er hat es in einer Situation gemacht, in der er unter physischem Zwang stand. Wenn er dann das Versprechen doch halten will und halten tut, ist die Situation dann wieder anders. Aber sicher ist er nicht gezwungen dazu.
Ich persönlich käme tatsächlich in eine Gewissensnot; aber ich glaube, ich würde mich entschließen, dieses Versprechen nicht unbedingt zu halten, ausgenommen, es käme etwas dazu, das mich motivieren würde und ich mir sagen müßte, dies ist eine dankbare Aufgabe für mich, mich in der Dritten Welt einzusetzen. Um ein Versprechen halten zu können, muß man sich das frei und ruhig überlegen können.«
Welches ist der Grund, daß man ein solches Versprechen halten muß?
»Ich glaube, es ist eine gewisse Treue zu einem Entschluß, den man frei wählte. Gegenüber Gott muß ja der Mensch nichts tun, er wird eingeladen dazu, vom Menschsein selber her, aus Freiheit gegenüber Gott etwas zu tun. Er wird nicht dazu gezwungen, das oder jenes zu machen, sondern aus freiem Entschluß, aus freiem Ja zum Angebot, das Gott eigentlich dem Menschen darlegt und gibt.«

Vp 2: Männliche Versuchsperson, 53 Jahre
»Erstens möchte ich sagen, daß er dieses Versprechen nicht aus freier Überzeugung gemacht hat, sondern aus Angst, daß es also ein unfreier Entschluß war. (...) Ich meine, ein Leben, das sich total dem Herrgott hingeben will, kann nicht aus einer solchen Notsituation heraus völlig frei sich geben. Ich würde sagen, daß die Freiheit für einen totalen Einsatz für Gott einfach Grundbedingung ist für eine echte religiöse Handlung. Die Voraussetzung für ein solches Versprechen ist, daß er an Gott glaubt, wenn er nicht an Gott glaubt, dann kann man ihn auch nicht verpflichten, etwas zu tun. Das zweite ist, also wenn er an Gott glaubt und in dem Glauben leben will, dann fühlt er sich nicht in dem Sinne verpflichtet, daß er einfach unter einem Zwang ist, sondern daß einfach die Einsicht in seine geschöpfliche und in seine erlöste Natur ihn einfach zu gewissen Handlun-

gen und Haltungen dem Gott gegenüber treibt. Aber nicht, daß er dies machen muß, denn er kann es anders machen, da ist der Mensch frei; nur geht es eben darum, frei heißt nicht, daß er machen kann, was er will, denn der Mensch ist von Natur aus und in seiner Erlösung doch an eine gewisse Linie gebunden. Also in dem Sinne würde ich die Frage mit Ja beantworten; wenn er glaubt, ergeben sich daraus ganz logischerweise gewisse Verpflichtungen, welche aber eher aus einem inneren Bedürfnis und aus Freiheit heraus kommen. Es gilt auch hier wie beim ersten, was Gott nicht frei gegeben hat, das ist nichts wert.

Vp 3: Männliche Versuchsperson, 58 Jahre
»Nicht unbedingt, weil er es in einer Streßsituation abgegeben hat. Er konnte die Konsequenzen nicht überlegen. Ein Versprechen, welches lebenseinschneidend ist, sollte man reiflich überlegen ... Paul sollte sich die Sache gründlich überlegen, um dann zu einer Entscheidung zu kommen. Kommt er zur Überlegung, daß er sein Versprechen nicht einhalten kann und will, so soll er sich auch so verhalten ... Ein Versprechen sollte nur eingegangen werden, wenn es überlegt ist ... bei einem solchen Versprechen sollte man dann auch dazu stehen, es sei denn, daß sich eine Situation so ändert, daß es eine neue Situation schafft.
Es ist doch so, daß der Mensch seine Situation als Geschöpf ansehen sollte und nicht – wie die Existentialisten meinen – daß er einfach ins Leben hineingeworfen wurde, sondern daß Gott uns die Chance des Lebens gegeben hat. Der Mensch sollte Ja sagen zu seiner Situation.«

● *Frage 2: Was würden Sie zur Formulierung sagen: Es ist Gottes Wille, daß Paul in die Dritte Welt geht bzw. sein Versprechen einhält?*

▶ *Antworten:*

Vp 1: Männliche Versuchsperson, 44 Jahre
»Wer will da Gotes Willen bestimmen? Das finde ich einen Unsinn.« *Warum?* »Ja, ... es ist derselbe Unsinn wie jeweils in den Todesanzeigen geschrieben steht: ›Es ist Gottes Wille, den zu sich zu berufen.‹ Selbstverständlich ist es Gottes Wille. Aber, daß er jetzt in die Dritte Welt geht, ich meine, er kann auch zu Hause wirken, wenn er es im richtigen Sinne tut. Ich meine, es muß nicht einmal das Geld im Vordergrund stehen, sondern es können auch Menschen im Vordergrund stehen. Unter Umständen kann es ein Hinweis sein, daß er dort gebraucht wird, aber nicht, daß es Gottes Wille ist: Jetzt mußt du gehen. Es kann für den einzelnen ein Wegweiser sein.«

Vp 2: *Männliche Versuchsperson, 53 Jahre*
»Erstens würde ich sagen, es ist sicher der Wille Gottes, daß die Menschen sich füreinander einsetzen, und in dem Sinne ist Paul auch eingeschlossen, d. h. das Gebot der Nächstenliebe, welches auch der Natur des Menschen entspricht, zu erfüllen. Aber in dem konkreten Fall, ich würde nicht sagen, daß Gott Paul richten würde, wenn er aus reiflicher Überlegung heraus das Versprechen nicht halten würde, daß Paul deswegen gegen den Willen Gottes, ganz konkret sich am Willen Gottes verfehlen würde, das glaube ich nicht. Zu dem Satz möchte ich allgemein sagen, daß jeder Mensch aufgerufen ist, dem anderen Gutes zu tun. Konkret hängt es davon ab, ob er sich nach der Notsituation in einem freien Entscheid für den Dienst entscheiden kann, und dann ist es sicher in dem Sinne Gottes Wille, daß er geht.«

Vp 3: *Männliche Versuchsperson, 58 Jahre*
»Es ist sicher ein ernsthafter Anruf, aber Paul sollte sich die Sache doch gründlich überlegen.«
Hat Gott dieses Versprechen provoziert?
»Nein, kaum, denn wir bestimmen unseren Standpunkt gegenüber Gott. Natürlich ist Gott überall anwesend, aber daß es Gottes Wille ist, daß Paul in die Dritte Welt geht, das scheint mir nicht der Fall zu sein.« *Warum nicht?* »Ich kann mir das nicht vorstellen.« *Warum?* »Jede Handlung, die ich gegenüber Gott mache, geht über weltliche, irdische Wege, ob ich mich direkt an Gott binde, z. B. durch das Mönchtum, oder durch die Ehe, so besteht die Bindung zu Gott letztlich. Es gibt verschiedene Wege, zu Gott zu finden. Über die Welt kommt man zu Gott. Schlußendlich geht es um den Standpunkt. Gott muß immer wieder zur Welt getragen werden und daß die Welt immer wieder zu Gott gehen muß. Das ist immer eine Bewegung. Ich kann meinen Standpunkt ganz draußen in der Welt wählen. Es kommt darauf an, wo ich mich mehr zu Hause fühle. Die Kreisbewegung wird aber unumgänglich sein: bin ich bei Gott, so muß ich auch wieder zur Welt gelangen und umgekehrt ... mir scheint, daß Gott und Mensch/Welt sich bedingen und eine Einstufung unangebracht ist.«

● *Frage 3 a: In der vorangegangenen Geschichte stehen sich zwei Größen gegenüber: die eine ist Pauls Freundin und die ihm angebotene Stelle, die andere ist Gott bzw. das Versprechen gegenüber Gott. Welche dieser zwei Größen finden Sie bedeutsamer bzw. wie sollten sich diese zwei Größen zueinander verhalten?*

▶ *Antworten:*

Vp 1: Männliche Versuchsperson, 44 Jahre
»Ich finde es grausam, wenn er jetzt seine Braut oder seine Freundin sitzen läßt. Und insofern kann es nicht einfach Gottes Wille sein, daß er jetzt in die Dritte Welt geht. Ich glaube wirklich, er kann auch an seinem Ort, hier, Gottes Willen erfüllen, indem er seinen Mitmenschen hilft. Das eine soll das andere nicht ausschließen.«

Was heißt in diesem Zusammenhang den ›Willen Gottes‹ erfüllen?
»Das heißt, meine Pflicht erfüllen, dort, wo ich hingestellt bin. Und zwar einfach, indem ich einmal da bin und versuche, für die Mitmenschen da zu sein. Denn letztlich ist ja der Wille Gottes, daß wir versuchen, einander zu helfen. Wenn Paul aber so egoistisch wäre und einfach an seine schöne Stelle dächte, für die er ein hohes Salär bekommt, wäre dies natürlich ganz falsch. Wenn Paul sich nur aufgrund dieser positiven Äußerlichkeiten für die Stelle im Spital entscheiden würde, wäre dies ein falscher Entscheidungsgrund. Aber wenn er sich sagt: Ich übernehme diese Stelle, denn ich kann auch an diesem Ort meinen Mitmenschen helfen, dann würde ich dies durchaus als echten Grund gelten lassen.«

Warum ist es sinnvoll, diese Mitmenschlichkeit zu üben?
»Weil ich erstens Gott als Schöpfer ansehe, auch als Schöpfer der menschlichen Natur. Und insofern er der Schöpfer ist und das im Menschen drinnen liegt, sind wir natürlich mit ihm verbunden, ob wir dies wollen oder nicht.«

Vp 2: Männliche Versuchsperson, 53 Jahre
»Der zweite Teil der Frage paßt mir besser. Ich würde die beiden Werte einander nicht frontal gegenüberstellen. Ich sehe in der Liebe zu einem Menschen und in der Ausübung des Berufes als Arzt nicht etwas nur Weltliches; und da kann es vielleicht sein, daß es für Paul nötig war, daß er dies ganz konkret sieht. Daß er auf eine Bahn geraten ist, welche oberflächlich ist, Karrieredenken, Erfolgsdenken usw., und daß er nun plötzlich zur Besinnung gebracht wurde. Aber ich würde die beiden Sachen einander nicht gegenüberstellen; natürlich, absolut genommen, ist nur Gott bedeutsam. Gott existiert ohne den Menschen. Aber auf dieser Welt gibt es Menschen, und er hat das so gewollt, also will er mit dem Menschen etwas erreichen, hat er einen Plan mit dem Menschen, für den Menschen, und in dem Sinne ist der Mensch im Gegensatz zum Tier oder der übrigen geschöpflichen Welt, etwas Bedeutsames in der Schöfpung und in dem Heilsplan Gottes. Gott macht nichts Sinnloses.«

Vp 3*: Weibliche Versuchsperson, 24 Jahre
»Ja, ich meine, wir sollten eigentlich durch Gott leben. Ich glaube, das eine ohne das andere ist nicht möglich. Wir sind durch Gott erschaffen worden, ohne ihn würde es uns gar nicht geben. Ich habe das Gefühl, daß er wahrscheinlich auch durch uns lebt.«

- *Frage 6: Glauben Sie, dieser Entscheid, das Versprechen nicht zu halten, hat irgendwelche Konsequenzen für das weitere Leben von Paul?*

▸ *Antworten:*

Vp 1: Männliche Versuchsperson, 44 Jahre
»Ja, es hat Konsequenzen für ihn, und zwar sehr negative. Daß er ständig unter einem gewissen Druck steht nachher, nämlich etwas nicht eingehalten zu haben, das er eigentlich hätte einhalten sollen. Wenn die Frage so lautet, dann würde ich sagen, Paul muß in die Dritte Welt gehen, um zu helfen.«

Vp 2: Männliche Versuchsperson, 53 Jahre
»Ich möchte sagen, es hat in jedem Fall Konsequenzen, ob diese für ihn gut oder weniger gut sind, ob sie für ihn verheerend sind, sein Leben zerstören, ihn innerlich unruhig machen, daß er sein Leben überhaupt nicht mehr findet, das hängt von den Beweggründen ab, die ihn zu dem Entschluß führten.«

Vp 3: Männliche Versuchsperson, 58 Jahre
»Je nachdem, wie er diesen Konflikt verarbeiten kann. Verarbeitet er den Konflikt nicht, so wird er sicher Konsequenzen haben, sonst nicht.«

- *Frage 7 a: Hat dieser Unfall etwas damit zu tun, daß Paul sein Versprechen gegenüber Gott nicht gehalten hat?*

▸ *Antworten:*

Vp 1: Männliche Versuchsperson, 44 Jahre
»Dieser Unfall kann durchaus etwas mit der Nichteinhaltung des Versprechens zu tun haben. Aber dann liegt das an Paul selber. Dann ist es eine Zwangshandlung oder sonst etwas, aber sicher nicht Gottes Willen oder eine Strafe.«

Vp 2: Männliche Versuchsperson, 53 Jahre
»Nicht, daß Gott ihm diesen Unfall schickt, um ihm zu zeigen, das hast du jetzt doch falsch gemacht. Gott ist kein Wolkenschieber und kein Hindernissteller, es geht nicht um das; ich könnte mir aber vorstellen, daß der Mensch weiß, daß er falsch entschieden hat. Dann könnte ich mir vorstellen, daß er jetzt eine innere Unruhe hat und so einen Unfall baut. Der Unfall ist also eine Folge innerer psychischer Unruhe.«

Vp 3: Männliche Versuchsperson, 58 Jahre
»Direkt sicher nicht. Indirekt würde ich rein psychologisch einen Zusammenhang sehen, daß er sich innerlich in einer Unsicherheit befindet, die ihn unausgeglichen macht, und daß er dadurch nicht frei ist ... ich glaube nicht, daß Gott so einen Autounfall provoziert ... Gott greift nie unmittelbar ein, indem er den normalen Ablauf der Dinge stören würde.«

● *Frage 7 b: Glauben Sie, daß Gott Paul für die Nichterfüllung seines Versprechens bestraft? Warum oder warum nicht?*

▶ *Antworten:*

Vp 1: Männliche Versuchsperson, 44 Jahre
»Ich würde das so sagen: Gott straft die Menschen nicht, sondern die Menschen strafen sich selber, weil sie Gottes Willen nicht erfüllen. Denn jeder, der ein Gesetz übertritt, dann impliziert die Übertretung des Gesetzes im Inneren des Menschen bereits irgendwie eine Strafe. Aber nicht, daß Gott Strafen erteilt oder sagt, weil du nicht gehorchst, bekommst du eine ernsthafte Krankheit.
Oder anders gesagt: Gott steht über dem Menschen, ob er sein Angebot annimmt oder ablehnt, kann er frei entscheiden. Aber auch Gott ist es nicht gleichgültig ... ich möchte dies mit einem Beispiel zeigen. Wenn ein Lehrer in der Schule einem Schüler, der nichts gearbeitet hat, eine schlechte Note geben muß, ist dies dem Lehrer nicht gleichgültig. Und zwar ist es ihm nicht gleichgültig wegen der schlechten Note, sondern weil der Schüler nicht arbeitete und somit sich selber geschadet hat. Ich will mit diesem Beispiel sagen: Gott steht darüber. Aber es ist ihm nicht gleichgültig, wenn ein Mensch sich ins Unrecht stürzt.«

Vp 2: Männliche Versuchsperson, 53 Jahre
»Nein, es komt auf die Beweggründe an, wenn er aus voller Einsicht sieht, daß er etwas tun sollte, und er macht es nicht, dann bestraft er sich selbst.

Der Mensch kann nicht gegen seine Natur handeln, ohne sich selbst zu schaden.«

Vp 3: *Männliche Versuchsperson, 58 Jahre*
»Daß Gott in die Welt eingreift, kann ich mir nicht vorstellen. Ich sehe die ganze Situation eher als Anruf an, und die Konsequenz könnte sein, daß Paul sein Leben in einen Dienst stellt, der seinem Leben eine sinnvolle Richtung gibt.«

- *Frage 7 c: Wenn Ja: Wird Gott in jedem Fall in die Welt eingreifen?*
  Wenn Nein: Manifestiert sich Gott überhaupt in der Welt, und auf welche Weise?

▶ *Antworten:*

Vp 1: *Männliche Versuchsperson, 44 Jahre*
»Ich würde sagen, wenn wir die Weltzeit als Kreis betrachten, steht Gott einfach im Mittelpunkt und ist von überall gleich weit entfernt. Aber vom Schöpfungsplan her gesehen würde ich sagen, daß der ganze Ablauf und die ganze Evolution und alles zusammen in die Natur hineingelegt worden ist; Gott ist dem Menschen zu jeder Zeit gleich nahe, und er ist immer präsent, ohne da und dort punktuell einzugreifen.«

Vp 2: *Männliche Versuchsperson, 53 Jahre*
»Erstens einmal in der Schöpfung, das ist eine solche Offenbarung; Menschen, die mit Religion nicht viel anfangen können, sind sehr oft begeisterte Anbeter der Natur, die für sie ein echtes Gotteserlebnis werden kann. Ich glaube, daß sich Gott in der Art offenbart, daß man in dem Buch der Natur nachlesen kann. Auch im Menschen zeigt sich Gott, eben in seiner Natur, in seiner Neigung, das Gute zu tun, für den anderen dazusein, das ist sicher auch Gott. Konkreter, für mich möchte ich sagen, zeigt sich Gott in der Person von Christus, das ist für mich die zweite Offenbarung. Nicht nur, daß Christus auf die Welt gekommen ist und uns erlöst hat, das ist schon gewaltig; es kommt noch dazu, daß das, was Christus gelehrt und gelebt hat, eigentlich nichts anderes ist als eine Förderung der menschlichen Natur. Daß er die guten Seiten des Menschen wieder hervorholt, daß er ihm zeigt, wie er wieder frei, glücklich werden kann, nicht frei von Elend und Krankheit und weiß ich noch was, aber innerlich frei, daß er sich richtig entfalten kann. Und was damit zusammenhängt, Menschen, die aus dieser Offenbarung heraus leben, strahlen wieder etwas aus von dem, was man göttlich nennen könnte.«

Vp 3: Männliche Versuchsperson, 58 Jahre:
»Gott ist aus allem und in allem. Alles, was geschieht, hat mit Gott zu tun. Beim alltäglichen Ereignis ist Gott dabei. Je nachdem wie ich etwas annehme, sehe ich die Beziehung zu Gott direkter. Natürlich kann ich mich dagegen sperren, aber das ist schlußendlich eine Einstellungssache gegenüber Gott.

Stufe 5

Vorbemerkung:
In unseren Stichproben haben wir kaum eine Stufe-5-Versuchsperson gefunden. Da es sich im wesentlichen um eine Zufallstichprobe handelt, war die Wahrscheinlichkeit, daß Stufe 5 auftauchte, äußerst gering. Man müßte ganz selektiv große Persönlichkeiten auswählen, engagierte Vorbilder an Außenposten der Gesellschaft, im Untergrund, in der Einsamkeit, Weise oder Heilige, große Denker oder mutige Theologen. Die Wahrscheinlichkeit, daß solche Personen in eine Stichprobe fallen, ist natürlich gering.
J. Vasudev, eine Inderin, die unsere Theorie genau kannte und eine Datenstichprobe in Indien erhoben hat, wollte das Interview mit Mutter Theresa durchführen. Diese war auch bereit dazu. Aber angesichts der Situation, in der diese Frau täglich reale (und nicht künstliche) Dilemmata zu lösen hat und in diesem Lösungsprozeß »Gott in den Menschen sichtbar werden läßt«, wie Vasudev sagt, verschlug es ihr die Sprache in der Weise, daß sie, anstatt das Interview zu machen, einige Monate mit Schwester Theresa arbeitete. Vasudev ist nach eigenen Aussagen nicht gläubig.
Vielleicht ist es ein Kriterium der Stufe 5, daß, anstatt zu sprechen, Kommunikation in der Weise realisiert wird, daß das Ultimate unzweideutig immanent wird und umgekehrt der Mensch vollständig in dieser Begegnung transzendent erscheint. (Oder in der Sprache der Bibel, daß Menschen dafür leben, den Gefangenen ihre Freilassung zu verkündigen, und den Blinden, daß sie sehen können und Mißhandelte in Freiheit entlassen [Lk 4, 18 b]). Anders gesagt, hier führt die Vermittlung von Heiligem und Profanem, Transzendenz und Immanenz, von Hoffnung und Absurdität, von Freiheit und Abhängigkeit, von Vertrauen und Furcht, von Überdauerndem und Vergänglichem zu einem optimalen Gleichgewicht.

Wenn wir nun an dieser Stelle trotzdem den Versuch wagen, ein Beispiel für Stufe 5 abzudrucken, so muß dies mit äußerster Vorsicht betrachtet werden. Denn die Versuchsperson, als Theologe und Philosoph, ist in einer Situation, in der sie natürlich oft vom Dilemma weg zu allgemeinen, metakognitiven Reflexionen übergehen möchte. Vermutlich ist auch das ein mögliches Zeichen für die notwendige Dezentrierungskraft der Stufe 5.

- *Frage 1 a: Soll Paul sein Versprechen an Gott halten? Warum oder warum nicht?*

▶ *Antwort: Männliche Versuchsperson, 40 Jahre*
»Die Frage ist ja immer: was heißt das, Gott, was heißt das in diesem Moment der Todesangst, wenn er dieses Versprechen gegenüber Gott abgibt. Er versucht, aus dieser Situation irgendeinen Ausweg zu finden, wendet sich deswegen, weil ihm kein Mensch mehr helfen kann, an die letzte Instanz, die ihm in dieser Situation noch helfen kann, und das ist das schlechthin Jenseitige, denn alle diesseitigen Möglichkeiten fallen aus, keine technischen Möglichkeiten mehr, und er kann auch nichts mehr tun. Das ist normal, daß er dann den Ausdruck Gott gebraucht; das ist aber gegenüber seiner verantwortlichen Gottesbeziehung ein unverantwortlicher Akt; ja, er kann gar nicht mehr anders, er wird schlechthin erpreßt. Und von mir aus gesehen, und von einer christlichen Gottesbeziehung aus, ist eine solche Art der Gottesbeziehung unverantwortlich. Der Glaube würde mich dazu bringen zu sagen: selbstverständlich soll er die Stelle annehmen. Ich würde nicht auf diese Situation eingehen, weil die Liebe Gottes, wenn sie zum Zwang wird, die Liebe zerstört.«

- *Frage 2: Was würden Sie zur Formulierung sagen: Es ist Gottes Wille, daß Paul in die Dritte Welt geht?*

▶ *Antwort:* »Meistens ist der Ausdruck ›Wille Gottes‹ der Machtanspruch dieser Gemeinschaft, die den Willen Gottes interpretieren kann in der Geschichte, vergleiche Kreuzfahrerzüge. Der Wille Gottes muß vermittelt und ausgelegt werden im Sinne des Evangeliums und der großen Theologie und der Situation, in der der einzelne drinsteht; das entscheidende Kriterium für mich wäre: das Bedürfnis der anderen. Wille Gottes ist, was die anderen von mir brauchen, wo sie meine Freiheit beanspruchen; die gesetzliche Formulierung des Willens Gottes ist absolut ungenügend.«

- *Frage 3 a: Was ist überhaupt für diese Welt bedeutsam: Der Mensch oder Gott?*

▸ *Antwort:* »Das Entweder-Oder ist eine unmögliche Alternative. Es entsteht eine Wahl, die es eigentlich gar nicht gibt, denn es kann ja nach dem Neuen Testament und den Propheten (Wer Gott liebt, aber seinen Bruder haßt, der hat eigentlich gar nichts kapiert, der ist ein Lügner und Heuchler) gar keine Trennung geben, sonst weiß man nicht, was Gott heißt. Das heißt: ich kann unmöglich eine Gottesbeziehung realisieren und Gott gerecht werden, wenn ich nicht meiner Freundin gerecht werde. Natürlich hat der Paul durch das Eintreten in diese Liebesbeziehung Freiheit realisiert, die nicht aus der Gottesbeziehung herausgenommen werden darf, sondern auch hier die Auslegung des Willens Gottes ist, die Auslegung der Situation, d. h. hier der Liebe zu seiner Freundin und der Liebe zu seinem Beruf, denn, daß er der Beste ist von allen für diese chirurgische Klinik, ist für mich – und das habe ich in meinem eigenen Leben auch immer so praktiziert – indirekt ein Anruf vom Willen Gottes, d. h. wenn ich mich gefragt habe, was ich werden soll, dann habe ich immer andere gefragt; und wenn diese sagten, du bist fähig, das und das zu tun, dann ist es auch das, was ich tun muß oder jedenfalls ein wichtiges Kriterium in dem, was in der Gottesbeziehung zu realisieren ist: Wofür verbrauche ich mein Leben, wenn ich doch vom Reiche Gottes her leben will oder auf es zu? Wofür kann ich mein Leben eintauschen? Bei dieser Frage tauchen die Bedürfnisse, Kriterien und Beurteilungen der anderen auf, wobei – und dies ist wichtig – die Bedürfnisse der Unterdrückten stärker ins Gewicht fallen als die der Herrschenden. Diese hier von Paul gestellte Alternative ist falsch. Ich kann meinen Gottesbezug nicht unabhängig von meinem Kommunikations- und Ar beitsbezug her denken, denn dann würde er inhaltsleer und damit eine Flucht. Der Gottesbezug realisiert sich nur innerhalb des Geschichtsbezuges – auch wenn er darin nicht aufgeht.«

- *Frage 3 b: Zeigt sich Gott überhaupt in der Welt und auf welche Weise?*

▸ *Antwort:* »Ich würde gar nicht sagen, daß sich in diesem geschilderten Leben von Paul gar nicht zeigt, was Gott heißt – aber nicht ohne Wahrnehmung seiner Verantwortung und nicht ohne seine Auslegung von seinem eigenen Leben. Hier wird Gott als naturkausaler

Zusammenhang geschildert und nicht im Zusammenhang der Freiheitsgeschichte – und dies geht nicht, denn für mich läßt sich die Offenbarung und Manifestation Gottes nur innerhalb der Freiheitsgeschichte lokalisieren. Ich würde als erstes ablehnen, daß sich Gott zeigt in dem nur wunderhaften Zusammenhang, sowohl daß er bestraft als belohnt, würde zweitens ausgehen von dem Ereignis, in welchem sich Gott den Menschen zeigt, nämlich im Gekreuzigten und Auferstandenen, und d.h. in der Geschichte zeigt er sich eben dort, wo Menschen geschlagen werden, wo Freiheitsgeschichte sich in der äußersten Entgegensetzung realisiert; dies ist für mich ein wichtiger Ort der Manifestation Gottes.

Ein wichtiger Ort ist auch die Liebe, der Haß, wo sich zeigt, was der Mensch ist, nicht ist und was er kann, jedenfalls zeigt sich Gott in der Interkommunikation und im Kommunikationsabbruch. Das ganze Leben ist auslegbar als Manifestation Gottes – und die Naturgeschichte muß von diesem Zusammenhang her gesehen werden. Ich kann nicht über das Böse reden, ohne von Gott zu reden. Man kann ja sagen, daß das Böse gut ist, daß der Wille zur Macht sich durchsetzen muß. Hier stellt sich für mich die Frage: Warum soll das nicht sein? Die Unterscheidung von Gut und Böse ist nur möglich, wenn der Mensch dazu befreit worden ist, so etwas wie ein unbedingter Anspruch, man soll doch das Gute realisieren, die andere Freiheit nicht antasten; dies kann man nur wahrnehmen, wenn man von anderer Freiheit erlöst ist zu sich selber.«

Liest man das Beispiel dieses 40jährigen Theologen und Philosophen, so wird man einerseits den Eindruck nicht los, daß hier nicht so sehr die Tiefenstruktur mitschwingt, sondern epistemisches, angelerntes Wissen. Andererseits ist es überzeugend und befreiend, diese Theologie auf Stufe 5 in bezug auf ein konkretes Dilemma vorzufinden. Wir erahnen daraus, was ein theologisches Modell der Stufe 5 für die Richtung der Entwicklung hergeben könnte, wir erahnen, wie die Welt sein könnte, wenn Menschen der Stufe 5 ihre Realität entsprechend ihrem Urteil gestalten würden. Die hier vorgefundene kognitive Struktur ist der Inbegriff der Verwobenheit und Korrelation von Immanenz und Transzendenz, Abhängigkeit und Freiheit, Elend und Hoffnung. Da sind Polaritäten vollständig aufeinander bezogen, ja sie bedingen sich gegenseitig in beinahe vollständiger Weise.

4.7 Horizontale Differenzen:
Die Modi des Transzendenzbegriffes[5]

> Unter einem nicht entwicklungspsychologischen Gesichtspunkt soll hier nochmals die wichtige Problematik von Inhalt und Struktur aufgegriffen werden. Bedeuten inhaltlich unterschiedliche Aussagen und unterschiedliche Bekenntnisse über das Göttliche, Letztgültige strukturell gesehen tatsächlich dasselbe? Vermögen sie dem Universalitätsanspruch zu genügen? Zur Klärung dieser Fragen wird hier hypothetisch dafür plädiert, in der Art und Weise menschlichen Transzendierens zwei prinzipielle Formen zu unterscheiden: eine persönliche und eine nicht-persönliche. Mit dieser Unterscheidung könnte es möglich sein, den struktural-universalistischen Kern der verschiedensten Zugangs- und Ausdrucksweisen zum Göttlichen zu erfassen, ohne dabei diese in ihrer je konkreten Gestalt harmonisieren zu müssen.

Am Schluß dieses Kapitels sei nochmals die Problematik von Inhalt und Struktur aufgegriffen, aber diesmal unter dem Gesichtspunkt des Universalismusanspruches. Die Frage lautet, ob Aussagen bezüglich Sein, Letztem, Ultimatem (Gott, Göttlichem, Gottheit) je – nicht inhaltlich, aber strukturell – dasselbe bedeuten. Denn gerade dann, wenn der religiöse Bereich der Bewältigung des Dunkeln und Unsicheren eine für alle Menschen wie auch immer artikulierte Mutterstruktur ist, müssen die Modi des Transzendierens einerseits unterschieden, andererseits aber auch funktional parallelisiert werden können.
Die unterschiedlichen Modi sind nicht nur geschichtsrelevanter Betrachtung auszusetzen, sie sind auch aus entwicklungspsychologischer Betrachtung zu verstehen. Was Ernst Bloch phylogenetisch beklagt, wäre auch ontogenetisch der verlorenen, aber in uns lebenden Kindheit zuzuschlagen: »Manches Volle kam auf, indem man hinter ihm immer leerer machte. Und manches sehr Lichte wurde teuer erkauft, indem der Platz dahinter allzu rasch verkleinert, verdunkelt wurde. So bei der jähen Abdankung des naturhaften Um-uns, das einmal astralmythisch mindestens mitbedeutet war. Der abergläubische, sozusagen heidnische Zauber um Berg, Tal, Sturm, Gewitter, dann Bläue hernach ist passé, ist biblisch vor dem nicht so Lichtigen, mehr geistig Wehenden abgesunken« (1968, S. 297). Von hier über die Emanationslehren bis hin zur Vorstellung der Allgegen-

---

5 Wir fügen diesen Abschnitt hier an, weil darin wichtige Ergänzungen für den Einschätzungsprozeß zum Ausdruck kommen. Der Einschätzer muß klar erkennen, ob es sich nur um eine bloße horizontale Transformation oder um vertikale Veränderungen handelt.

wärtigkeit eines persönlichen und schließlich liebenden Gottes hat das Ungleichgewicht der sieben Dimensionspare unterschiedlichste und oft bekämpfte Gesichter. Kosmos und Logos, Schicksal und Sein, Übergreifendes und von Gott geführte Geschichte des Heils sind Metaphern, die bei nicht theologisch geschulten Subjekten den Gegenpol zum Innen, zur Seele darstellen, einen Gegenpol auch dann, wenn sich diese Größen gerade im Innern manifestieren. Da unsere Fragestellung nicht die Normierung dieser Vorstellungsweisen betrifft und auch unsere Forschung nicht der Untersuchung von Vorstellungen über Gott gewidmet ist oder allgemein: nicht ein »konzeptologisches« Erkenntnisinteresse hat, sondern die Herstellung von Beziehung des Menschen in einer konkreten Situation thematisiert, gehen diese vielfältigen Formen automatisch und in sehr komplexer Weise in die Urteile ein. Sowohl radikale Transzendenz-Denker als auch Pantheisten, sowohl jene, die nur das personale Verhältnis Gottes zu den Menschen betrachten, als auch Atheisten sollen ihre Tiefenstrukturen offenlegen können. Gläubige vermögen z.B. »die Gottesherrschaft und darin Gott selbst nicht anders als gegenwärtig *und* kommend« (Schoonenberg 1977, S. 199) zu denken. Die entsprechenden Inhalte aber, nämlich - »so wohnt Gottes Wort und Logos in Jesus und kommt Gottes Geist durch ihn« (ebd. S. 199) – finden hie und da, jedoch erstaunlich selten, einen Niederschlag in einem der von uns erhobenen Urteile.[6]

Will man eine Einteilung all dieser Vielfalt, so lohnt es sich, zwei Formen des Modus der Transzendenz zu unterscheiden: Den einen, der unausgesprochen das göttliche als *Person* und den anderen, der, meistens verteidigend und argumentierend, das Göttliche als das Sein, also etwas, das außerhalb von uns ist, und als »Weltgeist«, als belebtes Schicksal, als Göttliches in der Natur usw. auffaßt. Wer Transzendentes als Sein im zweiten Sinne annimmt, verbindet Theologisches mit Ontologischem, dies bis hin zur Ablehnung der verschiedenen Offenbarungsreligionen. Wir haben die noch nicht bestätigte Hypothese, daß philosophisches Bewußtsein von der Wirklichkeit der Transzendenz erst ab Stufe 3 möglich ist. Diese Hypothese beziehen wir intuitiv auf unsere Daten. Die Fragestellung muß aber als solche nochmals aufgegriffen und empirisch belegt werden.

Wenn wir die Vielfalt aller möglichen Bekenntnisse auf zwei Typen reduzieren und damit die enorme Vielfalt religiöser Offenbarungswahrheit ontologisch übersichtlich machen, so hat dies Nachteile, aber auch Vorteile. Spaemann (1973, S. 49 ff.) hat den Einwand gebracht – er wurde von Lübbe (1980, S. 82 ff.) aufgenommen –, funktionale Definitionen der Religion würden die Wahrheit religiöser Orientierung dahingestellt lassen. Das stimmt; aber funktionales Denken

---

6 Ungläubige thematisieren oft negativ durch Ablehnung religiöser Fixierungen, sprechen in Termini des Schicksalhaften, Umgreifenden.
Auf diese ganze Problematik soll weiterhin im Band »Universalismus und interkulturelle Studien« eingegangen werden.

kann fruchtbar sein. Entscheidend für uns ist vielmehr der Aspekt, wie ihn Rendtorff formuliert hat: »Religiosität, religiöses Verhalten und religiöses Bewußtsein sind der Struktur nach Verhältnis zu etwas anderem als zum eigenen Dasein, zum eigenen Handeln und Selbstsein. Nur in dieser Beziehung und durch sie vermittelt ist es auch und dem Gehalte nach ein Verhältnis zu sich selbst, eine wesentliche Form der Selbsterfassung oder Selbstbestimmung. Religion ist keine unmittelbare Selbstverwirklichung, sondern derjenige Vollzug, mit dem sich der Mensch in ein Verhältnis zu letztgültiger, alle empirischen Bestimmtheiten übersteigender Wirklichkeit setzt.
Explikationen des allgemeinen Gehaltes von Religion oder ihrer allgemeinen Funktion tendieren oft dahin, in der Religion und im religiösen Vollzug das Gelingen des Lebensvollzuges, Vollkommenheit, Erhebung zum Unendlichen usw. zu definieren, und dies zumeist unter Bedingungen von empirischen Konfliktlagen aller Art. Sie bestimmen damit gerade die letztgültige Identitätsfindung als wesentliche Leistung der Religion. Diese kann aber niemals innerer oder empirischer Besitzstand des religiösen Subjektes sein. Dann würde Religion nur als die unvollkommene Fassung dessen erscheinen können, was ihr Inhalt ist. Demgegenüber ist die wesentliche Bedeutung der selbständigen Formen des religiösen Ausdruckes darin zu sehen, daß sie Aufbau und Vollzug der Lebensführung in der Beziehung des Menschen auf eine ihn tragende Wirklichkeit hin ermöglichen und konkret werden lassen. Dabei werden die allgemeinen inhaltlichen Bestimmungen von Religion nicht außer Kraft gesetzt. Sie werden vielmehr konkret beziehbar und können insofern im Leben des Menschen, in Welt und Gesellschaft eine Rolle spielen« (1980, S. 199).
Ein Verhältnis zum Letztgültigen, zur alle empirischen Bestimmtheiten übersteigenden Wirklichkeit, kann aber auch dann realisiert werden, wenn der Modus nicht persönlich ist. Beide Bedingtheiten sind zugelassen; die zweite, nicht persönliche, ist oft leichter einer Stufe zuzuschreiben als die erste, die mit viel Spezifischem vermischt und inhaltlich stark geprägt ist. Der Einschätzer neigt dazu, so haben wir festgestellt, jene gläubigen Personen, die ein intensives persönliches Verhältnis zu ihrem Gott haben, höher einzustufen, als jene, die vom Schicksal sprechen, vom Unbestimmten, das sie als solches oft auch ablehnen. Deshalb ist es wichtig, daß er beide Modi in gleicher Weise anerkennt, sie in gleicher Weise einschätzt bzw. behandelt.
Die Problematik ist mit diesen Ausführungen aber nicht abgeschlossen. Beides ist auch empirisch zu untersuchen, a) wie Konzepte des Ultimaten im religiösen Urteil aufscheinen und b) welche Formen des Ultimaten als religiös überhaupt anerkannt werden. Beides wurde teilweise untersucht im Rahmen zu Forschungen zum Weltbild (für erste Resultate vgl. Fetz & Oser 1986).

5 Erste Validierung des Stufenkonzeptes der religiösen Entwicklung mittels einer Querschnitt-Untersuchung

Ob die von uns postulierten Stufen der religiösen Entwicklung tatsächlich vorkommen, kann nur empirisch überprüft werden. Deswegen stellen wir in diesem fünften Kapitel eine Untersuchung vor, die wir in der Uhrenstadt Grenchen (Schweiz) mit 112 Personen unterschiedlichen Alters durchgeführt haben. Das klarste Ergebnis dieser Untersuchung ist der eindeutige Alterstrend bis 25; er besagt, daß sich mit zunehmendem Alter im Durchschnitt auch die Stufen des religiösen Urteils aufwärtsbewegen. Weitere interessante Ergebnisse sind, daß bei fast allen bei uns verwendeten Dilemmata die Personen auf gleicher Stufenhöhe eingesetzt werden (Transsituationalität), daß es keine konfessionellen Unterschiede gibt, daß im hohen Alter Personen eher wieder auf tieferer Stufe urteilen und schließlich daß, sozial gesehen, die Mittel- und Oberschicht eher höheren Stufen des religiösen Urteils angehören als die Unterschicht. All diese Resultate tragen dazu bei, die Validität des Stufenkonzeptes »Religiöses Urteil« zu erhärten.[1]

[1] Für alle Unterstützung bei der Datenerhebung danken wir den Pfarrern der christkatholischen, der katholischen und der reformierten Kirchgemeinden, besonders auch dem Rektor der Schulen und dem Ammann der Stadt Grenchen.

5.1 Einleitung, Stichprobe und kontrollierte unabhängige Variablen

> Für den Leser mag es interessant sein, genauere Auskünfte über unsere Untersuchung zu erhalten. Wir haben 10 Altersgruppen in drei Konfessionen an der Untersuchung beteiligt. Die Hauptfragestellungen bezogen sich a) auf die entwicklungspsychologische Tendenz, b) auf allgemeine Unterschiede zwischen Merkmalsgruppen (z.B. Konfession) und c) auf Unterschiede in bezug auf die verschiedenen Inhalte bzw. Dilemmata.

Unsere erste Untersuchung haben wir in einer Stadt durchgeführt, die fernab von universitärem Einfluß liegt, nämlich in Grenchen (Kt. Solothurn, Schweiz). Grenchen ist ein Ort der Uhrenindustrie mit gegen 20 000 Einwohnern. Katholiken und Protestanten teilen sich in je 44% und 46%, den Christkatholiken gehören 8% an. Zwei Gesichtspunkte waren bei der Stichprobenauswahl von Bedeutung:

1. Die Stichprobe sollte einer typischen Schweizer Stadt mit durchmischter Wirtschaftsstruktur, d.h. Industrie, Gewerbe und Landwirtschaft entstammen.
2. Die Einwohner sollten möglichst gleich auf die beiden Hauptkonfessionen verteilt sein.

Verschiedene Fragestellungen standen zur Diskussion. Die Hauptpunkte waren:

1. Gibt es eine entwicklungspsychologische Tendenz, die die Theorie der Stadien bestätigt, oder lassen sich die Stadienunterschiede als nicht altersspezifisch charakterisieren?
2. Gibt es Unterschiede der Konfession, des Geschlechts, der sozialen Schicht und der Bildung in bezug auf den Stufenverlauf?
3. Zeigen sich Stufenunterschiede, die nicht auf die Entwicklung der Struktur, sondern auf inhaltliche Unterschiede in den Dilemmasituationen zurückzuführen sind? Sollten solche Unterschiede signifikant sein, müßten sie als Décalages eingeordnet werden können oder aber als theoriewidrig gelten.

Diese drei Fragegruppen sollen zu den weiter hinten (S. 170 ff.) dargestellten Hypothesen führen.
Die Stichprobe umfaßte 112 Personen folgender Altersgruppen: 8–9, 11–12, 14–15, 17–18, 20–25, 26–35, 36–45, 46–55, 56–65 und 66–75 Jahre. Je die Hälfte

der Versuchspersonen innerhalb der 10 Altersgruppen war männlichen bzw. weiblichen Geschlechts. Ferner kontrollierten wir die Konfessionszugehörigkeit. Je ca. die Hälfte der Befragten (N = 49) war katholisch bzw. protestantisch (N = 47). Bei den Altersgruppen 8–9 und 11–12 unterschieden wir noch Angehörige des christkatholischen Bekenntnisses (N = 16). Der Bildungsstand und der sozial-ökonomische Status (SES) der erwachsenen Personen (ab 20 Jahren) variierte zufällig. Die erwachsenen Versuchspersonen sind eine Zufallsauswahl aus der Einwohnerkartei der Stadt Grenchen. Die Jugendlichen und Kinder wurden ebenfalls zufällig aus Grenchener Schulklassen ausgewählt.

Ferner sind zwei Selbsteinschätzungen und der SES der Versuchspersonen zusätzlich erhoben worden, nämlich:

1. Interesse an religiösen Fragestellungen;
2. Religiöse Grundhaltung: Gläubig versus nicht-gläubig (hier nicht dargestellt);
3. Sozial-ökonomischer Status der erwachsenen Versuchspersonen.

5.2 Untersuchungsplan, Datenerhebung und Darstellung des Dilemmamaterials

> Der Untersuchungsplan beinhaltet Aussagen zu der Reihenfolge, in welcher die verschiedenen Dilemmata dargeboten wurden. Wir hatten nämlich festgestellt, daß es nicht möglich war, jeder Person alle 8 Dilemmata vorzulegen, weil ein Ermüdungseffekt eintrat. Ebenfalls sollen hier in Kurzfassung die 8 Dilemmata vorgestellt werden. Inhaltlich handeln sie von Theodizeefragen, von Schuld, von kirchlichen Beziehungen und von Fragen nach dem Lebenssinn angesichts der Kontingenzen dieser Welt.

Jeder Versuchsperson wurden 4 der 8 unten beschriebenen Dilemmata vorgegeben. Die Auswahl und die Reihenfolge der Dilemmata-Präsentation für jede Versuchsperson geschah in einer ausgewogenen Verteilung aller möglichen zyklischen Vertauschungen der untenstehenden zwei Zahlenreihen, wobei die Ziffern die 8 Dilemmata bezeichnen.

z.B. Versuchsperson 1: 1 2 3 4
            2: 2 3 4 5
            3: 3 4 5 6
            4: 4 5 6 7
            5: 5 6 7 8
            6: 6 7 8 1
            7: 7 8 1 2
            8: 8 1 2 3 usw.

Mit diesem Vorgehen war gewährleistet, daß die verschiedenen Dilemmatypen gleich oft, jedoch in 8 verschiedenen Reihenfolgen präsentiert wurden, um gewisse Serieneffekte zu kontrollieren. Die Zellenbesetzung für die 10 Altersgruppen betrug 4 bis 8 Personen.

Für die Datenerhebung haben wir 12 Studenten des Pädagogischen Institutes der Universität Zürich intensiv im »semi-klinischen« Interview-Verfahren geschult. Denn eine gute Ergebnisse gewährleistende Dilemmadiskussion verlangt eine gründliche persönliche Auseinandersetzung mit der angesprochenen Problemsituation und ein intensives Aufeinander-Eingehen der Diskussionspartner. Folgende Trainingsziele möchten wir nochmals herausstellen:

1. Schaffen einer angenehmen Atmosphäre: Die Fragestellung für jede Person optimal transparent machen; Offenheit für jede Art von Argumentation.
2. Sich vergewissern, daß das Dilemma verstanden worden ist bzw. daß sich die Versuchsperson in die Situation einzufühlen vermag.
3. Bekanntgeben, daß Nachfragen gestellt werden, weil die Denkstruktur interessiert und weil die Antwortkompetenz der Versuchsperson ausgeschöpft werden muß.
4. Sichtbar machen, daß Antworten im Sinne einer religiösen Begründung interessieren und nicht so sehr eine Anhäufung von Handlungsalternativen.

Als erstes haben wir eine Reihe von Dilemmata entwickelt. Diese Dilemmata sind so entstanden, daß unterschiedliche Personen gefragt wurden, welche religiösen Erfahrungen sie in ihrem Leben gemacht haben. Aus der Vielzahl solcher Erfahrungen haben wir jene ausgelesen, welche einerseits beim Zuhörer ein gewisses Desäquilibrium auslösten, andererseits bestimmte religiöse Dimensionspaare zur Sprache brachten. Bei einer Pilotstudie wurde versucht, das Ausmaß des jeweiligen Desäquilibriums festzustellen.

Die Dilemmata wurden zum Teil so dargeboten, daß z.B. das Wort »Gott« schon in der Beschreibung selbst vorkam (vgl. S. 117 ff.). Bei anderen, insbesondere bei den Schulddilemmata (Nr. 4 und 5), kommt der transzendente Bezug erst im Katalog der standardisierten Fragen explizit vor. (Die Methode der halbstandardisierten Urteilserhebungen haben wir auf S. 111 ff. dargestellt.) Im folgenden werden in einer zusammenfassenden Übersicht die einzelnen Dilemmata wiedergegeben.

Paul-Dilemma Nr. 1
In diesem Dilemma steht das Versprechen (gegenüber Gott in einer kritischen Situation), auf eine Karriere zu verzichten, einem starken Sicherheitsbedürfnis in Karriere und persönlicher Existenz gegenüber.
Ein junger Arzt unternimmt, bevor er heiratet, eine Flugreise. Das Flugzeug gerät in Schwierigkeiten und stürzt ab. In seiner großen Not legt er gegenüber Gott, falls er ihm sein Leben rettet, ein bedeutungsvolles Versprechen ab. Er kommt als einziger mit dem Leben davon. Zu Hause wird ihm eine sehr gute Stelle angeboten. Soll er sein Versprechen halten?

Hiob-Dilemma Nr. 2
Hier geht es um die Theodizeefrage. Man wundert sich über Sein und Wesen Gottes angesichts des Leides in der Welt.
In einer Kleinstadt lebt ein angesehener, sehr gläubiger Richter. Er ist Gott für sein glückliches Leben dankbar. Er setzt sich für die Minderbemittelten persönlich ein. Der Richter verliert unverschuldet seinen guten Ruf und muß sein Amt aufgeben. Seine Tochter wird unglücklicherweise schwer krank. Alle seine Ersparnisse werden für Heilungskosten aufgebraucht. Die Tochter wird jedoch nicht gesund. Wie soll er sich in dieser Situation Gott gegenüber verhalten?

Ungerechtes Leiden, Dilemma Nr. 3
Dieses Dilemma handelt in anderer Weise von der Theodizeefrage. Gerade derjenige, der überall Gottes Botschaft verkündigt, wird mit Leid geschlagen.
Ein Pfarrer, der sich engagiert für das Wohl seiner Gemeinde einsetzt, wird von einem heimtückischen und unheilbaren Augenleiden befallen. Trotz inständiger Gebete erblindet er vollständig. Er wird von großen Glaubenszweifeln geplagt. Er stellt Gottes Gerechtigkeit in Frage. Ein Freund rät ihm, den Glauben an Gott aufzugeben. Dies sei alles Unsinn. Was soll er seinem Freund sagen?

Ewiges Heil, Dilemma Nr. 4
Angesichts des Todes lehnt ein Mensch jeglichen Trost, jegliche Verzeihung, jeglichen Bezug zu Gott ab.
Ein Verbrecher ist des Mordes an einem Vater und drei Kindern angeklagt und wird zu lebenslänglichem Zuchthaus verurteilt. Er verlangt das Todesurteil für sich. Die Richter geben seinem Verlangen nach. Er weigert sich, den Gefängnispfarrer zu empfangen. Einige Leute denken, daß vielleicht die Witwe der ermordeten Kinder ihn von seinem Vorhaben abbringen könnte. Was soll die Witwe tun?

Schuld-Dilemma Nr. 5
Angesichts des Todes soll für ungesühntes Leid Vergebung geschenkt werden. Glaube an Verzeihung steht gegen Haß.
Ein deutscher Bäckermeister lebt als angesehener Bürger. Doch es geht das Gerücht um, daß er als SS-Kommandant eines KZ für den Tod von Tausenden von Juden verantwortlich gewesen sei. Er selbst weiß, daß die Gerüchte der Wahrheit entsprechen. Eines Tages wird er bei einem Autounfall schwer verletzt. Ein zufällig vorbeikommender Arzt ist ein dem von ihm geleiteten KZ entronnener Jude. Beide erkennen sich wieder. Der Bäckermeister bittet sterbend den Arzt um Vergebung. Soll er ihm vergeben?

Liebes-Dilemma Nr. 6
Liebe als tragende Kraft steht gegen den Zweifel an diese Kraft angesichts einer tödlichen Krankheit.
Eine junge Frau leidet an einer tödlichen Bluterkrankung. Sie verliebt sich in einen erfolgreichen Politiker und steht vor dem Problem, ihn von ihrer Krankheit zu unterrichten. Sie fürchtet, daß er sie verlassen werde oder sie ihm im Wege stehe. Er protestiert und betont, daß er sie auf jeden Fall heiraten möchte. Sie spielt trotzdem mit dem Gedanken, ihn, ohne ihm etwas zu sagen, zu verlassen. Was soll sie tun? Wie sind ihre Gedanken zu beurteilen?

Selbstmord-Dilemma Nr. 7
Leben steht gegen sinngebende Gestaltung der Existenz durch Beruf.
Ein Chemiker hat während 30 Jahren an der Entwicklung eines Kraftstoffes geforscht, der billiger, effektiver und umweltfreundlicher als das herkömmliche Benzin sein sollte. Eines Tages entdeckt er die entscheidende Verbindung. Sein Lebensziel ist erreicht.
In der Nacht geht das Labor in Flammen auf. Als er das brennende Gebäude betreten will, hält ihn ein Feuerwehrmann zurück. Der Forscher will das Haus unbedingt betreten; ohne seine Unterlagen hat das Leben für ihn allen Sinn verloren. Was soll der Feuerwehrmann tun?

Heirats-Dilemma Nr. 8
Verpflichtung gegenüber kirchlicher Gemeinschaft steht gegen persönliches Bedürfnis.
In einem südamerikanischen Land lernen sich ein katholisches Mädchen und ein protestantischer Schweizer Pfarrer, der sich seiner Kirche voll zugehörig fühlt, kennen. Das Mädchen wird schwanger. Beide möchten in die Schweiz ziehen und dort heiraten. Auf dem Zivilstandesamt wird die junge Frau vor die Entscheidung gestellt, aus der katholischen Kirche, die ihr viel bedeutet, auszutreten, anderenfalls stellt ihr Heimatland die zur Heirat benötigten Papiere nicht aus. Sie wird

von schweren Skrupeln geplagt, und doch möchte sie den jungen Mann heiraten. Was soll sie tun?

Die Fragen zu diesen 8 Dilemmata entsprechen denjenigen des Paul-Dilemmas (vgl. S. 120 ff.). Sie sind diesen so ähnlich wie möglich konzipiert. Es sind je etwa 16 Fragen, die in verschiedene Fragegruppen eingeteilt sind. Die Fragen rufen je bestimmte Elemente der religiösen Urteilsstruktur der Versuchsperson ab, insbesondere aber sind sie dazu da, die Versuchsperson anzuregen, ein Gleichgewicht innerhalb der sieben auf S. 31 ff. dargestellten Gegensatzgrößen herzustellen.

Wir bezeichnen das Interview wiederum als halbstandardisiert, weil jeder Person die gleichen Fragen vorgelegt werden, aber jede Person so lange zur Begründung ihrer Entscheidung gestoßen wird, bis sie ihre eigene Kompetenz nicht mehr übersteigen kann. Die Form der Stimulierung sind stets Fragen wie »erklären Sie bitte genauer« oder »warum denken Sie, daß dies sich so und so verhält«. Der Zweck dieser Heranführung an die Grenzen der jeweiligen Kompetenz bezweckt zudem, soviel Material als möglich zu erhalten, um die Struktur so valide wie möglich aus diesen Inhalten herauslesen zu können. Die standardisierten Fragen garantieren aber auch, daß die Versuchsperson nicht ständig auf die Metaebene abschweift und allgemeine Bekenntnisse artikuliert, sondern so nah wie möglich beim Dilemma bleibt. Nur solches Material ist zur Auswertung brauchbar, das das Verhältnis des einzelnen zum Letztgültigen (Gott) in der konkreten Situation aufscheinen läßt. Alles andere Material könnte höchstens zur Erforschung von Konzepttypen verwendet werden.

5.3 Datenanalyse, Hypothesen und ihre Begründung

> Die Hypothesen bilden ein Kernstück der Theorie der religiösen Entwicklung. Mit ihnen wird zu überprüfen versucht, ob die wichtigsten Elemente des ganzen Konzeptes falsifiziert werden können. Solange keine Falsifikation möglich ist, können wir mindestens sagen, daß die Theorie nicht ohne weiteres abgelehnt werden kann. Wichtige Hypothesen beziehen sich auf den Alterstrend und den Nichtabbau im späteren Alter, auf die Unterschiede in Konfession, Bildungsniveau, Status und Geschlecht und schließlich auf die Annahme, daß alle Dilemmata die gleiche kognitive religiöse Struktur provozieren (Transsituationalität).

Alle 448 Gesprächsprotokolle sind von zwei Einschätzern (Rater) blind beurteilt worden. Einschätzer A bestimmte den Globalwert, Einschätzer B schätzte die Interviews nach den Teilwerten und nach dem Globalwert ein. Die Übereinstimmung zwischen den Teilwerten und Globalwert betrug 85.0%; die Übereinstimmung der beiden Einschätzer über alle Dilemmata 70.13%. Der Skoring-Prozeß vollzog sich auf dem Hintergrund der Merkmale der Stufenbeschreibung und eines provisorischen Einschätzmanuals. Die Stabilität (Test-Retest-Reliabilität) über 3 Wochen beträgt .85 (Kendall's τ).

Die nun folgenden Hypothesen haben wir in drei Gruppen eingeteilt.

1. Gruppe: Alterstrend und Nicht-Abbau-Hypothese

1 a) Alterstrend:
Die Stufenhöhe des religiösen Urteils nimmt mit zunehmendem Alter bis zum 25. Lebensjahr des Individuums zu. Das heißt, je älter eine Person ist, desto größer ist die Wahrscheinlichkeit, daß ihre Stufe des religiösen Urteils höher ist. (Falls sich diese Hypothese bestätigen läßt, dann bedeutet dies, daß alle nachfolgenden Analysen nur innerhalb derselben Altersgruppe sinnvoll sind, da sonst die Stufenergebnisse mit der Altersvariable konfundiert wären.)
Wenn sich die Altershypothese bestätigen läßt, kann mindestens teilweise eine Sequenz der religiösen Stufen angenommen werden. Vollständige Sequentialität ließe sich allerdings nur mit Längsschnittdaten nachweisen.
Es ist auch zu betonen, daß wir den Alterstrend postulieren, wenn er sowohl über alle Dilemmata und Personen gemittelt wird als auch nur mit dem Hauptdilemma, der Paulgeschichte, gemessen wird.
Die Begründung dieser Hypothese, in welcher der Alterseinfluß zur Diskussion steht, basiert auf der Gegebenheit, daß »Stichproben von Individuen (S_1–S_n) aus verschiedenen Altersgruppen (A_1–A_n) mit demselben oder einem vergleichbaren Meßinstrument zu einem bestimmten Zeitpunkt (Z_1) jeweils einmal (O_1) untersucht« werden (Trautner 1978, S. 21). Dabei geht es nicht darum, Altersnormen zu konstituieren. Denn Alter ist keine psychologische Größe. Vielmehr lassen sich lediglich korrelative Zusammenhänge mit möglichen, vermuteten Einflußfaktoren annehmen.
Auch wenn wir im Versuchsplan keine Populationsuntergruppen nach Intelligenzgrad, Ängstlichkeit, sozialem Hintergrund usw. vorwegnehmend bestimmt haben, ist die Altersvariable wichtig, um die Progressionshypothese zu stützen und das Stufeninklusionsmodell (vgl. Flavell 1972) zu legitimieren.

1 b) Erwachsenenalter und Reife:
Im Erwachsenenalter bleibt die Stufenhöhe relativ stabil. Auch im späteren Alter sinkt sie nicht ab.

Die Stabilitäts- und Nicht-Abbau-Hypothese ist in vielen Aufsätzen diskutiert worden. So hat etwa Schaie (1979, S. 185 ff.) darauf hingewiesen, daß diese Hypothese nach wie vor sinnvoll ist. Denn hier wird angenommen, daß der Organismus im Zeitpunkt der Reife all jene Informationen aus der Umwelt aufgenommen habe, die für die Meßvariablen von Bedeutung sind, so daß kein strukturaler Wissenszuwachs notwendig sei. Die Abbau-Hypothese hinwiederum wird vor allem in der Intelligenzforschung diskutiert (vgl. Wechsler 1956). Dort wird angenommen, daß das »Konstrukt« Intelligenz (im Sinne des HAWIE) ab ca. dem 25. Altersjahr abgebaut werde und der Zerfall durch den sog. Abbau-Koeffizienten berechnet werden kann (vgl. Wechsler 1956). Wir hingegen nehmen an, daß das kognitiv religiöse Urteilsmuster im Alter nicht zerfällt bzw. regrediert, denn hier handelt es sich um Strukturen. Was beim Konstrukt Intelligenz abgebaut wird, sind die im HAWIE berücksichtigten Fähigkeiten Wissen, allgemeines Verständnis, rechnerisches Denken, Gemeinsamkeiten finden usw., also vorwiegend Inhalte. Die Strukturen aber, welche gerade auf diese auf Inhalte bezogenen Fähigkeiten übergreifen, können unter normalen Umständen nur stabil bleiben oder progredieren.

2. Gruppe: Konfession, Bildungsniveau, Status, Geschlecht

2 a) Konfessionsunabhängigkeit:
Die Konfessionszugehörigkeit hat keinen generellen Einfluß auf die Stufenhöhe des religiösen Urteils einer Person. Konfession ist in eindeutiger Weise ein inhaltlicher, nicht ein struktureller Aspekt des religiösen Urteils. Zudem postulieren wir deswegen Konfessionsunabhängigkeit, weil wir nicht annehmen können, daß in einer der beiden Hauptkonfessionen mehr Gelegenheit zur religiösen Auseinandersetzung besteht als in einer anderen. Denn wenn der Motor der Veränderung mögliche Desäquilibra im Erklärungshorizont der sieben Grunddimensionen sind, so würde eine Unterschieds-Hypothese bedeuten, daß man Gründe dafür angeben müßte, daß in der einen Konfession mehr solche Gelegenheiten auftauchen als in einer anderen.

2 b) Bildungsniveau:
Das Bildungsniveau einer Person übt einen Einfluß auf die Stufenhöhe des religiösen Urteils aus. Je höher der Bildungsstand, um so größer ist die Wahrscheinlichkeit, daß das religiöse Urteil im Vergleich mit Personen mit weniger Ausbildung höher sein wird. (Dies kann durch bessere allgemein-kognitive Voraussetzungen für höhere Stufen begründet werden.)

2 c) Sozial-ökonomischer Status:
Je höher der sozial-ökonomische Status einer Peson, um so größer ist die Wahrscheinlichkeit, daß ihre religiöse Urteilsstufe höher ist. Unterschiede in Bildungsniveaus und im Sozialstatus leiten wir auch aus der uns wichtig erscheinenden Studie von Candee et al. (1978) ab, in der gezeigt wird, daß höhere Positionen im Beruf mit überzufälliger Häufigkeit mit einer höheren Stufe des moralischen Urteils korrelieren. Die Wahrscheinlichkeit, daß Personen in leitenden Positionen mindestens Stufe 4 »benötigen«, um ein transparentes interaktives Gerechtigkeitsklima zu »schaffen«, ist größer als die Wahrscheinlichkeit, daß Personen in unteren Positionen Stufe 4 erreichen.

2 d) Geschlechtsunterschiede:
Es bestehen generell keine Geschlechtsunterschiede des religiösen Urteils. Wir vermuten jedoch, daß bei Jugendlichen im Alter zwischen 14 und 18 Jahren Mädchen durchschnittlich höhere Stufen des religiösen Urteils erreichen als Jungen. Bei dieser Hypothese beziehen wir uns auf Studien mit geschlechtsspezifischen Fragestellungen (vgl. z. B. Oser 1981, S. 397 f.; Kürthy 1978; Weitz 1977).[2]

3. Gruppe: Transsituationalität

3 a) Transsituationale Konsistenz:
Über inhaltlich verschiedene Dilemmata hinweg argumentiert eine Person mit denselben religiösen Strukturmustern.

3 b) Horizontale Décalage »Schuld«:
Bei den Dilemmata 4 und 5, welche die Schuldfrage problematisieren, tendieren Personen der Stufe 3, im Vergleich zu anderen Dilemmata, eher zu Stufe 2 des religiösen Urteils. (Diese Hypothese setzt sich von der ersten nicht ab, weil wir nicht signifikante Unterschiede, sondern nur Tendenzen erwarten.)
Weitere Regressionseffekte zwischen den einzelnen Dilemmata sind nicht zu erwarten. Die Mittelwert-Differenzen sind nicht einseitig gerichtet und verteilen sich normal.

---

2 In diesem Zusammenhang ist zu bemerken, daß wir den Arbeiten von Gilligan (1977, 1982), in denen zu zeigen versucht wird, daß Frauen sich in anderer Weise kognitiv mit der Realität auseinandersetzen als Männer und daß u. a. die Entwicklung des moralischen Urteils der Frauen einem anderen Stufenschema folge als jenes der Männer, kritisch gegenüberstehen. Wir glauben, daß es sich bei Gilligans Ansatz um inhaltliche, nicht aber strukturale Geschlechtsdivergenzen handelt. Davon unabhängig aber muß – von reifungstheoretischen Überlegungen ausgehend – angenommen werden, daß Mädchen im allgemeinen in bestimmten Altersstufen weiterentwickelt sind als Knaben.

3 c) Horizontale Décalage »Kirche«:
Ferner nehmen wir an, daß Personen, wenn kirchliche Werte und Inhalte problematisiert werden, zum Urteilsmuster der Stufe 3 hin tendieren (dies wiederum, ohne sehr signifikante Unterschiede zu erwarten).
Die Überprüfung der Hypothesen zur transsituationalen Stabilität ist ein wichtiges Validierungsinstrument der Stufenhierarchie. Transsituationalität bedeutet, daß Personen in *unterschiedlichen* Dilemmasituationen die *gleiche* religiöse Urteilsstruktur verwenden (vgl. unsere Ausführungen zur Struktur-Inhaltproblematik S. 70 ff. und Fig. 1 S. 70). Es ist in der Literatur noch kaum empirisch belegt worden, daß Personen in unterschiedlichen Situationen unterschiedliche Stufenmuster verwenden (vgl. die Bereichsspezifitätsdiskussion, Seiler 1973; Nisan 1984). Es muß also zutreffen, daß die Schemata selber und ihre hierarchische Anordnung in Stufen *situationsübergreifende (transsituationale) konsistente Eigenheiten* darstellen und als solche eine Funktion der Komplexität einer bestimmten Umgebung und des Alters sind (vgl. Levine 1979, S. 228). Je mehr diese Umgebung dazu stimuliert, religiöse Probleme zu diskutieren, interaktionale Probleme auch religiös zu interpretieren, neue Verfahren religiöser Sinngebung auf Wirklichkeit anzuwenden und religiöse Dimensionierung korrelativ zu anderen Formen der Bewältigung in Beziehung zu setzen (und je höher das Alter), um so differenzierter ist die Ausformung. Nicht die Inhalte der Dilemmata stimulieren also andere Stufen, nicht die jeweilige Situation, sondern eine Progression innerhalb solcher Verfahrensweisen, die Religion als diejenige Perspektive menschlicher Wirklichkeit darstellt, die Erneuerungsfähigkeit und Überholbarkeit (Transzendenz) der menschlichen Existenz ermöglicht (vgl. Rössler 1976, S. 123 f.).
Nach unserer Theorie muß also ein bestimmtes Stufenmuster bei jedem der erwähnten Dilemmata ausgemacht werden können. Fänden wir Fälle, bei denen verschiedene Dilemmata tatsächlich signifikant verschiedene Stufenhöhen ergeben würden (z. B. Stufe 5 und 2), so müßten wir daraus schließen, daß die transsituationale Hypothese falsch wäre, und damit würde das »Strukturale« im System ins Wanken geraten. Bei geringen Stufenunterschieden könnten wir a) den Unterschied auf Meßfehler zurückführen und/oder b) eine horizontale Décalage (timelag) im Sinne Piagets annehmen und/oder c) die situationalen Einflüsse für die Stufenverschiebung verantwortlich machen (Bereichsspezifität).
Im Extremfall könnte man auch sagen, Stufenunterschiede seien eine Folge der Segmentation, d. h. jenes Phänomens, bei dem Personen unter sozialem Druck ihr eigenes Urteil verleugnen bzw. verändern oder anpassen (vgl. Döbert/Nunner-Winkler 1975, S. 107). Man könnte auch von »partieller Regression« sprechen.
Unsere Annahme ist, daß keine signifikanten Unterschiede zwischen den Dilemmata und kein gesicherter Regressionseffekt auszumachen sein werden.

Voraussetzung dieser Annahme ist, daß die Progression der Stufen valide nachgewiesen werden kann, d.h. daß unsere erste Hypothese mindestens mit Querschnittdaten eindeutig verifizierbar ist.

5.4 Resultate

> Die meisten der hier vorgelegten Resultate bestätigen die Hypothesen. Größte Beachtung verdient wohl der allgemeine Alterstrend bis zum 25. Lebensjahr; denn bei vorgenommener blinder Einschätzung wäre die Möglichkeit einer anderen Verteilung leicht gegeben. Weitere wichtige Resultate sind, daß es keine konfessionellen Unterschiede gibt. Dieses Resultat weist darauf hin, daß die Strukturen – jedenfalls zu einem Großteil – inhaltsübergreifend sind bzw. nicht mit konfessionellen Praktiken erklärt werden dürfen. Auf die inhaltliche Unabhängigkeit der Stufen weist auch die Tatsache hin, daß unterschiedliche Dilemmata in den meisten Fällen tatsächlich zu gleichen Stufenresultaten führen. Wir müssen aber auch auf empirische Fakten hinweisen, die vor allem eine unserer Hypothesen falsifizieren. Wir glaubten begründen zu können, daß im hohen Alter kein Strukturabfall zu verzeichnen wäre. Aber unsere Daten zeigen das Gegenteil, und obwohl wir wenig Versuchspersonen haben, gab diese Tatsache Anlaß zu vielerlei Spekulationen und Auseinandersetzungen.

1. Gruppe: Alterstrend und Nicht-Abbau

Wir haben gesagt, daß die Stufenhöhe des religiösen Urteils mit dem Alter – bis zum 25. Lebensjahr – zunimmt. Die Resultate sind in Fig. 11 wiedergegeben. Aus dieser Figur läßt sich leicht ablesen, daß Stufe 1 mit 8–9 Jahren am häufigsten auftritt, mit 14–15 Jahren fast ganz abnimmt und mit 17-18 Jahren verschwindet. Stufe 2 zeigt einen verschobenen Trend: Mit 11–12 Jahren ist sie am häufigsten, nimmt aber mit 20–25 Jahren ganz ab. Stufe 3 beginnt mit 11–12 Jahren aufzuscheinen; sie tritt am häufigsten bei der Altersgruppe 20–25 Jahre auf. Schließlich finden wir ab dem 14–15 Altersjahr auch einen zunehmenden Alterstrend für die Stufe 4.

Das ganze Bild zeigt also, daß höheres Alter mit einem höheren religiösen Urteil korreliert. (Dabei müssen wir nochmals betonen, daß damit nicht gemeint ist,

Alter sei eine psychologische Größe. Was alles an Sozialisationseffekten in den Alterstrend einfließt, kann nicht ausgemacht werden. Nichtsdestoweniger aber kann bei klarem Alterstrend angenommen werden, daß die Entwicklungshypothese bestätigt ist.)

Fig. 11: Prozentuale Anteile an Stufe-1-, Stufe-2-, Stufe-3-, Stufe-4-Antworten in verschiedenen Altersgruppen (über alle Dilemmata hinweg)

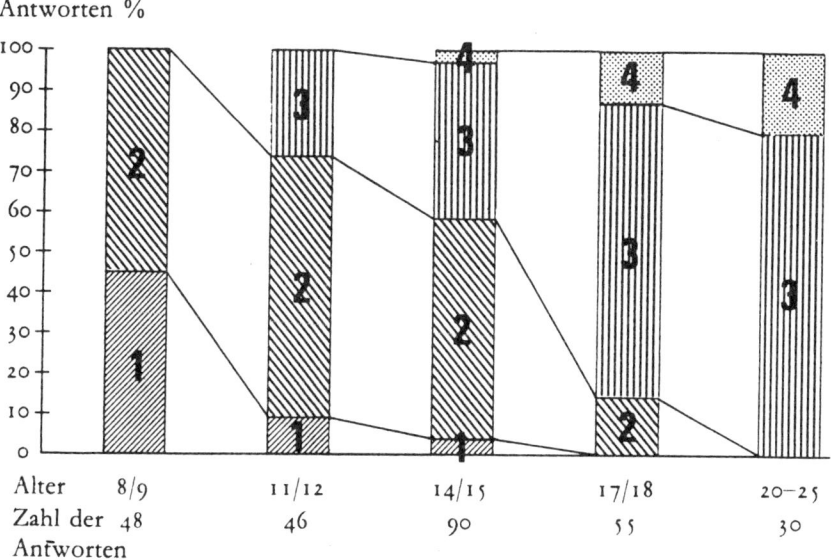

Wenn wir die Hypothese aufgestellt haben, daß im Erwachsenenalter die Stufenhöhe stabil bleibt und im späteren Alter nicht absinkt, so haben wir uns dabei gegen die sog. Abbau-Hypothese ausgesprochen. Fig. 12 zeigt die Resultate auch in bezug auf das mittlere und das hohe Alter.

Fig. 12: Prozentuale Anteile an Stufe-1-, Stufe-2-, Stufe-3-, Stufe-4-Antworten über sämtliche 8 Dilemmata hinweg für alle Altersgruppen

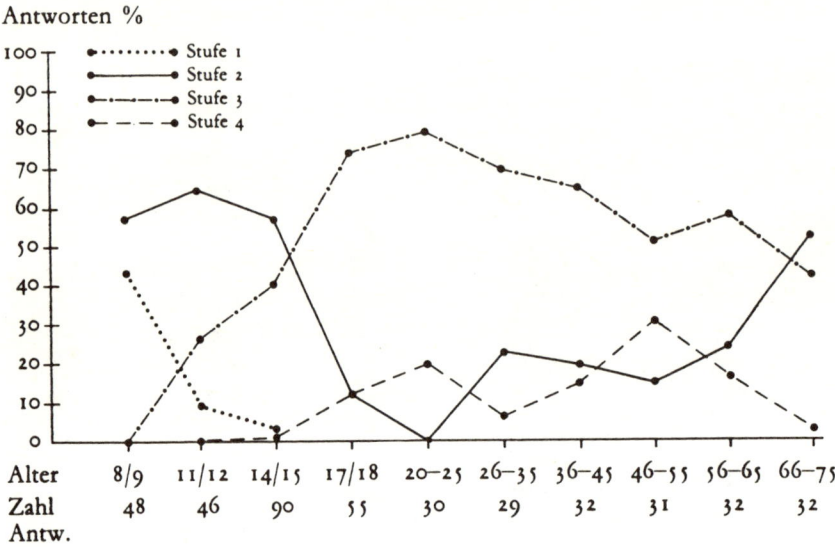

Bei Fig. 12 springt ins Auge, daß zwischen den Altersgruppen 20–25 und 56–65 keine tiefgreifenden Änderungen stattfinden; man könnte einzig sagen, daß in dem Maße, wie Stufe 3 abnimmt, Stufe 4 ein zunehmendes Wachstum aufweist. Dies bedeutet einen leisen, fast unbemerkbaren Anstieg bis zum Alter von 56–65 Jahren. Was aber nun überrascht, ist der plötzliche Abbruch im hohen Alter. Er manifestiert sich darin, daß die 66–75jährigen kaum mehr Stufe 4 aufweisen und auch Stufe 3 abfällt. Auf der anderen Seite tritt ein enormer Zuwachs an Stufe-2-Urteilen auf. Wie ist dieser Alters-Abbau zu erklären? Warum muß hier unsere Hypothese verworfen werden?

Beobachten wir Fig. 13, wo dasselbe nochmals mit Mittelwerten über alle Alter und Dilemmata dargestellt ist. Wie die Figur zeigt, sind auch signifikante Unterschiede bei den Erwachsenen-Gruppen festzustellen. Dies ist beim Stufenabfall im hohen Alter bedeutsam; denn hier ist das Ausmaß des Abfalls extrem. Bei den anderen Erwachsenenaltersgruppen könnte man die Unterschiede, weil sie in je gleichem Maße sinken und steigen, auf Stichprobeneffekte zurückführen. Das Auf und Ab der Werte würde dann mit der kleinen Zahl von Personen in einer Gruppe zusammenhängen. Zu bedenken gilt es im übrigen, daß wir bezüglich der Zufälligkeit bei kleinen Stichproben schwerlich Aussagen machen können und somit ein altes inferenzstatistisches Problem berühren.

Fig. 13: Durchschnittlicher Altersverlauf (Alterstrendhypothese) beim religiösen Urteil über sämtliche 8 Dilemmata hinweg

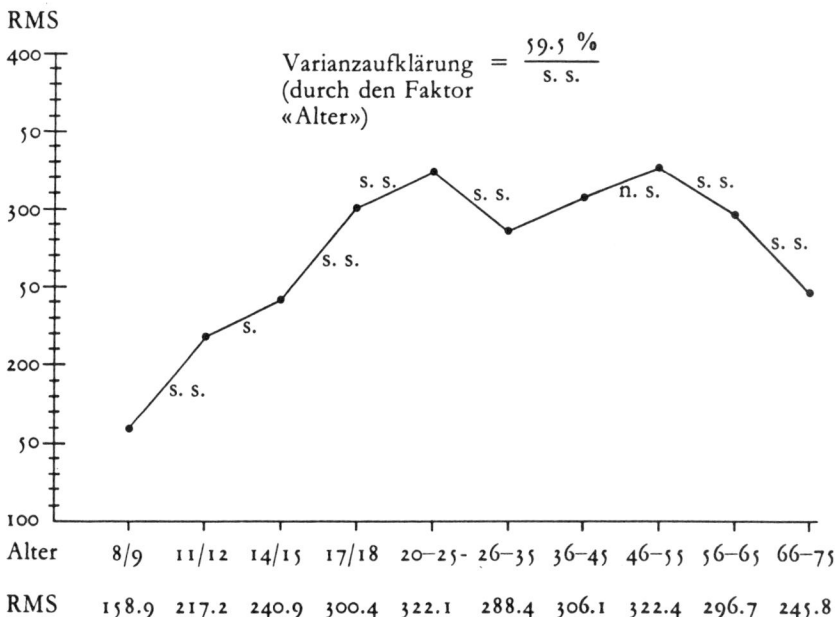

n. s. = nicht signifikant
s.   = signifikant auf dem 0.05-Niveau
s. s. = signifikant auf dem 0.01-Niveau
       (Unterschiedsprüfung mit Duncan-Test)

Fig. 14: Einfluß des Alters auf die Stufe des religiösen Urteils bei Weglassen des Kindes- und Jugendalters (über sämtliche Dilemmata hinweg)

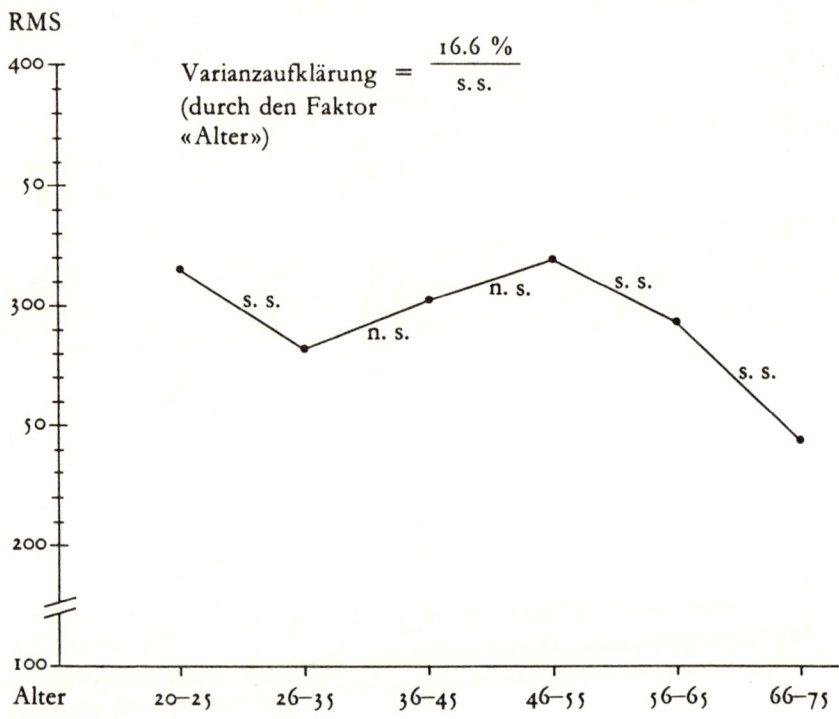

Fig. 14 macht nochmals deutlich, daß im hohen Alter der Abfall so intensiv ist, daß vermutlich nicht mehr Stichprobenzufälle dafür verantwortlich gemacht werden können.

Nimmt man diesen Altersabfall als gegeben an, dann gibt es dafür drei Erklärungen:

a) Es handelt sich um einen Koborteneffekt: *gegen* dieses Argument spricht, daß dann auch andere Kohorten, z.B. die 46–55jährigen, die während des Zweiten Weltkrieges Kinder waren, eindeutige Ausschläge in eine bestimmte Richtung aufweisen müßten. Man kann auch bezweifeln, daß bei so groben entwicklungspsychologischen Maßstäben Koborteneffekte eindeutig auszumachen sind. (Es gibt Daten, die zeigen, daß Änderungen sich für Stellungen meist allgemein über alle Altersgruppen streuen.)

Für die Annahme eines Kohorteneffektes spricht andererseits wiederum, daß die Generationen, die während und nach dem Krieg groß geworden sind, in ihrer Entwicklung zum Erwachsensein enorme Säkularisierungsprozesse durchgemacht haben. Die ältere Generation dürfte gegen diese Säkularisierungsprozesse große Widerstände entwickelt haben.

b) Es handelt sich um einen klassischen Alters-Abbau-Effekt: *Gegen* diese Annahme sprechen die Argumente, die wir zur Begründung der Altersabbau-Hypothese (S. 170 f.) vorgebracht haben. *Für* diese Hypothese spricht, daß der Organismus beim allgemeinen Zerfall tatsächlich auch die Tiefenstrukturen langsam auflösen könnte.

c) Es handelt sich um einen sog. Alters-Sozialisations-Effekt: Darunter verstehen wir den Umstand, daß heute nach der Pensionierung Menschen oft durch gesellschaftlichen Funktions- und Sinnverlust in ein Ungleichgewicht hineingeraten. Während in früheren Gesellschaften der Alternde mit großen Beratungs- und Entscheidungsaufgaben betraut worden war, seine Erfahrung und Weisheit gefragt waren, sind heute alternde Menschen eher dazu verurteilt, ihre »gelernte Hilflosigkeit« zu akzeptieren, ihren Sinn in oft gesellschaftlich nicht relevanten Betätigungen zu suchen usw. Die obige Annahme würde dann besagen, daß durch die spezielle Sozialisation des alternden, nicht mehr berufstätigen Menschen ein Stufenabbau zu erklären wäre. *Gegen* diese Annahme spricht, daß dieser Sozialisierungseffekt noch eindeutig nachgewiesen werden müßte. *Für* diese Annahme spricht, daß der alternde Mensch vermutlich durch Sinnänderung anfängt – in vermehrtem Maß als bei früheren Generationen –, aus der Vergangenheit zu leben. Bei einzelnen Dilemmata wird er dann eher auf Stufe 2 antworten, weil er durch jenen Inhalt an ein bestimmtes Jugenderlebnis erinnert wird, bei anderen auf Stufe 3. Diese Art von »Compartmentalizing« wird durch die enorme Breite intra-personaler Streuung über die verschiedenen Dilemmatypen im hohen Alter bestätigt.

Die Alterstrend- und Abbauhypothesen haben wir auch an derselben Stichprobe mit unserem Standard-Paul-Dilemma (vgl. S. 118 ff.) *allein* – ohne die Werte der anderen Dilemmata – überprüft. Die Resultate sind in den Figuren 15 bis 17 und Tabelle 1 dargestellt.

Fig. 15: Absolute Häufigkeiten der Stufenzuordnungen über alle Altersgruppen für das Paul-Dilemma

Stufe	RMS	8/9	11/12	14/15	17/18	20–25	26–35	36–45	46–55	56–65	66–75
4	400								●	●●	
4 (3)	366										
3 (4)	333				●	●	●	●	●●		●
3	300		●	●●	●●● ●●	●●	●●	●	●	●●	
3 (2)	266	●		●●●	●●●	●		●			
2 (3)	233		●	●●				●			
2	200			●							●●● ●
2 (1)	166	●●	●●●	●●							
1 (2)	133	●									
1	100	●●● ●									
Alter		8/9	11/12	14/15	17/18	20–25	26–35	36–45	46–55	56–65	66–75
Zahl Antw.		6	6	10	8	4	3	4	4	4	4

180

Fig. 16: Prozentuale Anteile der Stufenzuordnung über alle Altersgruppen für das Paul-Dilemma

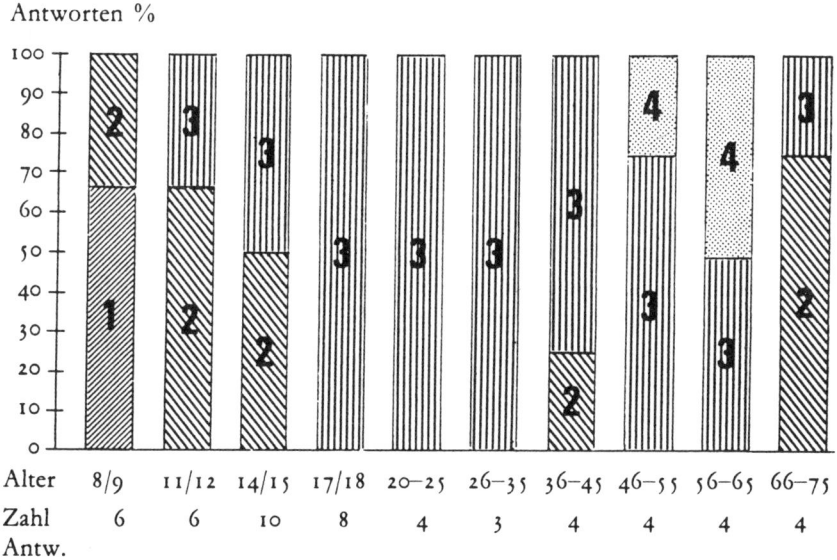

Fig. 17: Absolute Häufigkeiten der ganzen Stufen für das Paul-Dilemma

Stufe										
4								•	••	
3		••	••• ••	••• •••	••••	•••	•••	•••	••	•
2	••	••••	••• ••				•			•••
1	••••									
Alter	8/9	11/12	14/15	17/18	20–25	26–35	36–45	46–55	56–65	66–75
N	6	6	10	8	4	3	4	4	4	4

Die mittleren RMS für die vorliegende Stichprobe sind aus Tabelle 1 zu ersehen.

*Tabelle 1: Mittleres RMS für die Paul-Dilemma-Stichprobe
über alle Altersstufen*

Alter	8/9	11/12	14/15	17/18	20–25	26–35	36–45	46–55	56–65	66–75
RMS	128	216	240	291	300	311	283	342	350	233
N	6	6	8	8	4	3	4	4	4	4

Aus den vorgelegten Figuren und Tabellen ist zu ersehen, daß die Altersabhängigkeit für jene Teilstichprobe, die das Paul-Dilemma erhalten hat, ein relativ genaues Abbild des Verlaufes über sämtliche Dilemmata-Werte darstellt. Dadurch ist nicht gesagt, daß das Alter eine kausal wirkende Variable ist, sondern wir meinen, daß die mit dem Alter einhergehenden Veränderungen von Anlage, früherer und gegenwärtiger Umwelt die spezifischen Gegebenheiten des Wandels darstellen. Die Spezifizierung dieser Dimensionen kann aber letztlich mit der Art unserer Erhebung nicht vollständig geleistet werden. Denn »grundsätzlich können solche Prozesse nicht direkt beobachtet werden, sondern müssen erschlossen und auf der Basis prozeßspezifischer Antezedenzien und Konsequenzen unterschieden werden« (Baltes & Goulet 1979, S. 43).

Zusammenfassend zur Altershypothese ist zu sagen, daß die Anteile höherer Stufen mit zunehmendem Alter deutlich zu sehen sind. Dabei geschieht diese Zunahme nicht linear, sondern Stufe 3 nimmt in größerem Maße zu als Stufe 4. Überhaupt scheint es, daß die meisten Pesonen auf Stufe 3 stehen. Abschließend ist zu bemerken:
– Wesentliche Erschütterungen der kognitiven Muster des religiösen Urteils sind im Erwachsenenalter seltener als im Kindesalter. Damit ist der Wandel der Gesamtpersönlichkeit seltener. Stufenwechsel aber bedeutet in unserem System immer Wandel der Persönlichkeitsstruktur.
– Die Strukturen, die Erwachsene ausformen, sind meistens relativ zerbrechlich. Es sind Wissensstrukturen, schulisch oder durch Medien vermittelt, welche keine qualitativen Transformationen im Sinne unserer Stufen bewirken.
– Der altersmäßige Abfall (66–75 Jahre) ist höchst interessant und nicht leicht zu erklären. Es wäre die Hypothese zu überprüfen, ob nicht in diesem Alter verschiedene Denkmuster zugleich anwendbar sind, d. h. daß sich die Stufenmuster auseinanderlösen und die Versuchspersonen je nach unbewußter Erinnerung an die Situation, in der früher einmal die Strukturen erworben worden sind, sie in der jeweiligen Situation neu konstruieren. Der organische Zerfall genügt nicht als Erklärungsgrund für diese Regression.

- Daß also in diesem Teil unsere Hypothese falsifiziert worden ist, bedeutet jedenfalls, daß auch Strukturen (Schemata) im Alter zerfallen können. Es scheint uns, daß dies bis heute in der Literatur noch kaum nachgewiesen worden ist.
- Eine andere Interpretation dieses Sachverhaltes könnte lauten, daß der Stufenabfall in der Altersgruppe 66–75 durch Kohorten- oder Epochaleffekte verursacht sein könnte. Wir neigen eher dazu, einen sog. Alters-Sozialisations-Effekt für diese Wirkung verantwortlich zu machen. Weitere Untersuchungen müssen diesem Fragenkomplex gewidmet werden.

2. *Gruppe: Konfession, Bildungsniveau, Status, Geschlecht*

Die Hypothese, daß wir keine Unterschiede der religiösen Urteilsstufen zwischen Katholiken, Christkatholiken und Protestanten annehmen, haben wir zuerst über alle Altersgruppen und Dilemmata hinweg mittels einer Varianzanalyse geprüft. Der Gruppenunterschied wird statistisch nicht signifikant.

Die Annahme, daß die Konfession das religiöse Urteil nicht beeinflußt, kann also mit unseren Daten belegt werden. Es muß allerdings gesehen werden, daß dieses Resultat nur für unsere Stichprobe gilt. Es darf nicht auf andere Populationen verallgemeinert werden. Es ist festzuhalten, daß, wenn die Konfessionszugehörigkeit dieser Population keine strukturellen Unterschiede bewirkt, dieselben strukturalen religiösen Muster also, auch soziologisch gesehen, an verschiedenen Inhalten (Konfessionen) aufgebaut werden.

Zur Überprüfung des Einflusses des Bildungsniveaus auf die Stufenhöhe des religiösen Urteils teilten wir die erwachsenen Versuchspersonen in zwei Gruppen ein: hohes Bildungsniveau (Abitur, Ingenieurschule, Hochschule); niedriges Bildungsniveau (angelernter Arbeiter, Volksschule, Sonderschule, Lehrabschluß). Niedriges Bildungsniveau entspricht signifikant niedrigeren Stufen ($t = 2.33$, $p = 0.03$).

Noch deutlicher werden die Unterschiede beim sozio-ökonomischen Status (SES). Fig. 18 zeigt diese Resultate. Bei hohem SES haben Personen durchschnittlich höhere Werte, bei tiefem SES tiefere, wobei der Unterschied zwischen mittlerem und unterem SES sehr signifikant ist.

Fig. 18: Einfluß der Variable »Schicht« (SES) auf das religiöse Urteil

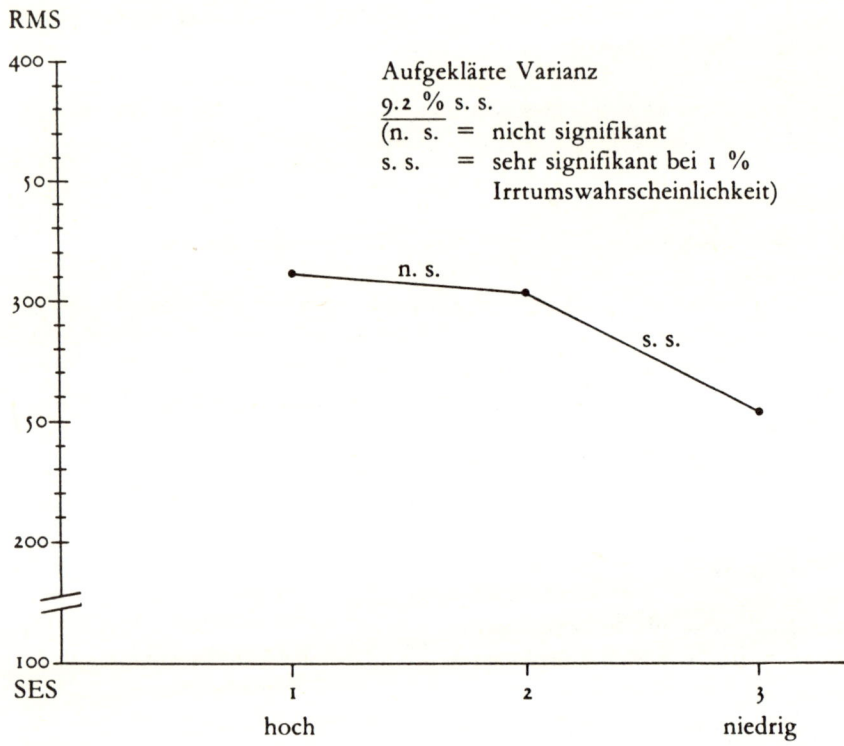

Betrachtet man die Wechselwirkung zwischen Sozialschicht und Alter, so beträgt ihre Varianzaufklärung 15.4% (s. s.). Aber es läßt sich kein eindeutiger Trend nachweisen. Warum bei den Altersgruppen der 46–55- und der 56–65jährigen die Mittelschichtangehörigen höhere Werte zeigen als die der Oberschicht, ist nicht eindeutig auszumachen (vgl. Fig. 19).

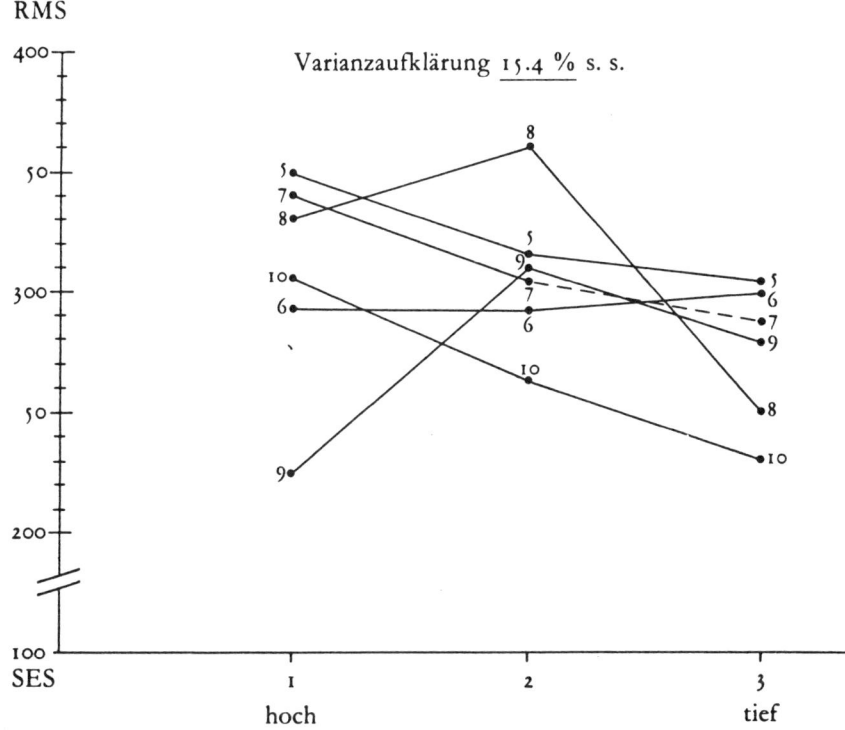

Fig. 19: Wechselwirkung zwischen Alter und Sozialschicht (Zellenmittelwert)
(Altersgruppe 5 = 20–25jährige;
Altersgruppe 6 = 26–35jährige; usw.)

Und nun zur Frage des Einflusses des Geschlechts:
Gesamthaft gesehen ist dieser Einfluß auf die Stufe des religiösen Urteils unbedeutend (Varianzaufklärung 0.05% n. s.). Anders ist es mit der Wechselwirkung Alter × Geschlecht (vgl. Fig. 20).

Fig. 20: Alter × Geschlecht-Wechselwirkung auf das religiöse Urteil
(Alter 1 = 8/9jährig; Alter 2 = 11/12jährig; ...
Alter 10 = 66–75jährig)

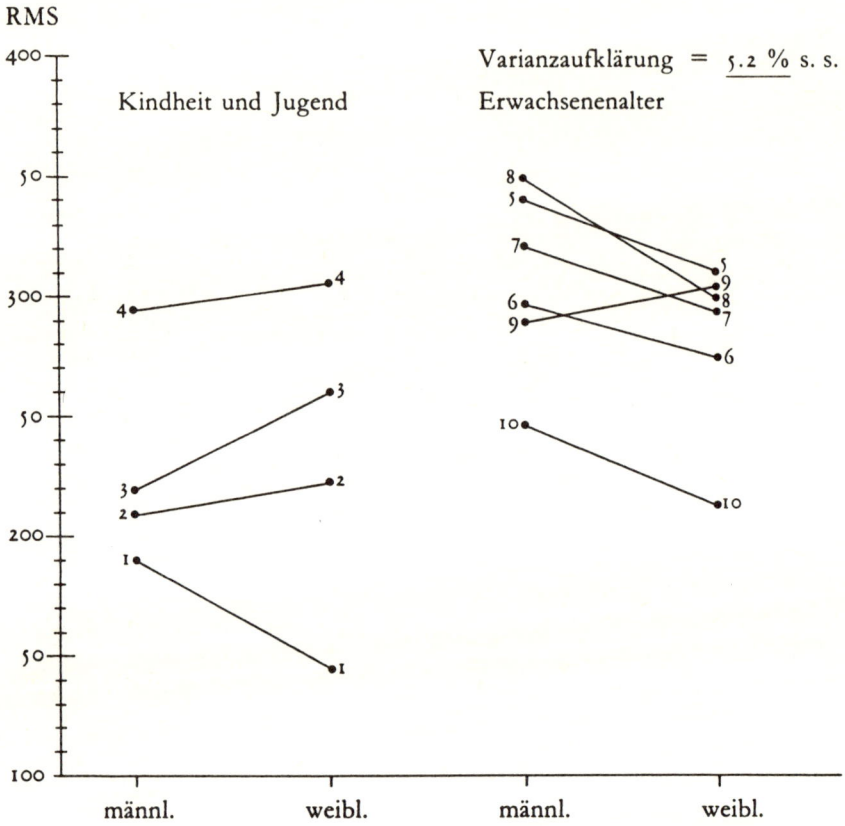

Diese Wechselwirkung zeigt, daß besonders im Alter 14/15, aber auch mit 17/18 und schon mit 11/12 die Mädchen höher skoren als die Knaben. Im Kindheitsalter (8/9) und später im Erwachsenenalter ist es im allgemeinen so, daß die männlichen Versuchspersonen höhere Werte aufweisen. Für die Altersgruppen der 8/9- und 66–75jährigen ist dies eindeutig. Für die 20–65jährigen muß man eher die Nichtunterschieds-Hypothese aufrechterhalten, obwohl – mit Ausnahme der 56–65jährigen – stets die männlichen Versuchspersonen höher liegen.

Zusammenfassend läßt sich über die Alters × Geschlechts-Wechselwirkung folgende Aussage machen: Im Kindesalter zeigen die Knaben ein höheres Niveau des religiösen Urteils, in der Adoleszenz und im Jugendalter sind eindeutig die

Mädchen höher entwickelt, im Erwachsenenalter sind die Unterschiede vermutlich zufällig bzw. gibt es keine Unterschiede, während im hohen Alter wieder die männlichen Versuchspersonen höhere Werte zeigen.

Es soll auch hier nochmals darauf hingewiesen werden, daß diese Resultate angesichts der kleinen Stichprobe mit größter Vorsicht zu betrachten sind.

3. Gruppe: Transsituationalität

Die hier vorgeschlagene Hypothese besagt, daß über inhaltlich verschiedene Dilemmata hinweg die jeweilige Versuchsperson mit denselben religiösen Strukturmustern argumentiert. Auf drei Arten versuchten wir, diese Annahme zu testen: a) durch die Überprüfung der allgemeinen Verteilung der Werte in bezug auf die einzelnen Dilemmata, b) durch den Paarvergleich der einzelnen Dilemmata und c) durch die Darstellung der Werte einzelner Personen über die jeweiligen Dilemmata hinweg. Zuerst zum Vergleich der allgemeinen Verteilung über alle Dilemmata (vgl. Tabelle 2 und Figuren 21 und 22).

Tabelle 2: Absolute und prozentuale Häufigkeitsverteilung der Stufenzuordnungen in den 8 Dilemmata.

RMS		PAUL 1		HIOB 2		UNGL 3		LIEBE 6		SEMO 7		EWHL 4		SCHULD 5		HEIRAT 8	
		N	%	N	%	N	%	N	%	N	%	N	%	N	%	N	%
100–133	Stufe 1	4	7.5	2	3.9	2	3.7	3	5.7	3	9.3	3	5.7	4	7.8	4	7.5
165–233	Stufe 2	15	28.3	22	42.3	22	40.7	19	35.8	16	29.6	27	50.9	25	49.0	10	18.9
266–335	Stufe 3	31	58.5	23	44.2	25	46.3	24	45.3	30	55.5	14	26.4	18	35.4	37	69.8
366–433	Stufe 4	3	5.7	5	9.6	5	9.3	7	13.2	3	5.6	9	17.0	4	7.8	2	3.8
		53		52		54		55		54		53		51		53	

3 Abkürzungen: PAUL = Pauldilemma; HIOB = Hiobdilemma; UNGL = Ungerechtes Leiden; LIEBE = Liebesdilemma; SEMO = Selbstmorddilemma; EWHL = Ewiges-Heil-Dilemma; SCHULD = Schulddilemma; HEIRAT = Heiratsdilemma, vgl. S. 167 ff.

Fig. 21 Prozentuale Anteile an Stufe-1-, Stufe-2-, Stufe-3-, Stufe-4-Urteilen in den 8 Dilemmata: PAUL 1, HIOB 2, UNGL 3, LIEBE 6, SEMO 7, EWHL 4, SCHULD 5 und HEIRAT 8 (N = 425 Stufen-Codierungen)
Stufe 1 = RMS 100–133; Stufe 2 = RMS 166–233;
Stufe 3 = RMS 266–333; Stufe 4 = RMS 366–433

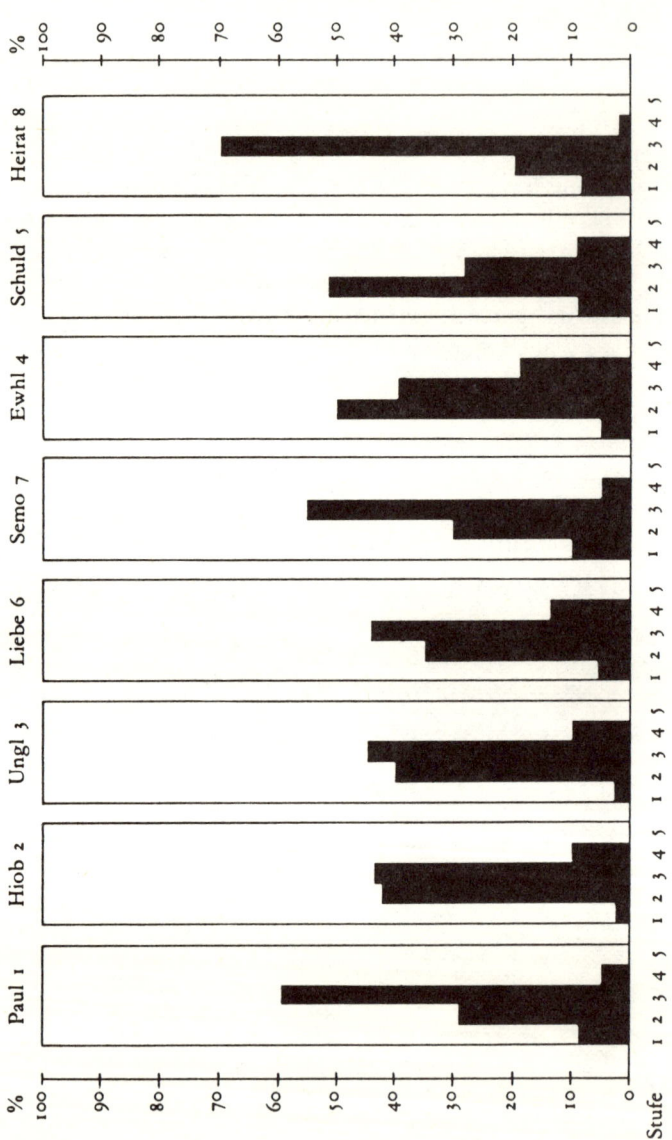

Fig. 22: Prozentuale Anteile an Stufe-1-, Stufe-2-, Stufe-3-, Stufe-4-Urteilen in den 8 Dilemmata

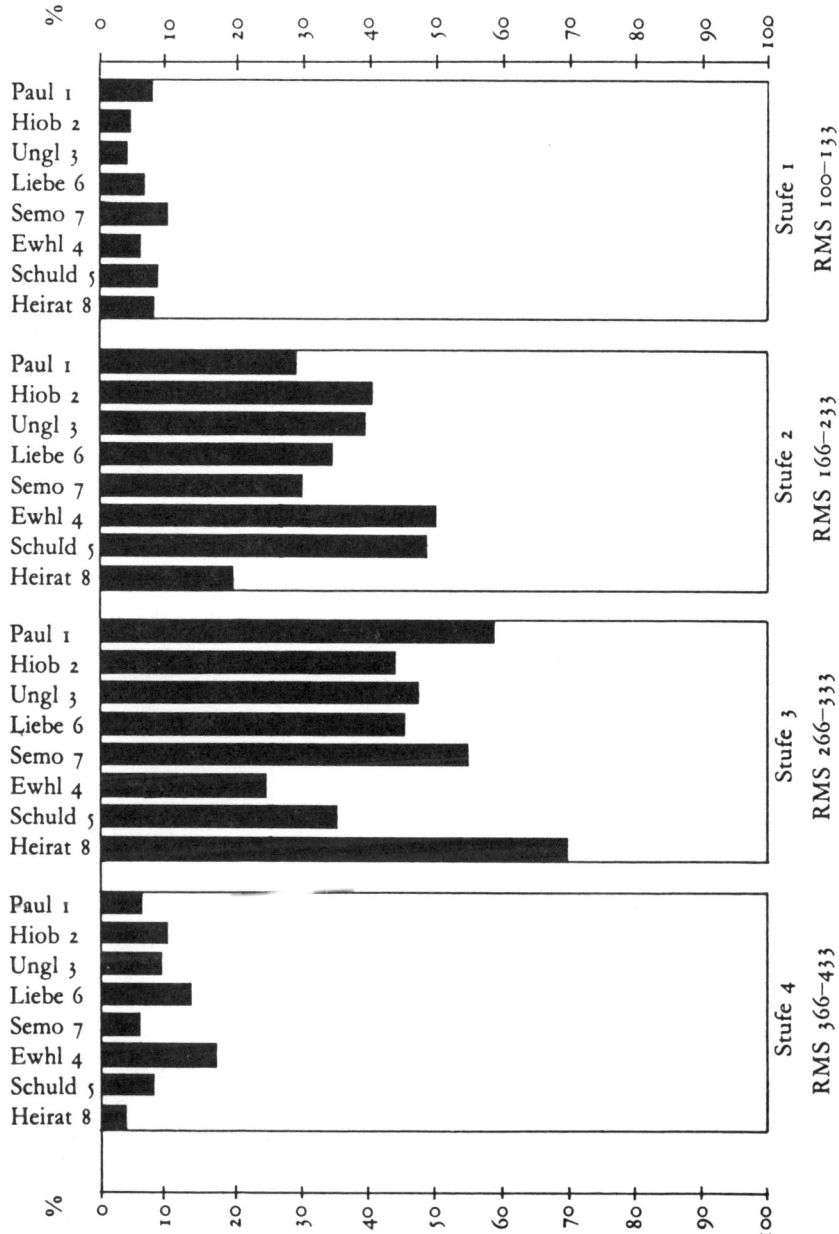

Auf den ersten Blick sieht man wenig Unterschiede in der Verteilung. Man könnte annehmen, daß aufgrund dieser Verteilung keine wesentlichen Bereichsspezifitäten auftreten. Schaut man aber genauer hin, so wird sichtbar, daß – wie in den Hypothesen angenommen – alle Dilemmata mit kirchlichen Inhalten zu einer Massierung bei Stufe 3 tendieren; so vor allem das Heirats-Dilemma Nr. 8 (siehe S. 168 f.). Hier verhält es sich so, daß sowohl die unteren Stufenwerte hinauf- als auch Stufe-4-Werte hinuntertendieren. Es wird sichtbar, daß bei kirchlichen Themen mehr Personen zur Stufe 3, also zu jenem Postulat freiheitlich solipsistischer Trennung von Heiligem und Profanem tendieren, das wir weiter oben S. 86 f. beschrieben haben. Dies bedeutet also eine Décalage in dem Sinne, daß bei kirchlichen Themen eher unbefangene, individuelle Säkularisierungsprozesse in den Urteilsprozeß miteinbezogen werden als bei allgemeinen Themen menschlicher Seinsbestimmung angesichts kontingenter Wirklichkeiten.

Zu bemerken ist ein umgekehrter Trend bei den Dilemmata, die mit der Frage von Schuld zu tun haben, nämlich bei den Dilemmata 4 und 5, »Ewiges Heil« und »Schuld« (vgl. Hypothese 3 b). Hier ist ein Trend von Stufe 3 zu 2 (oder bei Dilemma 4 zu Stufe 4) festzustellen. Klare Vergeltungsansprüche und Rückbezahlungsvorstellungen für einmal Begangenes einerseits wechseln mit Verobjektivierungen von Schuld auf Stufe 4. Mit anderen Worten: Bei Schuldfragen sind Personen in stärkerem Maße bereit, Präventivfunktionen und Gerichtsbarkeit zu ungunsten individueller Verantwortung (Stufe 3) zu fordern.

Wir können hier also von Bereichsspezifität sprechen. Bei bestimmten Themen tendieren Personen zu einem bestimmten Schema bzw. zu einer benachbarten höheren bzw. tieferen Stufe hin. Vorläufig muß natürlich angenommen werden, daß diese Art von Décalages kulturspezifisch sind. Aber sie sind auch in ihrer Konsistenz recht klar: Beim Thema Kirche ist die Ablösung von einem relativ autoritären, geschlossenen System hin zu einer offenen Kirche, die Bezugspunkte bietet für Tägliches im individuellen und gesellschaftlichen Sinne, noch in vollem Gange. Eher wird Kirche im alten Sinn abgelehnt, ohne daß zugleich Transformationen hin zu neueren Vorstellungen vorgenommen werden. Und dies spiegelt ja der Charakter des Schemas von Stufe 3 wider. Stufe-3-Personen haben den Mut, ihr Muster in bezug auf Kirche zu transformieren, nicht aber Stufe-2-Personen.

Ebenso der Bereich Schuld: Hier hinkt die gesellschaftliche Vorstellung des *do ut des* noch weit hinter der Stufe-3-Autonomie zurück. Denn dort müßte Schuld von der Freiheit und Eigenverantwortung des Menschen her interpretiert werden, wobei allerdings auf der Stufe 3 der transzendente Bezug noch kaum erahnt wird. Diese Unterschiede sind denn auch in den Ergebnissen des Chi^2-Tests als sehr signifikant (Chi^2 = 45,05; df = 21) herausgesprungen.

Interessant ist nun, daß *gesamthaft* gesehen die Stabilitätshypothese als richtig angenommen werden muß. Dies geht aus einer zusätzlichen Kovarianzanalyse hervor: Wenn wir »Alter«, »Status« und »Geschlecht« als Kovarianten behandeln, finden wir keinen signifikanten Effekt für die unterschiedlichen Dilemmatypen ($F = 1.04$, $p = 0.402$). Die gesamte Varianz ist im »Alter« und im »Status« aufgehoben, dies bei einer erklärten Größe von 12.6%. Dies besagt, daß an der Transsituationalitätsthese festgehalten werden darf: Personen urteilen über verschiedene Inhalte (Dilemmata) hinweg auf derselben Stufe. Abweichungen und Tendenzen zu einer bestimmten Stufe hin können als Décalages im klassisch Piagetschen Sinne bezeichnet werden.

Nun zurück zum Alterseffekt bezogen auf die unterschiedlichen Dilemmata: Wir haben gesagt, daß wir b) Paarvergleiche in bezug auf die Altersmittelwerte in den einzelnen Stufen vorgenommen haben. Die Tabelle 3 ist die Grundlage für diesen Vergleich.

Tabelle 3: Altersmittelwerte in bezug auf die unterschiedlichen Dilemma-Arten

Dilemma	Stufe 1	Stufe 2	Stufe 3	Stufe 4
PAUL 1	8.7 J. (0.5)	25.2 J. (22.6)	29.2 J. (17.5)	55.6 J. (4.1)
HIOB 2	9.0 J (0.0)	22.8 J. (19.9)	31.3 J. (18.5)	46.0 J. (17.0)
UNGL 3	9.0 J. (0.0)	23.0 J. (19.5)	30.4 J. (19.2)	36.0 J. (14.7)
EWHL 4	9.3 J. (1.5)	22.4 J. (17.7)	33.7 J. (21.7)	40.3 J (13.7)
SCHULD 5	11.0 J. (3.1)	22.9 J. (19.3)	38.0 J. (20.4)	31.0 J. (12.4)
UEBE 6	9.3 J. (2.3)	21.8 J. (19.7)	30.8 J. (17.9)	41.2 J. (20.8)
SEMO 7	10.2 J. (2.6)	26.5 J. (22.3)	32.5 J. (19.5)	21.0 J. (2.6)
HEIRAT 8	8.7 J. (0.5)	36.5 J. (29.4)	29.5 J. (17.8)	17.5 J. (0.7)
TOTAL $\bar{x}$ =	9.4 J.	25.1 J.	31.9 J.	36.1 J.

Die einzelnen Vergleiche zeigen, daß das Paul-Dilemma (Nr. 1), das Hiob-Dilemma (Nr. 2), das Dilemma über das »Ungerechte Leiden« (Nr. 3), das »Ewige-Heil-Dilemma« (Nr. 4) und das Liebes-Dilemma (Nr. 6) den eindeutigsten Alterstrend aufweisen und einander sehr ähnlich sind.[4] Verblüffend sind die Verläufe bei den Dilemmata »Schuld« (Nr. 5), »Selbstmord« (Nr. 7) und »Heirat« (Nr. 8). Insbesondere beim Heirats-Dilemma liegen die durchschnittlich $36^{1}/_{2}$-jährigen (bei großer Streuung) auf Stufe 2, die $29^{1}/_{2}$ jährigen (bei mittlerer Streuung) auf Stufe 3 und die durchschnittlich $17^{1}/_{2}$ jährigen (bei kleinerer Streuung) auf Stufe 4. Was bedeutet dies? Es scheint, daß ein typischer Kohorteneffekt vorliegt, der diese Umkehrung des Alterstrends bewirkt (vgl. Fig. 23). Denn die jüngere Generation ist im Gegensatz zur älteren und ältesten Generation frei von absoluten kirchlichen Bindungen. Die jüngere Generation kann daher leichter, eindeutiger und »korrelativer« den Zusammenhang von eigener Gottesbeziehung und kirchlicher Forderung realisieren, während die ältere Generation eher die Muster kirchlicher Verpflichtung ohne Bezug zum Letztgültigen, Ultimaten reproduziert.

Fig. 23 zeigt auch, daß das Ewige-Heil-Dilemma den harmonischsten Alters-× -Dilemma-Verlauf repräsentiert.

---

[4] In bezug auf die Altersvalidierung müßten in Zukunft Untersuchungen vor allem mit diesen Dilemmata durchgeführt werden. Insbesondere das Paul-Dilemma scheint gegen Kohorteneffekte und SES-Einflüsse am meisten gefeit zu sein, da es vermutlich am meisten verallgemeinerbare und zeitgeschichtlich unabhängige religiöse Elemente enthält.

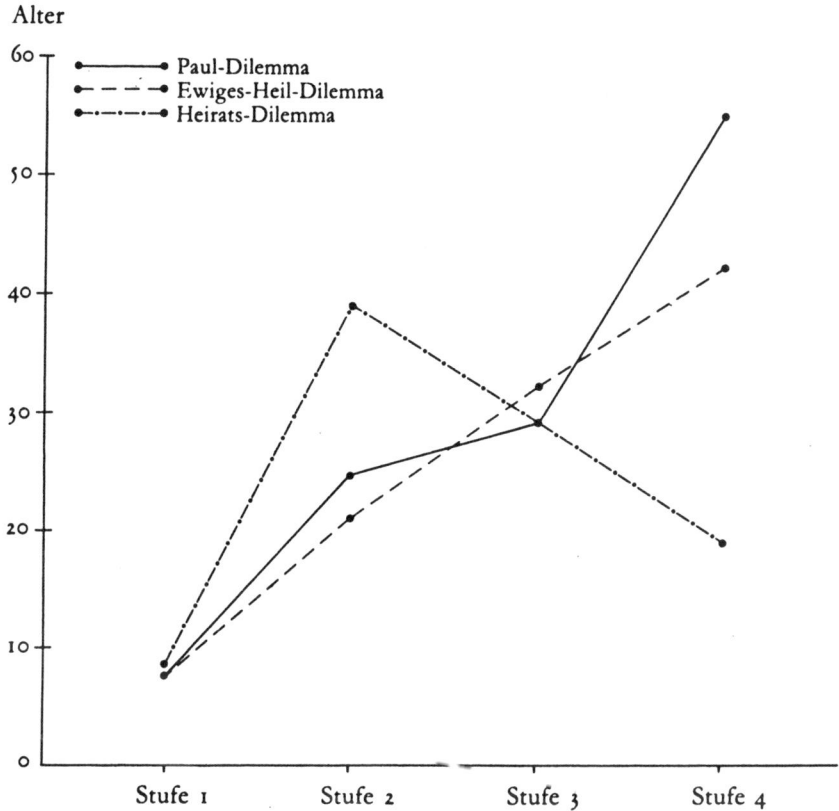

Fig. 23: Transsituationalitäts-Studie: Alters- × -Dilemma-Verlauf dreier unterschiedlicher Dilemmata

Während in Fig. 24 die Mittelwerte des Hiobs-Dilemmas einen normalen Altersverlauf darstellen, tendieren die beiden anderen Dilemmata bis zur Stufe 3 zu einem eher ansteigenden Alterseffekt, bei Stufe 4 bricht dieser rapide ab, beide Male mit relativ kleiner Streuung. Wiederum wird hier ein Kohortenunterschied sichtbar. Der Stufe 4 können jüngere Leute zugewiesen werden, beim Selbstmord-Dilemma durchschnittlich 21jährige, beim Schuld-Dilemma durchschnittlich 31jährige. Ältere Generationen urteilen also weniger auf Stufe 4 in diesen beiden thematischen Bereichen, d.h. für sie ist Schuld eher eine Sache des Individuums und seiner privilegierten Beziehung, nicht aber universelle Verpflichtung, und Selbstmord hat für sie wenig mit dem Ultimaten an sich zu tun.

Fig. 24: Transsituationalitäts-Studie: Alters- × -Dilemma-Verlauf dreier unterschiedlicher Dilemmata, zwei mit Kohorteneffekt

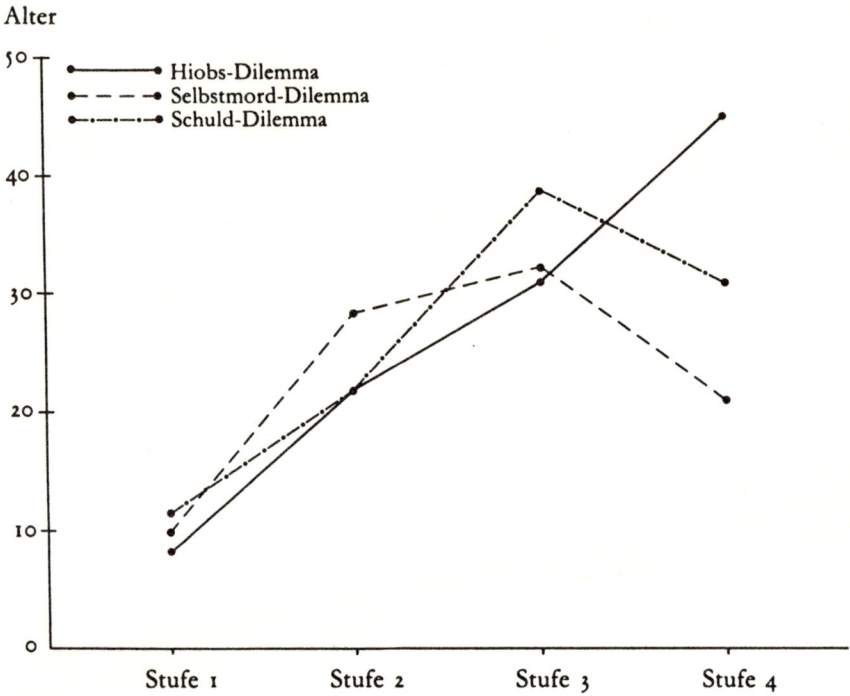

Zusammenfassend: Es ist wichtig, daß Transsituationalität in bezug auf die Décalages immer auch die Kohorteneffekte aufscheinen läßt. Ältere Menschen wurden vermutlich in bestimmten religiösen Bereichen anders erzogen als jüngere. Auch haben die Kirchenverantwortlichen älterer Generationen die Menschen oft daran gehindert, sich selber zu bestimmten religiösen Problemen Gedanken zu machen. So wird Selbstmord immer noch als Wegwendung von Gott verstanden. Schuld aber steht immer noch unter dem Gesichtspunkt des Sich-Bemühens um Verzeihung (Beichte) und der Abgeltung. Diese Wissenspartikel fließen in das religiöse Urteil mit ein. Altersübergreifende inhaltliche Bereiche erreichen deshalb nur dann eine ideale, aufsteigende Wertkurve, wenn die Aneignung dieser Inhalte neutral zu den jeweiligen Zeitströmungen kirchlicher Information verlaufen kann. Bei Theodizee-Problemen z.B. scheint dies allgemein der Fall zu sein.

Trotz dieser Unterschiede möchten wir die Transsituationalitäts-Hypothese natürlich nicht verwerfen. Zusatzannahmen, wie diejenige bestimmter Kohorteneffekte und inhaltlich spezifischer Décalages, erklären die Abweichung der Verläufe in zu eindeutiger Weise.

Es sei noch angefügt, daß das Verhältnis einer bestimmten Schichtzugehörigkeit in bezug auf die Häufigkeiten innerhalb der Stufe- × -Dilemma-Matrix keinen eindeutigen Trend erkennen läßt. Tabelle 4 zeigt, daß – vermutlich durch einen zufälligen Stichprobenfehler – eher Stufe-4-Personen mittlerer bis tieferer (Mittelwert 1.73) Schicht angehören, Stufe 3 meistens mittlerer Schicht (Mittelwert 1.98) und Stufe 2 (Mittelwert 2.33) mittlerer bis höherer Schicht.

Tabelle 4: Häufigkeiten und Schichtzugehörigkeit bei den einzelnen Dilemmata in bezug auf die Stufen 1–4 (linke Zahl = absolute Häufigkeit; rechte Zahl = durchschnittliche Schichtzugehörigkeit)

Dilemma	Stufe 1	Stufe 2	Stufe 3	Stufe 4
PAUL 1	0	4/2.5	16/1.8	3/2.3
HIOB 2	0	5/2.4	14/1.9	4/2.0
UNGL 3	0	6/2.0	13/1.8	4/1.5
EWHL 4	0	7/1.7	9/2.3	8/1.6
SCHULD 5	0	7/2.1	12/2.0	3/1.6
UEBE 6	0	4/2.5	13/2.0	6/1.6
SEMO 7	0	5/2.8	17/2.0	2/1.5
HEIRAT 8	0	4/2.7	20/2.0	0

Wir haben gesagt, daß wir c) die Transsituationalität am besten durch Nebeneinanderstellung der Meßwerte innerhalb der einzelnen Personen über alle Dilemmata hinweg darstellen (vgl. S. 186 f.). Da wir nicht den ganzen Datenauswurf hier darstellen können, sei auf drei Beispiele verwiesen (vgl. Tabelle 5). Das erste Beispiel stellt eine ideale Gruppe dar, das zweite beinhaltet Unterschiede mittlerer Größe, das dritte stellt auseinanderliegende Maße fest.

Tabelle 5: Drei Gruppen mit je unterschiedlich weit auseinanderliegenden Übereinstimmungswerten (200 = Stufe 2; 333 = Stufe 3 (4) usw.)

	Person Nr.	Paul	Hiob	Ungl	Ewhl	Schuld	Liebe	Semo	Heirat
(1. Gruppe mit 1/3 Stufe Unterschied erlaubt)	20				200	200	200	200	
	22	333					333	333	333
	29					300	300	300	300
	41	300	300	333	333				
	49	266	300	300	300				
(2. Gruppe mit einer Stufe Unterschied)	3			200	200	200	300		
	13					200	200	233	166
	21					266	233	300	333
	30	266					300	266	333
	34		233	233	300	200			
(3. Gruppe: zu große, nicht erklärbare Varianz zwischen den Dilemmata)	2		166	300	300	300			
	35			300	233	200	400		
	12				233	266	400	300	
	55	333	200					233	300
	64	266	400	366					300

Rechnet man nun aus, wie groß die Häufigkeit derer ist, die nicht mehr als eine Stufe auseinander liegen, so sind es 97.21 %. Die folgende Tabelle 6 zeigt dies in bezug auf fünf Dilemmata über alle Personen hinweg.

Tabelle 6: Unterschiede in den Stufenzuordnungen bei den Dilemmata 1, 2, 3, 6 und 7 über alle Personen hinweg: Häufigkeit der Unterschiede
Die Unterschiede sind in RMS-Differenzen angegeben; dabei entspricht ein RMS-Unterschied von 1–33 Punkten einem Unterschied von $1/3$ Stufe und bedeutet, daß die Kodierung in einem Dilemma um $1/3$ Stufe höher war als im anderen Dilemma.

RMS-Unterschied	Häufigkeit		kumulative Häufigkeit		max. Unterschied
	N	%	N	%	
0	75	41.90	75	41.90	0
1 – 33	62	34.64	137	76.54	1/3 Stufe
34 – 66	21	11.73	158	88.27	2/3 Stufe
67 – 100	16	8.94	174	97.21	1 Stufe
101 – 133	5	2.79	179	100.00	1 1/3 Stufen

88.27% liegen nicht mehr als ²/₃ einer Stufe auseinander. Nur bei 2.79% der Fälle trifft die Transsituationalitätshypothese *mit den auf S. 172 ff. gemachten Zusatzannahmen* nicht zu: Décalage, Bereichsspezifität und Sequenzierung können – so nehmen wir an – innerhalb einer Stufe Unterschied noch erklärt werden. Bei der Durchsicht der Protokolle ist denn auch zu sehen, daß diese 2.79%, bei denen der Stufenabstand mehr als eine ganze Stufe beträgt, oft durch fehlende Informationen, schlechte Interviews, mangelndes Nachfragen usw. nicht ganz eindeutig eingeschätzt werden konnten. Die Rationalität der Einschätzung bedingt ja, daß genügend objektive Informationen aus den durch die Fragen strukturierten Interviews herausspringen müssen, damit höhere Übereinstimmung entsteht. Daß dies bei 2.79% der Fälle nicht zutrifft, kann als »Meßfehler« betrachtet werden.

Es ist wichtig, zu sehen, daß der Prozentsatz von 97.21% zustande gekommen ist, ohne daß die Einschätzer miteinander auf Diskurs- und Konsensusebene die Unstimmigkeiten bereinigt hätten. Normalerweise wäre dies bei einem solchen Verfahren erwünscht. Nichtsdestoweniger kann das Spatium von einer Stufe Abstand über die einzelnen Dilemmata hinweg beim einzelnen Individuum als genügend betrachtet werden für noch zu erklärende horizontale Décalage.

Stellt man dieselben Berechnungen über alle 8 Dilemmata an, schließt man also auch jeweils die von der normalen Verteilung abweichenden inhaltlichen Bereiche ein (Schuld 4, 5 und Heirat 8), so sind es immer noch 92.46%, bei denen die Differenz nicht den Abstand einer vollen Stufe überschreitet.

Vergleicht man die Unterschiede nicht über alle Personen hinweg, sondern nur innerhalb einer Person, so fallen immer noch 79.12% in den ²/₃-Stufen-Unterschied. Tabelle 7 zeigt die Unterschiede in den Stufenzuordnungen bei den Dilemmata 1, 2, 3, 6 und 7 *innerhalb der einzelnen Versuchspersonen.*

Tabelle 7: Unterschiede in den Stufenzuordnungen innerhalb der einzelnen Versuchspersonen

RMS-Unterschied	Häufigkeit		kumul. Häufigkeit		Codierungsanzahl	
	N	%	N	%	2	3
0	31	34.07	31	34.07	22	9
1 – 33	31	34.07	62	68.13	11	20
34 – 66	10	10.99	72	79.12	3	7
67 – 100	15	16.48	87	95.60	11	4
101 – 133	4	4.39	91	100.00	0	4
Total	91		91		47	44

Wir haben weiter oben das Prinzip der Décalage beschrieben. Es sei nun an folgendem Beispiel nochmals mit exakten Zahlen exemplifiziert: Im Dilemma »EWHL 4« tendieren 38.46% der Personen der Stufe 3 zu einer niedrigeren Stufe des religiösen Urteils, im Dilemma »SCHULD 5« sind es 26.09%. Insgesamt (beide Dilemmata zusammen) sind es 32.65%, die zu einer niedrigeren Stufe tendieren. Mit anderen Woren: bei ca. zwei Dritteln der Versuchspersonen der Stufe 3 trifft die Hypothese der Décalage nicht zu. Dies ist aus Tabelle 8 zu ersehen.

Tabelle 8: Häufigkeiten, mit denen die Personen der Stufe 3 (vgl. oben) im Dilemma »EWHL 4« und »SCHULD 5« den Stufen 1, 2, 3, 4, zugeordnet wurden

Stufe	EWHL 4 N	EWHL 4 %	SCHULD 5 N	SCHULD 5 %	beide Dil. N	beide Dil. %
1	0	0.0	0	0.0	0	0.0
2	10	38.46	6	26.09	16	32.65
3	10	38.46	15	65.22	25	51.02
4	6	23.08	2	8.69	8	16.33

Zum Schluß sei noch eine Übersicht über alle Übereinstimmungen gegeben (vgl. Tabelle 9):

Tabelle 9: *Übereinstimmung der Stufenzuordnungen in den 8 Dilemmata:*
(+) Übereinstimmung, d.h. die Versuchspersonen wurden in den beiden Dilemmata derselben Stufe zugeordnet;
(−) keine Übereinstimmung, d.h. die Versuchspersonen wurden in den beiden Dilemmata je einer anderen Stufe zugeordnet.
Unterhalb der Diagonalen sind die absoluten Häufigkeiten angegeben; die Zahlen oberhalb der Diagonalen geben die prozentuale Verteilung wieder.

	PAUL 1 +	PAUL 1 −	HIOB 2 +	HIOB 2 −	UNGL 3 +	UNGL 3 −	EWHL 4 +	EWHL 4 −	SCHULD 5 +	SCHULD 5 −	LIEBE 6 +	LIEBE 6 −	SEMO 7 +	SEMO 7 −	HEIRAT 8 +	HEIRAT 8 −
PAUL 1			84.85	15.15	78.26	21.74	50.00	50.00	−	−	75.00	25.00	81.82	18.18	70.59	29.41
HIOB 2	28	5			79.41	20.59	60.87	39.13	72.73	27.27	−	−	55.56	44.44	57.14	42.86
UNGL 3	18	5	27	7			65.71	34.29	60.87	39.13	50.00	50.00	−	−	63.64	36.36
EWHL 4	6	6	14	9	23	12			71.88	28.12	70.00	30.00	80.00	20.00	−	−
SCHULD 5	−	3	8	3	14	9	23	9			60.61	39.39	80.95	19.05	100.0	0.0
LIEBE 6	9	3	−	−	6	6	14	6	20	13			79.41	20.59	80.95	19.05
SEMO 7	18	4	5	4	−	−	8	2	17	4	27	7			75.76	24.24
HEIRAT 8	24	10	12	9	7	4	−	−	9	0	17	4	25	8		

Laut Hypothesengruppe 3 sind zwischen den *Dilemmata* 1, 2, 3, 6, 7 ausschließlich Übereinstimmungen (+) zu erwarten. Insgesamt (über alle Versuchspersonen) ergeben sich 179 Vergleiche zwischen diesen Dilemmata; davon waren 138 Übereinstimmungen (+) und 41 Nicht-Übereinstimmungen (-), was einem Verhältnis von 77.09% Übereinstimmungen zu 22.91% Nicht-Übereinstimmungen entspricht. Die geringste Übereinstimmung ist zwischen den Dilemmata »UNGL 3« und »LIEBE 6« festzustellen: 50%. Die größte Übereinstimmung besteht zwischen den Dilemmata »PAUL 1« und »HIOB 2«: 84.85% der Versuchspersonen wurden in beiden Dilemmata fast vollständig derselben Stufe zugeordnet.

5.5 Zur Diskussion der ersten empirischen Befunde: Nachbemerkungen

> Dieser Abschnitt soll dem Leser nochmals eine Übersicht über die wichtigsten Ergebnisse liefern. Es wird ein Brief eines Naturwissenschaftlers angefügt, der sich mit der Frage des Alters-Abbaus auseinandersetzt. Bei aller positiven Einstellung gegenüber den Resultaten müssen diese wegen der beschränkten Stichprobe mit Vorsicht betrachtet weren. Es müssen neue Untersuchungen gemacht werden, die helfen, das Stufenkonzept zu differenzieren.

Der deutliche Alterstrend in den Gruppen der 8–25jährigen gibt Anlaß zur Annahme, daß das Konstrukt »religiöse Urteilsentwicklung« einigermaßen validiert ist. Probleme ergeben sich mit dem Altersabfall. Aus einem Brief eines älteren Universitätsprofessors und Kollegen entnehmen wir folgende Stelle: »Als ich Ihr erstes Blatt sah, erhob sich bei mir sofort die Frage, ob wohl im Alter ein Wiederauftauchen von Stufe 1 oder 2 stattfinden werde. Ich habe das nämlich *erwartet,* aber aus ganz anderen Gründen als Sie dies angesichts des effektiven Resultates tun. Nämlich aus folgenden Gründen: Der ältere Mensch fühlt wohl stärker als der noch vitale Mensch, daß er in dieser Welt, und das heißt auch gegen Gott, schuldig geworden ist. Er verzichtet auf eine Rechtfertigung gemäß Stufe 3 und unterwirft sich. Verstärkt wird dies ganz offensichtlich durch eine Resignation gegenüber der Welt: ›Wir ordnen, es zerfällt, wir ordnen wieder und zerfallen

selbst›, sagt Rilke. Und so, meine ich, wird der religiöse Mensch – statistisch gesehen – bescheidener. Altersweisheit hat etwas von kindlicher Mentalität, eine Einstellung, die sich nun freilich im Bewußtsein der allgegenwärtigen Abgründigkeit von Welt (und Gott) *behaupten* muß.
Will man es negativ ausdrücken, so wäre es gottergebener Fatalismus. Ich sehe es aber eher positiv als eine bedingungslose Übergabe an Gottes unergründlichen Ratschluß. Im Grunde verschmilzt nun Position 2 (und 1) mit Position 5 (und 6). – Die Anheimgabe an das Geheimnis Gott (ohne Rücksicht auf zu erstrebende Eigenverwirklichung) wird angesichts des Todes wieder zu einer *uni*-polaren Reziprozität: Gott ist alles, ich bin nichts. Dies bedeutet zugleich, daß man auf seine Liebe wartet, er allein ist der Akteur, ich habe einfach für ihn leer zu sein. Wenn das aber stimmt, dann sollten Sie überdenken, ob nicht etwa Ihre Formulierung 4 – 5 – 6 zu revidieren ist. Von 3 ab zielen Sie auf eine ganz bestimmte religiöse ›Höherentwicklung‹, die aber vielleicht (im Gegensatz zu der *allgemeiner* gültigen Abfolge 1 – 2 – 3) nur eine *Spezial*entwicklung darstellt, so wie sie uns aus unserem Religionsverständnis vorschwebt.
Ich denke daher, daß ab 3 mehrere ›Spitzen‹ weiterführen, die aber dann gebrochen werden und rückläufig erscheinen. Aber rückläufig nicht im Sinne eines Abstieges, sondern einer totalen Vereinfachung der Beziehung zum Transzendenten. Dann aber würde das Schema wie folgt aussehen:

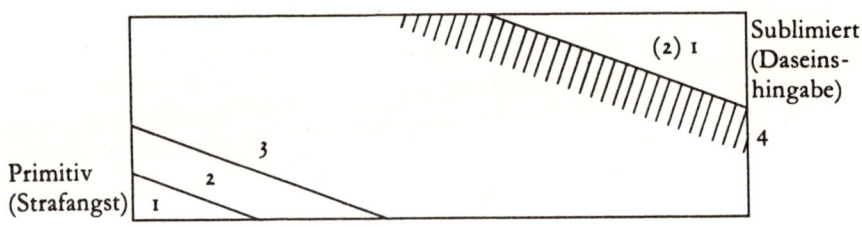

Wobei ich rechts oben das 2 in Klammer setze, da wohl der alte Mensch nicht mehr mit ›do ut des‹ rechnet, sondern sich einfach hingibt, wie uns die Heiligen es vorleben.«

Diese interessante Briefstelle sagt aus, daß die Entwicklungslinie bis Stufe 3 und auch noch bis Stufe 4 richtig bzw. valide sei, daß aber nachher die strukturale Beschreibung nicht mehr zutreffe. Nicht also der von uns S. 179 beschriebene Alters-Sozialisations-Effekt sei zutreffend, sondern die Relevanz der Stufenbeschreibungen könne hier nicht gelten.
Wir selber möchten vorläufig auf unserer Feststellung des Alters-Sozialisations-Effekts beharren. Was der Kollege sehr gut beschreibt, ist ein bestimmter Modus

der Stufe-4- und 5-Konzeption. Es wird deutlich, daß wir stets schon die Bedingungen der Möglichkeit der Stufen 4–5 haben, daß diese aber in einer asketisch-demütigen Grundhaltung interpretiert werden. Aber im Prinzip wird strukturell nichts Neues vorgeschlagen. Allerdings muß man sagen, daß diese Stelle sehr interessant ist, weil hier versucht wird, ein existentielles Erklärungsmuster für den Alterseffekt zu geben.

Weitere Resultate, wie die Bildungs-, Schichts-, Geschlechts- und Konfessionsunterschiede, entsprechen weitgehend unseren Annahmen. Bei der Transsituationalitäts-Hypothese allerdings sind neue Untersuchungen notwendig, insbesondere, um den Einfluß bestimmter Bereiche genau zu qualifizieren, Bereiche, die verhindern, daß erworbene Strukturen in ihrer vollen Geltung zur Sprache kommen. Insbesondere die Schuld-Themen scheinen einen Einfluß dahingehend zu haben, daß Stufe-3-Personen eher auf Stufe 2 urteilen. Dies wäre im Sinne Piagets eine echte horizontale Décalage. Von Bereichsspezifität könnte man auch bei spezifisch kirchlichen Themen sprechen, denn hier ist im allgemeinen eine Tendenz zu Stufe-3-Urteilen hin festzustellen. Es ist wichtig, daß diese Befunde mit größeren Stichproben repliziert werden. Denn hier geben sie nur die Richtung von neuen Fragestellungen wieder.

6 Zur Validierung des Stufenkonzeptes der religiösen Entwicklung: Ein Forschungsprogramm

Will man das Stufenkonzept der religiösen Entwicklung verallgemeinern, so sind eine Reihe von Studien notwendig, die je verschiedene theoretische Ansprüche erfüllen. Wir möchten aber, bevor wir dieses Programm darlegen, zuerst Ausführungen zur gegenwärtigen Problematik des Meßmaterials des religiösen Urteils machen.

6.1 Das Meßinstrument zur Erfassung des religiösen Urteils

> Soll das religiöse Urteil im Rahmen eines Forschungsprojektes in Zukunft erhoben werden, so schlagen wir vor, daß folgende drei Dilemmata verwendet werden:
> a) das Paul-Dilemma
> b) das Zufall-Dilemma
> c) das Theodizee-Dilemma

Zu a): Das Paul-Dilemma, das wir S. 118 ff. mit allen Fragen abgedruckt haben, ruft das Verhältnis des Letztgültigen (Gott) zum Menschen ab in einer Situation, wo der Mensch sich selbst in Bindung begibt. Das »Versprechen« ist ein altes religiöses Handlungsschema: Ein Mensch legt einen Eid ab, der ihn für die Zukunft in einer bestimmten Richtung bindet. Die Beziehung zum Ultimaten ist die Form des Garantes zu diesem Eid. Das Verhältnis zum Letztgültigen wird durch diese Bindungsart aktualisiert, also vom Probanden zu erwägen und zu begründen sein. Die Person wird durch diesen »Eid« gleichsam auf sein Verhältnis zu einem Ultimaten zurückgeworfen. Seine Operationen sind derart, daß das Ja oder Nein des Einhaltens, das Durcharbeiten der vorgestellten Konsequenzen und die jeweiligen Begründungen die Form von Rechtfertigungen haben.

Zu b): Ganz anders beim Zufalls-Dilemma, das in der ersten Untersuchung keine Anwendung fand. Es lautet folgendermaßen:

»So zum Spaß füllte eine arme Frau für wenig Geld eine Kolonne eines Lotteriezettels aus. Sie glaubte natürlich überhaupt nicht daran, daß sie etwas gewinnen würde. Die Chancen stehen ja eins zu einer Million. Nun aber hat sie gewonnen, und sie ist die Hauptgewinnerin der ganzen Lotterie. Sie erhält eine übergroße Summe Geld. Für sie ist es klar: Das ist nicht einfach Chance oder Glück; hier ist »Gottes Hand« mit im Spiel. Ihre Kinder meinen, das sei bloß Zufall. Sie sprechen mit der Mutter darüber. Aber diese bleibt bei ihrer Meinung und läßt sich nicht davon abbringen.«

Die Standardfragen lauten:
1 a) Wer hat recht? Warum?
1 b) Ist dies reiner Zufall, oder sind hier andere wichtige Dimensionen mitverwickelt. Warum? Warum nicht?

1 c) Was ist stärker, der Zufall oder Gott (oder Göttliches)? Warum das eine oder das andere?

1 d) Wenn es kein Zufall ist, was bewirkt denn dieses Wunder? Ist es etwas Göttliches, etwas Verstecktes, eine unsichtbare Kraft, ein Gesetz? Warum, warum nicht (oder umgekehrt).

2) Wenn solch wunderbare Dinge auf der Welt geschehen, ist das immer reiner Zufall? Oder gibt es auch Augenblicke, wo das Göttliche eingreift? Warum oder warum nicht?

3) Es gibt Menschen, die glauben, daß es noch etwas anderes gibt als nur Zufall. Dieser Glaube gibt ihnen Kraft und Hoffnung. Würden Sie ebenfalls so denken? Warum oder warum nicht?

4) Es gibt Personen, die glauben, daß das Letztgültige (Gott) irgendwie in die Welt eingreift und daß er besonders jenen Menschen hilft, die an ihn glauben. Ist diese Ansicht richtig? Warum, warum nicht?

5) Menschliche Wesen sind fähig, alles mögliche zu tun, z. B. Häuser zu bauen, Computer zu erfinden, auf den Mond zu gelangen etc. Aber es gibt auch Dinge, die sie nie tun können werden, z. B. Tote lebendig machen, einen lebenden Organismus herstellen, Liebe erzwingen. Kann man sagen, Gott oder das Göttliche kommt in diesen letzten Dingen zum Tragen, dort, wo der Mensch nichts mehr machen könne? Warum, warum nicht?

6) Die Frau gewann nur einmal im Leben die Lotterie. Kann man sagen, wenn solch einmalige Dinge passieren, das sei Zufall? Oder muß man sagen, daß das Göttliche dann am Werke sei, wenn die Dinge eindeutig evident sind und lange andauern? Warum, warum nicht?

7) Ist es »Gottes Wille«, ob jemand in der Lotterie gewinnt? Warum, warum nicht?

Dieses zweite Dilemma ruft eine ganz andere Beziehungsstruktur ab als das erste. Hier ist der Mensch konfrontiert mit dem, was ihm geschenkhaft gegeben ist, ohne daß er sich aktiv zu bemühen hätte. Die Kontingenzunterschiede springen ins Auge. Das Transzendieren ist jene Operation, die auf ganz andere Weise ein Gleichgewicht in den polaren Dimensionen sucht und so das Außerordentliche als eine bestimmte Form der Mensch-Letztgültiges-Beziehung wachruft: Es geht hier um das alte Problem des Zufälligen, das sich in viele Bereiche der menschlichen Grenzen transferieren läßt.

Zu c): Das Theodizee-Dilemma haben wir schon S. 17 zwecks Veranschaulichung abgedruckt. Hier steht es nochmals mit den Originalfragen zusammen:

»In einer kleinen Stadt lebte einst ein wohlhabender Mann. Er war glücklich verheiratet, hatte vier Kinder und besaß ein großes Haus. In seinem Beruf als Oberrichter der Stadt war er sehr erfolgreich. Der Mann betete regelmäßig und vergaß dabei nicht, Gott für sein glückliches Leben zu danken. Er spendete auch viel Geld für soziale Projekte. Für die armen Leute setzte er sich persönlich ein. Doch viele Leute in der Stadt fürchteten den Richter, weil er zwar gerecht, aber doch sehr streng war. Deshalb sprachen gewisse Kreise in der Stadt schlecht über ihn und verleumdeten ihn. So verlor er unverschuldet seinen guten Ruf. Nach einer gewissen Zeit mußte er deshalb auch sein Amt als Oberrichter aufgeben. Das war aber nicht alles: Eines Tages wurde seine Tochter sehr krank. Sie bekam eine eigenartige Lähmung, die jeden Tag schlimmer wurde. Der Ex-Richter konnte die Kosten für eine Heilung nicht mehr aufbringen. So mußte er sein schönes Haus verkaufen und all sein Geld für Arztrechnungen aufbrauchen. Seine Tochter aber wurde dennoch nicht gesund.«

Fragen:
1 a) Der Ex-Richter betrachtet sein Unglück und wundert sich über Gottes Rolle darin. Wie soll er in dieser Situation über Gott denken?
1 b) Ist es Gottes Wille, daß dies so geschehen ist? Warum oder warum nicht?
2) Der Ex-Richter fühlt sich weder für die Entlassung als Oberrichter noch für die Erkrankung seiner Tochter verantwortlich. Glauben sie, daß Gott ihn für vergangenes Unrecht strafen wollte? Warum oder warum nicht?
3) Straft Gott die Menschen? Unter welchen Bedingungen? Wie?
4) Ist es nicht ungerecht von Gott, solches Leiden zuzulassen? War Gott unfair oder unmoralisch in dieser Situation? Wenn sie glauben, daß Gott gerecht war, erklären sie, wieso?
5) Warum läßt Gott das Leiden unschuldiger Menschen zu, z.B. in Krankheiten, Naturkatastrophen und Kriegen? Wenn Gott allmächtig wäre, könnte er dies doch verhindern und dem Menschen helfen?
Früher dankte der Ex-Richter Gott für sein glückliches Leben. In seiner unglücklichen Lage fragt er sich nun, ob er weiterhin zu Gott beten solle oder nicht.
6) Soll der Ex-Richter trotz seines Unglücks weiterhin zu Gott beten und an ihn glauben? Warum oder warum nicht?
Nach einer gewissen Zeit wendete sich das Schicksal des Richters unerwartet wieder zum Guten. Nicht nur seine Tochter wurde wieder gesund, sondern es stellte sich auch heraus, daß es sich um bösartige Verleumdungen gehandelt hatte. Der Ex-Richter kam wieder in seinen guten, alten Ruf und wurde auch wieder als Oberrichter der Stadt eingestellt.
7) Soll der Richter nun wieder Gott danken und zu ihm beten? Warum oder warum nicht?
8) Woher kommt das Gute bzw. das Böse in der Welt?
Dieses Dilemma entspricht einer bestimmten Fassung der Hiobsgeschichte. Hier werden ähnliche Fragen gestellt wie in diesem alten Text, aber ohne nun schon die Antwort zu geben. Diese Antwort muß von der Person selber rekon-

struktiv gesucht werden. Wesentliche Elemente sind, daß hier das »Böse« in der Welt angesprochen wird und die Vorstellung, daß Gott jenen Menschen »fern« sei, die dieses Böse erleiden, »nahe« aber, wenn sie davon verschont werden. Hier ist es nicht der Zufall, sondern die Genese des Leids, der Krankheit, des Todes, und vor allem des Bösen an sich, über die wiederum ein Gleichgewicht in den verschiedenen Dimensionen erreicht werden soll.

Wir haben nun die Vorstellung, daß eine gute Stufen-Einschätzung sich auf alle drei Dilemmata beziehen müßte, weil sie alle unterschiedliche Situationen beschreiben und auch in unterschiedlicher Weise die polaren Dimensionen in rekonstruktive Bewegung bringen. Während es im ersten Dilemma um die Eigenaktivität gegenüber einem Letztgültigen geht, müssen die Probanden im zweiten Zufall versus göttlichen Eingriff und im dritten Gottes Nähe oder Ferne durch das »Böse« ausbalancieren. Vom Diskontinuitätsparadigma her gesehen müßten die Unterschiede in den drei Bereichen nicht größer als eine Stufe sein.

6.2 Weitere Forschungen (mit Anton Bucher)[1]

> Im folgenden seien Forschungsteile vorgestellt, die z. T. abgeschlossen und publiziert, z. T. bloß in kleineren Arbeiten oder als Pilotstudien dargestellt worden sind. Das hier vorgelegte Forschungsprogramm wurde insbesondere in »Unterrichtswissenschaft«, Heft 2, 1987, vorgestellt. Jeder einzelne Teil deckt einen anderen Theorieaspekt ab.

a) Eine noch ungelöste Frage betrifft die oben behauptete Universalität der Entwicklungssequenz des religiösen Urteils. Wir behaupten diese Universalität, vermögen sie aber nur partiell zu belegen. Dick (1982) befragte zu diesem Zwecke Hindus und Anhänger des Jainismus in Rajasthan (Indien), Angehörige des Mahayanabuddhismus an der Grenze zu Tibet, solche des Bantukultes (Ahnenverehrung) in Ruanda und schließlich Mitglieder einer christlichen Missionsgruppe im gleichen Staat über das Paul-Dilemma, das selbstredend an die jeweiligen soziokulturellen und -religiösen Kontexte adaptiert worden war. In allen

---

[1] Diese Darstellung entnehmen wir wesentlich aus dem Aufsatz Oser, F., Bucher, A.: Die Entwicklung des religiösen Urteils. Ein Forschungsprogramm. In: Unterrichtswissenschaft 15 (2), 1987, S. 132–156.

Stichproben ließ sich ein signifikanter Alterstrend feststellen, wobei aber aufgrund der kleinen Stichprobe keine interkulturellen Vergleiche angestellt werden konnten, so daß Dick (1982) seine Studie als eine intrakulturelle bezeichnen mußte und der universale Geltungsanspruch dieser Theorie somit – vom Alterstrend abgesehen – empirisch noch nicht als eingelöst angesehen werden kann.

b) Davon ausgehend, daß auch jene Personen die Kontingenzen ihres Daseins bewältigen müssen, welche die Existenz Gottes bestreiten, befragte Achermann (1981) 50 erklärte Atheisten über religiöse Dilemmata. Die Daten ermöglichen eine eigene Stufen- bzw. Typenbeschreibung, die mit jener des religiösen Urteils insofern vergleichbar ist, als auch sie von »Fremdbestimmtheit« und Fatalismus fort zur Selbstbestimmung durch soziales Engagement hinführt. Trotz dieser Isomorphien halten wir es aber für angebracht, in diesem Falle nicht mehr von einer spezifisch religiösen Entwicklung zu sprechen; bedenkenswert bleiben jedoch die zahlreichen strukturellen Übereinstimmungen.

c) In einem weiteren Teilprojekt befragten v. Brachel & Oser (1984) 50 Probanden, verteilt nach Alter, Konfession und Geschlecht, wie sie selber ihre eigene religiöse Entwicklung sähen. Entgegen der ursprünglich vertretenen Hypothese waren es weniger die punktuellen kritischen Lebensereignisse (vgl. Filipp 1981) als vielmehr kontinuierliche neue Erfahrungen, die von den Befragten etwa in der Berufsausbildung oder nach dem Auszug aus dem Elternhaus gemacht wurden, welche die religiösen Urteilsstrukturen langsam aufbrachen und transformierten. Immerhin konnte gezeigt werden, daß sich jene Probanden, die bei der Befragung die Stufe 3 internalisiert hatten, deutlich daran zu erinnern vermochten, früher über religiöse Fragen anders gedacht und mit Gott auf eine andere Weise interagiert zu haben als jetzt.

d) Weiter wurde versucht, die religiöse Entwicklungstheorie mittels psychohistorischer Untersuchungen bedeutsamer und religiös hoch entwickelter Persönlichkeiten zu validieren, dies im Anschluß an entsprechende psychohistorische Untersuchungen, wie sie Erikson (1968/1981, 1975) hinsichtlich der Identitätsentwicklung vorgelegt hat. Bis jetzt liegen aber erst drei solche Studien vor: eine von Hager (1987), der in der Biographie von Johann Heinrich Pestalozzi die Entwicklung von der Stufe 2 zur Stufe 4 nachzeichnete; und eine zweite von Bucher (1985) über die religiöse Entwicklung des Dichters Rainer Maria Rilke, die anhand von autobiographischen Zeugnissen, Briefen und lyrischen Texten von der frühen Kindheit an bis zu seinem Tode rekonstruiert wurde, wobei sich alle Stufen in der entsprechenden Sequenz identifizieren ließen. Brumlik (1985) zeichnete die religiöse Entwicklung Martin Bubers nach, wofür er nebst dieser Stufenskala das Modell der Epigenese von Ich-Identität nach Erikson (1968/1981) verwendet hat.

Weitere solche Untersuchungen sind deshalb notwendig, weil sie Aussagen über den möglichen Endpunkt bzw. den terminus ad quem religiöser Entwicklung erlauben, wozu auch – neben der Konsultation aktueller theologischer Konzepte – die in Vorbereitung befindliche Befragung älterer, lebenserfahrener und weiser Personen hilfreich sein könnte (vgl. Oser, Althof & Bucher 1986).

e) Im folgenden Kapitel dieses Buches (S. 218 f.) findet sich die Hypothese, daß variable religiöse Inhalte speziell in textueller Form isomorph zur kognitiv-religiösen Urteilsstruktur assimiliert werden. In einer explorativen strukturgenetischen Untersuchung über die Rezeption dreier neutestamentlicher Gleichnisse von Probanden auf unterschiedlichen Stufen des religiösen Urteils konnte diese Hypothese – wenngleich wegen der kleinen Stichprobe nicht verifiziert – so aber doch erhärtet werden (Bucher 1987 a, Bucher & Oser 1987). Aus dem umfangreichen Rohdatenmaterial ließen sich Interpretationstypen herausschälen, die bestimmten Stufen zugeordnet werden konnten (Interrater-Reliabilitätskoeffizienten zwischen 0,78 und 0,96). Zudem postulierte Bucher (1987 a, 1987 b) ein Modell mit vier Stadien, welches zu beschreiben und zu erklären beansprucht, wie sich das Verständnis für die biblischen und literarischen Gattungen Gleichnis und Parabel entwickelt.

Insgesamt scheinen uns diese Ergebnisse speziell für die Bibeldidaktik und für den mit Texten arbeitenden Religionsunterricht bedeutsam und folgenschwer zu sein, stellen sie doch gewichtige Indizien dafür dar, daß Schüler religiöse Texte an andere Rezeptionsstrukturen assimilieren als die Erwachsenen. Mit der eindirektiven Vermittlung bzw. Übertragung theologischer Kommentare ist es im Unterricht deshalb nicht getan, weil die Schüler diese nicht verstehen und sie dann entweder nicht billigen oder sie in Entsprechung zu ihrem religiösen Urteil umdeuten. Anhand der Parabel von den Arbeitern im Weinberg (Mt 20, 1 ff.), die von einem Herrn erzählt, der auch jenen Gedungenen einen vollen Tageslohn auszahlte, die nur wenige Stunden gearbeitet hatten, ließ sich dies wiederholt zeigen. Auf die Frage nämlich, ob damit Gottes Handeln überzeugend veranschaulicht werde, antworteten die Probanden auf tieferen Stufen entrüstet mit »Nein«, weil Gott den Menschen gemäß seiner Leistungen belohne oder gemäß seiner Verfehlungen bestrafe (bipolare Reziprozität).

f) In einer Interventionsstudie (Oser 1987 a; vgl. auch Caldwell & Berkowitz 1987) mit Schülern der zweiten Sekundarstufe konnte im Verlauf von $2^1/_2$ Monaten das Stufenmaß um durchschnittlich $2/_3$ Stufen angehoben werden. Das Treatment beinhaltete die Diskussion religiöser Dilemmata, seien es solche aus der Lebenswelt der Schüler oder solche aus der Bibel und anderen religiösen Schriften (vgl. Oser 1988 b).

Dieser Erfolg wurde möglich durch das systematische Stimulieren von Argumentationsmustern, die der nächsthöheren Stufe entsprachen, die die Schüler vielfach verunsicherten, sie aber zur Auseinandersetzung provozierten und ihre religiöse Urteilsstruktur aufbrachen und schließlich auf mehr Komplexität hin transformierten.

g) In diesen Zusammenhang situiert sich auch die Studie von Schildknecht (1984) zur Entwicklung der Kompetenz, über moralische und religiöse Dilemmata und Fragen zu diskutieren. Die Autorin konnte nachweisen, daß die Anzahl der Transakte, d.h. jener Aussagen, in die der Sprecher Argumente des Partners einbaut (z.B. Du meinst also, daß ...), mit dem Alter zunimmt.
In der Altersgruppe 1 (5 bis 8 Jahre) kommen noch keine Transakte vor, solche aber machen bei den 14- bis 17jährigen (Altersgruppe 4) um die 25% der gemeinsamen Äußerungen aus. Unter Bezugnahme auf ihre Daten entwickelten Oser, Althof & Berkowitz (1986; Berkowitz, Oser & Althof 1987) ein neues Entwicklungsmodell der Argumentationsverknüpfung und des Diskursverhaltens.
h) Von besonderem Interesse war der Zusammenhang von religiösem und moralischem Urteil nach Kohlberg (1981, 1984). Gut (1984, S. 230 ff)[2] lieferte mit ihrer Studie zwar ein weiteres Indiz für die allgemein anerkannte These, daß die Entwicklung der moralischen Urteilsstruktur jener der religiösen vorausgeht (vgl. Kohlberg & Power 1981), wurden doch bei 24 Probanden höhere Stufen des moralischen Urteils festgestellt. 16 Probanden befanden sich auf parallelen Stufen, aber bei 10 Probanden war – entgegen der Hypothese, daß eine bestimmte Stufe des moralischen Urteils die notwendige, aber nicht hinreichende Bedingung für die parallele Stufe der religiösen Kognition darstellt – das religiöse Urteil höher entwickelt als das moralische, so daß die Annahmen von Kohlberg & Power (1981) weiteren Prüfungen zu unterziehen sind (vgl. auch Caldwell & Berkowitz 1987). Oser & Reich (1987) konnten zeigen, daß die Stimulierung der religiösen Kognition wohl zu einer höheren Stufe des religiösen Urteils, nicht aber des moralischen führt. Damit wird die Hypothese bestätigt, daß die Entwicklung im jeweiligen Bereich (Moral, Religion, soziale Kognition etc.) stark von der Sozialisation im entsprechenden Symbolsystem abhängt.
i) In einem weiteren Teilprojekt wurde bei 56 Probanden im Alter zwischen 5 und 20 Jahren, verteilt nach Geschlecht und Konfession, die Stufe des religiösen Urteils erhoben; mit zwei eigens entwickelten Fragebogen wurde des weiteren zu erfassen versucht, wie ihr Weltbild, ihre »Ontologie« und auch »Kosmogonie« ist, um abzuklären, welche inhaltlichen Präsuppositionen ins religiöse Urteil eingehen (Fetz & Oser 1985). Dabei ließ sich bei den jüngeren Kindern ein »archaisches« Weltbild feststellen, dessen bezeichnende Merkmale die Polarität von Oben und Unten (Himmel und Erde) und die Endlichkeit sind (Fetz 1985). Dem entspricht eine solche Kosmogonie, die durch artifizialistische Deutungsmuster gekennzeichnet ist, d.h. von Gott wird angenommen, er habe – wie ein

---

2 Da diese Resultate an anderer Stelle (Oser & Reich 1987) kritisch dargestellt wurden und z.T. überholt sind, geben wir hier nur eine Zusammenfassung dieser Studie.

Handwerker – die Welt und selbst Artefakte (große Häuser etc.)»gemacht« (vgl. Piaget 1926/1980). Das damit verbundene wortwörtliche Verstehen des biblischen Schöpfungsberichts ging konsistent mit tieferen Stufen des religiösen Urteils einher. Im Verlaufe der Entwicklung wird dann sowohl der Artifizialismus als auch das archaische Weltbild aufgelöst; zunächst folgt ein sogenanntes hybrides Zwischenstadium, in welchem mythologische und religiöse Erklärungen – vorerst noch problemlos – neben naturwissenschaftlich geprägten stehen. Auf einer dritten Ebene der Entwicklung, die vor dem 12. Lebensjahr noch nicht erreicht werden dürfte, werden die Belief-Systeme Naturwissenschaft und Bibel schließlich ausdifferenziert; »Himmel« kann fortan in seiner naturwissenschaftlichen und in seiner symbolisch-religiösen Konnotation verstanden werden.

k) Diese Daten warfen die generelle Frage auf, wie sich die Fähigkeit entwickelt, komplementär zu denken, d. h. zwei Erklärungen eines identischen Sachverhalts (z. B. Anfang der Welt), die unterschiedlich sind (Evolutionstheorie, Schöpfungsbericht) zu koordinieren. Oser & Reich (1986) legten im Rahmen einer Pilotstudie 25 Probanden, verteilt nach Alter und Geschlecht, 9 unterschiedliche Probleme vor, zu denen sie jeweils zwei verschiedenartige Erklärungen vorgaben, um dann zu fragen, welches die richtige sei, ob beide notwendig seien etc. Aufgrund der gewonnenen Daten entwickelten sie ein Entwicklungsmodell für »Denken in Komplementarität« mit 5 Ebenen.

l) Von Bedeutung sind schließlich auch die Forschungen, welche das Verhältnis des religiösen Urteils zum religiösen Klima thematisieren (Klaghofer & Oser 1987, Niggli 1987 a, b). Klaghofer und Oser konnten zeigen, daß das religiöse Klima zwei Faktoren aufweist, »Religiöse Kontingenzbewältigung, Handeln« und »Religiöser Diskurs in der Familie«. Es konnte theoriekonform bestätigt werden, daß insbesondere bei den Mädchen der Stufe 3 ein weniger gutes religiöses Klima anzutreffen ist als bei Mädchen der Stufe 2. Die Knaben zeigten nur im Übergang von Stufe 2 zu 3 bedeutend kleinere Klimawerte. Nigglis Arbeit bezieht sich eher auf den religiösen Erziehungsstil. Er konnte deutlich zeigen, daß religiöse Förderung (im Gegensatz zu religiösem Zwang) im allgemeinen zu einer signifikant höheren religiösen Entwicklungsstufe führt. Dieses Resultat ist von größter Bedeutung für weitere erzieherische Studien, aber auch für die religionspädagogische Praxis.

Weggelassen haben wir an dieser Stelle methodologische Studien zur Messung der Dilemmaeffekte, der Treatmentvalidität (Oser & Patry 1985) u. a. m.

Es wäre natürlich spannend, jetzt über Daten berichten zu können, die das Verhältnis von Ontogenese und Phylogenese erörtern. Dies aber muß – wie gesagt – in einem weiteren Projekt realisiert werden. Immerhin gibt es zwei interessante Schriften, die dieses Verhältnis untersuchen. Die erste stammt von G. Murray und hat den Titel »Five Stages of Greek Religion« (Oxford 1925). Der Autor beschreibt die Entwicklung der griechischen Religion über lange Zeiteinheiten.

Die ersten drei Stufen sind »natürlich«: a) Das Zeitalter der Unschuld und des Unwissens, bevor Zeus kam und den Verstand der Menschen durcheinanderbrachte; b) das Zeitalter der großen olympischen Götter, die Ordnung schufen auf der Welt und c) das Zeitalter der hellenistischen Periode von Platon über Paulus bis zu den frühen Gnostikern, wobei ein gewisser Skeptizismus eine entwicklungsträchtige Funktion übernahm. Von hier aus war eine 4. Stufe zu sehen, die hinter dem progressiven Verlust von Hoffnung im Zerfall der Reiche den religiösen Individualismus angesichts einer eschatologisch aufgeladenen Zukunft postulierte, das Erstreben persönlicher Heiligkeit. Letztlich führte dies – nach Murray – zu einer fünften Stufe, wo gegen den »christlichen Atheismus« selbst Stellung bezogen wird, aus der Sicht des »Julianischen Zirkels«.

Die zweite Schrift heißt »Evolution of Medieval Mentalities: A Cognitive-Structural Approach« (Ch. M. Radding, 1978). Hier werden mittelalterliche Regeln und Handlungsweisen mit dem Argumentieren von Kindern angesichts moralischer Situationen sensu Piaget und später sensu Kohlberg verglichen. Zum Beispiel wird ein anglo-sächsischer Kodex mit Stufe 2 des kindlichen Urteils in Zusammenhang gebracht, was offensichtlich ist, denn da heißt es etwa: »One Anglo-Saxon code allowed thirty shillings for an ear, sixty shillings for an eye, the tongue, a hand, or a foot, eight shillings for a front tooth, and so forth« (S. 586). Diese sehr sorgfältige und keineswegs kritiklos parallelisierende Arbeit zeigt, daß z. B. im 11. und 12. Jahrhundert ein Übergang des moralisch-religiösen Bewußtseins von mehr individualistischem Denken zur Verpflichtung in bezug auf die »nächsten« Gefährten und zur Gesellschaft hin stattfindet, ein eigentlicher phylogenetischer Stufenwechsel.

Solche Vergleiche müßten jetzt aufgrund unserer Stufenbeschreibung neu aufgenommen werden. Sie behandeln verobjektiviertes Wissen denkender Personen, hinter dem die jeweilige Basisstruktur im geschichtlichen Kontext aufscheinen kann. Das Erklären geschichtlicher Tatsachen anhand eines Systems geschichtlicher Regeln erhält somit eine dritte Dimension: die Folie religiöser oder ontologischer Entwicklung, die verlängert, in Wellenbewegung das Auf und Ab menschlicher Entwicklung mißt. Wir sagen Auf und Ab, weil, je höher die Entwicklung, desto leichter die Möglichkeit des Zerbrechens und des Neuanfangs. Geschichtliche Entwicklung ist vermutlich nicht linear wie die kognitive eines einzelnen Individuums. Vielmehr scheinen sich die Generationen auf einen Punkt hin zu entwickeln, an dessen Abbruch die Trümmer von anderen Generationen oft schwer wiedererkannt werden. Dies aber wäre anhand intensiver literarischer Analysen hermeneutisch zu überprüfen.

Auch Unterrichtsprotokolle, in denen Schüler genügend zum Sprechen kommen, genügend religiöse Fragen an eine nicht-religiöse Wirklichkeit stellen dürfen, müssen in Zukunft auf das allgemeine Niveau religiöser Entwicklung hin untersucht werden.

Anzufügen bleibt, daß das hier vorgestellte Programm offen ist. Es versteht sich als ein Beitrag für die empirische Orientierung speziell der praktischen Theologie (Schrör 1974; van der Ven 1984) und entspricht zudem der von Kaufmann (1970) verlangten, angemessenen Einführung erfahrungswissenschaftlicher Daten in die theologische und religionspädagogische Theoriebildung.[3]

---

[3] Eine weitere solche Übersicht über Forschungsprojekte findet sich in Oser (1988 b)

7 Zum Problem der Reichweite der kognitiven religiösen Strukturen

In diesem Kapitel sollen fragmentarisch die Grenzen, aber auch die Chancen und Konsequenzen, welche sich aus dem vorliegenden Ansatz ergeben, herausgestellt werden.[1]
Es scheint uns wichtig, zu zeigen, welche Möglichkeiten eine religiöse Erziehung haben könnte, wenn es darum ginge, zu einer höheren Stufe des religiösen Urteils zu führen. Personen auf höherer Stufe des religiösen Urteils weisen eine größere Freiheit, eine größere Transzendenzfähigkeit, eine fundiertere Hoffnung, ein reflektierteres Vertrauen, ein besseres Gleichgewicht zwischen Profan und Heilig und ein ausgeglicheneres Zeitverhältnis auf. Gefragt wird auch nach dem Verhältnis von kognitiver Urteilsstruktur und Wissensvermittlung; die didaktisch-erzieherischen Konsequenzen werden erläutert und die Frage nach dem eigentlichen Motiv religiösen Urteilens gestellt. Zum Schluß werden einige Konsequenzen gezogen, welche sich für die Theologie ergeben.

1 Eine ausführliche Orientierung über die pädagogischen Konsequenzen findet sich in: F. Oser, Wieviel Religion braucht der Mensch? (GTB Siebenstern 740), Gütersloh 1988. Darin wird insbesondere das im Rahmen dieser Untersuchung durchgeführte Unterrichtsprojekt mit Sekundarschülern dargestellt.

7.1 Die Basis für jedes Bildungsideal im Bereich der Wissensvermittlung

> Jede kognitive Aufnahme von (religiösen) Inhalten und Wissen überhaupt geschieht unter bestimmten Voraussetzungen. Die grundlegendste Voraussetzung und Basis jeglichen (religiösen) Verstehens stellen die kognitiv-religiösen Strukturen dar. Sie bilden die Grundbedingung religiösen Lernens und religiöser Sinndeutung. Die jeweilige Stufe bildet den prägenden Rahmen, innerhalb dessen Wissen und Inhalte aufgenommen und verarbeitet werden. Jede Stufenstruktur nimmt den gleichen Wissensinhalt unter anderen Gesichtspunkten auf, zieht zu dessen Verarbeitung andere Kriterien heran.

Wenn, wie das in allen Kulturen üblich ist, religiöse Erziehung und religiöse Sozialisation bestimmte Inhalte vermitteln, so ist die Basis des Verstehens und der Anwendung dieses Wissens im religiösen Handeln stets die jeweilige kognitiv-religiöse Struktur. Ob der Koran gelesen oder die Thora studiert oder ob ein Religionslehrer anhand von Beispielen den Begriff des »Gottesreiches« aufbaut, stets ist die Grundlage der schon verwendbaren Vorstellungen ein bestimmter Strukturtyp, nämlich die jeweilige Stufe oder deren Übergang. Sie bildet die apriorische Grundbedingung religiösen Lernens und religiöser Sinndeutung. Vermutlich wird diese Tatsache am eindeutigsten in Situationen der Predigt: Der Prediger, der z.B. von der Liebe Gottes spricht und dies an einem Beispiel darstellt, das sozial verankert ist, hat unterschiedliche Verstehens-Populationen vor sich. Für die einen hängt dieser Ausdruck zusammen mit der Erfüllung bestimmter präventiver Handlungen (Stufe 2), bei den anderen bedeutet »Liebe Gottes« Voraussetzungen möglichen sozialen Engagements, ohne jede Vorbedingung, stets gebunden durch die Erfüllung menschlicher Möglichkeiten (Stufe 4). Der jeweilige Sprachduktus hat eine vor dem Bewußtsein liegende, je nach Stufe andere Basisbedeutung, die sich nicht artikuliert, sondern die Grundlage der religiösen Rekonstruktion von Wirklichkeit bildet. Was immer ein religiöser Begriff im einzelnen für ein Subjekt bedeutet, wie immer auch ein Ausschnitt aus einem religiös-ontologischen Wirklichkeitsbereich erworben wird, das vorherrschende Regelsystem der Stufencharakteristika ist – wie unter anderem die Sprache – die Folie, auf deren Hintergrund assimiliert und akkommodiert wird. Das Verhältnis von Entwicklung und Lernen besteht darin, daß die jeweilige Entwicklungsstufe den Rahmen für Verstehen, Erklären und Verändern im einzelnen Kontext bietet.

Es gibt Texte, die vermutlich so gestaltet sind, daß sie für Subjekte jeglichen Entwicklungsstandes gleich eingängig sind, so etwa Gleichnisse oder Fabeln. Ihre Transparenz ist dadurch gegeben, daß sie in keinem Falle tale quale als Texte übernommen werden können, sondern daß immer eine Interpretation notwendig ist, um Verstehen zu erlangen. Und weil dieser Prozeß der Rekonstruktion speziell »verborgenen« Sinnes gefordert ist, wird deutlicher als in anderen Fällen, daß diese Interpretation auf dem Hintergrund der jeweiligen Stufe realisiert wird (vgl. Bucher 1987 a, b; Bucher & Oser 1987).

Religiöses Wissen, wie immer strukturiert und wie immer verankert, hat als Basis den strukturellen Kern der Grundinterpretation des Verhältnisses Letztgültiges-Mensch. Und dieses erweitert sich bis in den Konzeptbereich hinein. Vermutlich werden die Vorstellungen von Gott in bezug auf Abstraktheit nicht linear mit der Höhe der Stufen korrelieren, d. h. auch auf Stufe 3 können relativ kindliche Bilder von Gott (z. B. eine Person, die im All schwebt) auftauchen. Dies hängt vom jeweiligen kulturellen Kontext ab.

7.2 Die Entwicklung des religiösen Urteils und erzieherisch-didaktische Konsequenzen

In fünf Punkten sollen die erzieherisch-didaktischen Konsequenzen dargestellt werden.
Die Stufen des religiösen Urteils dienen 1. als Instrument zum besseren Verständnis der religiösen Argumentation von Personen jeglichen Alters; 2. machen sie deutlich, daß ein Stufenwechsel notwendig als Krisendurchgang in Erscheinung tritt; 3. wird einsichtig, warum ein bestimmter, konkreter (Wissens-)Inhalt auf jeder Stufe vollständig anders gesehen wird; 4. stellen die Stufen des religiösen Urteils für den Unterrichtenden selbst ein Instrument dar, sich seines eigenen Standortes und Argumentationsganges kritisch zu vergewissern und 5. dienen sie dazu, die je eigene Geschichte der religiösen Identitätsfindung zu rekonstruieren.

Die eigentliche Auseinandersetzung mit der Möglichkeit der Stimulierung zu einer höheren Stufe des religiösen Urteils wird in einer anderen Schrift dargestellt[2]. Nichtsdestoweniger soll hier ausblicksweise einiges zu den erzieherisch-didaktischen Folgen des Wissens um die Stufen des religiösen Urteils gesagt werden. Folgende Punkte mögen an dieser Stelle genügen:

1. Die Stufen der religiösen Entwicklung sind ein Instrument zum Verständnis der Argumentation der Kinder, der Heranwachsenden und der uns umgebenden Personen. Wir können in vielen entscheidenden Situationen dem Partner in seinem Begründungsweg folgen, wenn wir dieses Instrument in richtiger Weise einsetzen.

In der pädagogischen Literatur gilt als Apriori-Forderung, daß der Schüler dort abgeholt werde, wo tatsächlich sein Wissens- und Verstehensstand liegt. Ein Teil der anthropologischen Voraussetzungen des Lernprozesses besteht darin, daß neue Lernerfahrungen mit bestehenden Strukturen verknüpft werden können, oder genauer gesagt, daß neue Situationen mit bestehenden Strukturen assimiliert oder akkommodiert werden können. Im schulischen Alltag wird dieser Prozeß spontan realisiert. Aber gerade Bereiche wie Geschichte, Literatur, politische, soziale, ethische und religiöse Erziehung unterliegen oft der Gefahr des Abbruchs der Lerngeschichte, weil der Komplexitätsgrad, das Abstraktionsniveau, die subjektive Reichweite nicht berücksichtigt werden. Ein Stufenkonzept wie das vorliegende kann somit helfen, jene Verständigungsbasis zu schaffen, die den Unterrichtenden dem Lernenden und vice versa zu einem lernrelevanten Anderen werden läßt.

In diesem Sinne ist gelungene Lerninteraktion ›transzendental‹, d.h.: die Stufen bilden in ihr eine Bedingung der Möglichkeit von Verstehen; durch sie wird Verstehen als Lernvoraussetzung relevant.

2. Insbesondere ist der Übergang von einer Stufe zur nächsten durch eine Krisenhaltung geprägt, die oft nur durch die Kenntnis der Stufenbeschreibung und ihrer Transformationen verstanden und akzeptiert werden kann. Zur Identitätsfindung, zum Identitätsabschluß in einer bestimmten Phase gehört dieser Übergang z.B. von Stufe 2 zu Stufe 3, wie wir ihn S. 85 f. beschrieben haben. Dieser Übergang löst beim jungen Menschen Ablehnung seiner eigenen vorgehenden Struktur aus, die er bei anderen wiederfindet. (Er lehnt etwa den Einfluß eines ›Gottes‹ in dieser Welt ab, und er meint, daß Menschen ihre eigene kommunikative Verantwortung wahrzunehmen hätten. Die Konsequenz ist dann etwa Ablehnung des Kirchlichen, Ablehnung des Sakralen, Ablehnung theologischer

---

[2] Oser 1988 a

Sprache überhaupt, Ablehnung von religiösen Dilemmata usw.). Die Form der Krise kann durch das Wissen um den notwendigen Krisendurchgang von einer Stufe zur anderen lokalisiert und unterstützend geführt werden (désintégration positive).

3. Die Nichtabgeschlossenheit der religiösen Entwicklung bedingt, daß alle Wissenseinheiten traditioneller (z. B. biblischer), kultischer und aktuell interpretierter Handlungen in jeder Entwicklungsstufe neu bearbeitet, integriert und externalisiert werden müssen. Die Stufen bezeichnen ja im Sinne Tillichs (1969³, S. 9 ff.) eine Tiefendimension menschlichen Seins. Erst von dieser Tiefendimension her können konkrete Religionen, ihre Symbole und Einrichtungen je neu verstanden werden. Wenn Religion im Sinne Tillichs »das Sein des Menschen, sofern es ihm um den Sinn seines Lebens und Daseins überhaupt geht« (S. 9) ist, so ist ein bestimmter Inhalt auf jeder Stufe dieser Sinninterpretation neu zu rekonstruieren. Dies betrifft alles »greifbar« Religiöse, den jeweiligen Kult, das Gebet, die Offenbarung usw. Dem »blinden« Konzept der Curriculumspirale von Bruner (1973, S. 61 ff.) wird ein strukturell gefülltes Stufenkonzept gegenübergestellt, eine Hierarchie von Ebenen, die der Curriculumspirale klare Konturen zuweist und die inhaltlichen Partikel je neu reflektiert. Der gleiche Inhalt wird also auf jeder Stufe vollständig anders gesehen, und das bedingt ein erzieherisches Konzept, das wesentliche Inhalte jeweils immer wieder unter neuen Aktualitätsgesichtspunkten artikuliert.

4. Die Stufen des religiösen Urteils sind aber auch ein Instrument zur ›Messung‹ des Argumentationsweges der Unterrichtenden selbst. In einer Untersuchung zur Stimulierung des religiösen Urteils haben wir festgestellt, daß die Metakognition, also die Reflexion des eigenen Begründungsweges (des eigenen religiösen Urteils), ein Mittel zur Motivierung und zur Optimierung des religiösen Dialoges sein kann. Ich selber reflektiere darüber, wie ich wohl den Verzweiflungsakt des Selbstmordes einer Lehrerin religiös akzeptieren kann. Ich liefere Begründungen, ich schaffe ein Gleichgewicht in den sieben oben dargestellten Gegenpolen. Aber dieses Gleichgewicht muß ich wiederum der eigenen kritischen Metareflexion anhand des Wissens um die Stufenmerkmale unterstellen. Dies ist ein Prozeß der Wahrheitsfindung auf zwei Ebenen. Die eine betrifft die jeweiligen Argumentationspartikel auf einer bestimmten Stufe, die zweite die Zurückbindung dieser Argumentationspartikel an das theoretische Stufenkonzept an sich mit entsprechender Selbstkontrolle und damit interner Verunsicherung. Diese reflexive Ebene hat Peukert (1982, S. 99 ff.) unter dem Gesichtspunkt eines ›neuen‹ Praxisbegriffs eingeführt. »Praxis hieße dann, unter erfahrenen und erlittenen, die eigene Lebenswelt deformierenden systematischen Widersprüchen und damit unter Entfremdung auf eine nicht entfremdete Lebens-

form hin verändernd zu handeln, auf eine Lebensform hin, in der Identitäten gemeinsam gefunden werden können, so daß mit den Verhältnissen sich Subjekte ändern können und mit den Subjekten Verhältnisse. Diese Art von Praxis wäre im Kern selbst ein transformatorischer Lernprozeß« (S. 99).

5. Letztlich dient die hier beschriebene Ontogenese des religiösen Bewußtseins dazu, die je eigene Geschichte der Identitätsfindung zu rekonstruieren. Unsere Subjektwerdung spiegelt immer auch unser jeweiliges Verhältnis zwischen dem Unbedingten und unseren kommunikativen Verankerungen wider. Es ist Aufgabe, durch die Rekonstruktion von gelungenen und mißlungenen Sinnsituationen in den jeweiligen Lebensphasen sich selber in einem Wachstums- und Transformationsprozeß zu sehen, und zwar insbesondere im Hinblick auf eine höchste Stufe, die gerade dank der nicht in erster Linie inhaltlich gefärbten Religionsdimension eine persönlich verantwortete Glaubenshaltung, gepaart mit tiefer Toleranz und echter Solidarität, ermöglicht. Uns selber religiös zu erziehen heißt dann vor allem die Erschließung der Tiefendimension eines Unbedingten in jeder Situation des Lebens, dies als Existential mit einer neuen, befreienden Einführung von Religion und Religiosität in alle Lebensphänomene.

7.3 Das religiöse Urteil und der motivatorische Aspekt

> Wer behauptet, das religiöse Urteil betreffe nur den kognitiven Bereich der Person, liegt falsch. Denn wenn wir von Identität und damit auch von Urteil sprechen, so ist damit die Persönlichkeit und das für sie absolut Gültige gemeint. Wer eine Grenzsituation (z. B. den Todesfall eines Freundes) religiös verarbeitet, tut das nicht auf rein rationale, kognitive Weise. Er steht zu dem, was er sagt, er lebt es. Das religiöse Urteil meint also die Tiefenstruktur und damit auch einen umfassenden Teil der Person. Auch wenn dieses Urteil mit unterschiedlichem »Charakter« hervorgebracht wird, so betrifft es im wesentlichen immer den ganzen Menschen.

An der vorliegenden Theorie der Entwicklung des religiösen Urteils läßt sich der Vorwurf anbringen, es fehle der motivatorische, der psychodynamische Aspekt. Was ist mit diesem Vorwurf gemeint? Vermutlich ist damit gesagt, daß das religiöse Urteil nur aus diskursiven Prozessen besteht, aus kognitiven Verkettungen von logisch richtigen Gedankengängen ohne das Engagement der Person. Auf diesen Vorwurf müssen wir antworten.

Erstens sind Einschränkungen in der Reichweite des vorliegenden Theoriekonzeptes nicht nur zugegeben, sondern erwünscht (vgl. auch S. 47 ff.). Das Stufenkonzept sagt z. B. nichts darüber aus, wie religiöse Träume verarbeitet werden oder wie eine Beziehung zu einer religiösen Vorbildperson aufgebaut wird oder wie im religiös erzieherischen Bereich das Erlebnis eines Kultes verarbeitet oder wie eine epistemische Struktur aufgebaut wird usw.[1]

Obwohl indirekt auch diese Bereiche von den jeweiligen religiösen Argumentationsmustern berührt werden, wäre es aber falsch, unsere Theorie als reinen Logizismus abzutun.

Zweitens müssen wir also fragen, wo ihre Reichweite liegt und wie die psychodynamischen Elemente tangiert sind. Wir haben schon am Anfang dieser Schrift gesagt, daß wir das, was wir als das Religiöse bezeichnen, ins Subjekt verlegen. Diesem Religiösen nun wird ein existentieller Rahmen vorgelagert; denn das Subjekt spricht über das Religiöse in einer konkreten Situation, meistens in einer Situation, in der Kontingenz nicht in direkter Weise bewältigt werden kann. Die Verankerung ist also im Erfahrungsbegriff. Dort, wo sich die Person subjektiv auf eine praktische Frage einläßt, eine Frage, die nicht vorgefaßte Inhalte berührt, sondern die Aufforderung, in einer konkreten Situation das Verhältnis Letztgültiges–Mensch zu artikulieren und damit im Modus der Selbstbestimmung zu bewältigen. Dieses Verhältnis, diese Beziehung ist ja wiederum nichts Abstraktes, sondern ein Vorgang, der den ganzen Menschen fordert.

Was wir also ansprechen, ist ein Punkt der Analyse von Wahrheit unter dem Gesichtspunkt subjektiver Verpflichtung. Chisholm sagt dazu: »A *belief* or *assertion is true* provided, first, that it is a belief or assertion with respect to a certain state of affairs; that that state of affairs exists, and provided, secondly, that that state of affairs does exist; and a *belief* or *assertion is false* provided, first that it is a belief or assertion with respect to a certain state of affairs; that that state of affairs exists, and provided, secondly, that that state of affairs does not exist.« (Chisholm 1966, S. 103). Auf unsere Arbeit angewandt bedeutet dies, daß durch die offene Situationsdefinition (durch das Dilemma) diese ins Subjekt verlegte Wahrheit existentiell aufscheint. Der motivationale Aspekt ist also nicht so sehr als Ausmaß einer externen Spannung zu sehen; vielmehr interpretieren wir seinen Aspekt in der Ganzheitlichkeit der Situation und in der Verankerung des subjektiven religiösen Urteils in der jeweiligen existentiellen Erfahrung.

---

1 Es behandelt auch nicht Phänomene wie Liebesentzug, Überbehütung, Machtzuweisung, Gruppensteuerung, religiöse Pathologie u. a.

Es gibt dazu drittens noch einen weiteren Aspekt zu berücksichtigen:
Wir haben gesagt, daß religiöse kognitive Strukturen kondensierte Assimilationen und Akkommodationen sind, die über Jahre der religiösen Sozialisation entwickelt worden sind und dem Individuum dispositional zur Verfügung stehen. Was also in einer Kontingenzbewältigungssituation hervorgebracht wird, ist jener Personenanteil, der kompetenztheoretisch die wirklichen Tiefenstrukturen, d.h. die wirklichen Möglichkeiten der geistigen Erschließung hervorbringt. Wir wissen aus anderen Untersuchungen, daß diese Kompetenz durch soziale Konstellationen, z.B. Lösung religiöser Probleme in Gruppen, erhöht werden kann (vgl. Oser 1981). Nichtsdestoweniger ist also das, was hervorgebracht wird, eine »Glaubens-Meinung«, also eine Stellungnahme (belief or assertion) und nicht nur ein kognitives Skelett. Etwas ganz anderes ist die Arbeit des Forschers: Er kristallisiert aus diesem Material inter-individuell vergleichbare strukturale Elemente heraus, also kondensiertes Material, das eine Theorie der Entwicklung ermöglicht und die Bedingungen des Wachstums rekonstruiert.
Im klassisch genetisch-epistemologischen Ansatz wird, und dies sei viertens gesagt, der motivationale Aspekt stets mit dem Desäquilibrium und der Reäquilibration der Strukturen beschrieben. Dies ist natürlich ein wichtiger Aspekt, denn die Koordination zwischen möglichen religiösen Bezugsystemen (religiöser Inhalt, religiöse Gemeinde usw.) und möglichen erworbenen Strukturen kommt durch Störung des Gleichgewichts im Dilemma zustande.
Und Dilemmata bewirken notwendig, daß der Bezug zu dem, was wir externalisieren und was gesellschaftlich vorhanden ist, rekonstruktiv behandelt wird. Vielleicht nirgends so sehr wie beim Stellen von Fragen nach dem letzten Sinn des Lebens, nach Hoffnung, nach Freiheit, nach Transzendenz als Beziehung und Bedingung der Möglichkeit von Leben in Gesellschaft, geschieht »ausweitende Äquilibration« (vgl. Furth 1982, S. 212), ist sie zugleich auch das antreibende Element der momentanen Aktualisierung möglicher Letztbegründungen und der religiösen Entwicklung überhaupt.

7.4 Konsequenzen für die Theologie: die Genetisierung theologischer Aussagen

> Die wichtigste Konsequenz für die Theologie besteht darin, den Entwicklungsgedanken im strukturgenetischen Sinne fundamental in ihr Denken und Forschen aufzunehmen. Dies bedeutet, daß z. B. bei Texten und ihrer Analyse unterschiedliche Stufenentwicklungen mitberücksichtigt werden könnten. Auch wäre es möglich, die Entwicklung einzelner Personen (Ontogenese) in vielen Fällen mit religionsgeschichtlichen Analogien nachzuzeichnen (Phylogenese). Viele Ungereimtheiten in der Geschichte der Religion hängen vielleicht oft mit der tiefen religiösen Entwicklungsstufe von Verantwortlichen zusammen. Anhand der einzelnen theologischen Disziplinen soll die Relevanz des Entwicklungsgedankens, wie er im Stufenmodell zum Ausdruck kommt, verdeutlicht werden.

Zum Schluß sei – wiederum fragmentarisch – noch auf Folgen hingewiesen, die sich aus der in diesem Buch vorgelegten Entwicklungstheorie für theologisches Denken ergeben könnten. Dies deshalb, weil wir zu wagen hoffen, daß die hier vorgelegten Überlegungen nicht nur im sozialwissenschaftlichen Bereich, sondern auch in jener Wissenschaft zu fruchtbaren Diskussionen führen könnte, die von alters her den genuinen Auftrag wahrzunehmen hat, die religiöse Wirklichkeit zu erschließen, indem sie als Glaubens-Wissenschaft »ein *Wissen im Glauben*, ein *Wissen aus dem Glauben* und schließlich auch ... ein *Wissen über den Glauben* zu erzeugen« (Seckler 1977, S. 168) hat: die Theologie.

Angesichts makro- und mikrostruktureller Krisenerfahrungen, welche unsere Gegenwart zutiefst prägen, stellt sich mit aller Dringlichkeit »die Frage, was überhaupt humanes, genauer noch: menschliches Leben und Zusammenleben förderndes Handeln sei und woran es sich orientieren könne« (Peukert 1981, S. 280). Daß nicht nur die Humanwissenschaften, sondern auch und gerade die Theologie durch diese fundamentale Fragestellung der Gegenwart herausgefordert ist, ergibt sich aus ihrem durch die ganze Geschichte hindurch immer erhobenen Anspruch, gerade Religion, religiöse Praxis vermöge – auch unter Beachtung ihrer grundsätzlichen Ambivalenz – doch die wahre Situation und Grundverfaßtheit von Mensch und Welt zu erschließen. Im Interesse der Selbstwerdung des Menschen sei die religiöse Dimension – so haben auch wir im ersten Kapitel betont – zur Identitätsbildung notwendig und müsse daher zur Erreichung wahren Menschseins den Sozialisationsprozeß integrativ mitbestimmen (vgl. auch Mette 1979, S. 136).

Davon ausgehend ist aber zunächst festzustellen, daß es gegenüber diesem Anspruch sowohl auf der Theoriebildungsebene als auch auf der Ebene praktischer Reflexion große Leerstellen gibt:
a) Auf dem Gebiet religiöser Sozialisation verfügen wir kaum über empirisch gehaltvolles Wissen.
b) Wenn wir Gesetzeswissen etwa im strukturgenetischen Ansatz zur Verfügung haben, dann wird es kaum zur Kenntnis genommen.
Die systematische Theologie etwa hat den strukturgenetischen Gesichtspunkt noch wenig aufgenommen. Dieses Versäumnis dürfte mehrere Ursachen haben, kann aber zum einen sicher in der z. T. religionskritischen Attitüde der Humanwissenschaften und zum anderen aber auch in der versuchten Immunisierung der Theologie gegenüber empirischer Forschung lokalisiert werden. In bezug auf obiges Desiderat hat sich wohl die Theologie im interdisziplinären Gespräch, u. a. mit den Humanwissenschaften, auf weite Strecken in ein Abseits manövriert, so daß sie ihre Chancen und Möglichkeiten, die sich ihr in einer interdisziplinären Forschungspraxis böten, kaum wahrnehmen kann. So könnte sich die Theologie etwa »zum Anwalt der in den Einzelwissenschaften nicht bedachten, aber bleibenden Fragen nach dem Woher und Wohin, nach Grund, Sinn und Ziel« (Fries 1981, S. 64) machen, und die Humanwissenschaften könnten die Theologie daran erinnern, daß die Wahrheit immer konkret ist.

Daß die Wahrheit konkret ist, daran möchten auch die in dieser Schrift vorgelegten Überlegungen zur Ontogenese des religiösen Bewußtseins erinnern; d.h. für die Theologie müßte doch – unter den zunehmend prekären Tradierungschancen des Christentums (vgl. z.B. Kaufmann 1979) – nicht mehr nur interessant sein, was sein soll, sondern sie müßte auch vermehrt ein Flair, ein Wissen, aber auch Strategien entwickeln, wie dieses Soll erreicht, ihm entsprochen werden kann, wie also etwas tatsächlich *ist* und wie es *wird*. Wenn man die Gretchenfrage an die Theologie »Wie hältst du's mit der Empirie?« (H. Schröer, zit. nach Mette 1978, S. 297) dahingehend beantwortet, »daß Theologie als Wissenschaft von konkreten Situationen und ihren Anforderungen, also im weitesten Sinn von Empirie auszugehen hat; daß zu deren Analyse auf empirische Methoden nicht verzichtet werden kann; daß diese Methoden und mit ihr verbundene Theorien allein jedoch zur Erkenntnis der mehrdimensional strukturierten Wirklichkeit nicht ausreichen« (Mette 1978, S. 302), dann ergibt sich aus dem vorliegenden Projekt zumindest eine Einsicht, die für theologisches Denken Konsequenzen hat: Da Theologie zutiefst als praktische Wissenschaft verstanden werden muß, eine praktische Wissenschaft aber nach dem Stand der wissenschaftstheoretischen Diskussion auch als Theorie kommunikativen Handelns begriffen werden kann, kommt der hier angewandten genetischen Kompetenz- und Identitätstheorie eine Schlüsselstellung zu.

Denn es ist davon auszugehen, daß Erkenntnis in ursprünglichster Weise handlungsgebunden ist und als Konstruktion des Subjekts aufgefaßt werden muß, »daß die Vorstruktur unseres Verstehens, wie immer sie sich existentiell ›entwerfen‹ mag, eben eine *gewordene* ist und so auf ihre eigene Genese zurückweist« (Fetz 1979 a, S. 183), was bedeutet, daß ein adäquates Verstehen des Menschen das Verstehen seiner Genese impliziert. Das hat für theologisches Denken zur Folge, daß es (1) von einer Religionstheorie ausgeht, die eine Theorie der Entwicklung des religiösen Bewußtseins enthält, welche es erlaubt, die geschichtlichen Gestaltungsformen religiösen Bewußtseins ihrer Struktur und ihrem Niveau nach zu analysieren, und daß es (2) im normativen Rückgriff auf alt- und neutestamentliche Aussagen ein Subjektverständnis bildet, das den Glaubenden in einem krisenhaften Transformationsprozeß sieht. Weil Glaube als fundamentaler Transformationsprozeß begriffen wird, ist es mittels einer Theorie der Ontogenese des religiösen Bewußtseins theologischem Denken möglich, historische Modelle und die je eigene persönliche Geschichte der (religiösen) Identitätsfindung zu rekonstruieren.

Diese Einsichten des strukturgenetischen Ansatzes im Bereich religiöser Entwicklung sollten in die einzelnen theologischen Disziplinen hineingetragen und dort fruchtbar zur Anwendung gebracht werden. Wie dies geschehen könnte, sei für die Praktische Theologie, Moraltheologie, Systematische Theologie und die Biblische Exegese angedeutet. Für diese Disziplinen gilt zwar, daß sie vorwiegend Inhalte betrachten und wenig den genetisch-strukturalen, übergreifend universalistischen Gesichtspunkt erörtern. Um so mehr sollte dieser Gesichtspunkt mit in die jeweiligen Fragestellungen hinein verwoben werden.

Für die *Praktische Theologie,* die sich als Handlungtheorie mit den expliziten und konkreten Vollzugsformen christlichen Handelns beschäftigt, liegt die Relevanz des hier dargestellten Ansatzes auf der Hand. Was für die Theologie im allgemeinen gilt, trifft in besonderem Maße auf diese Disziplin zu. Es geht ihr nicht einfach um ein lernbares und anwendbares Wissen, denn »die Sache, um die es der Theologie geht, kann nicht nach Art von Sachverhalten informativ zur Kenntnis gebracht werden. Sondern es geht hier um die Mitteilung einer Wirklichkeit, die Ursprung für verändertes kommunikatives Verhalten ist; das heißt die erkennenden und handelnden Subjekte sind unmittelbar in ihrer eigenen Identität betroffen« (Mette 1978, S. 352).

Daher sind die kognitiven Verstehensvoraussetzungen, gekoppelt mit den qualitativ-religiösen Gleichgewichtsmerkmalen im praktisch-theologischen Handlungsfeld, zu beachten. Denn die Verkündigung von bestimmten Offenbarungsinhalten, das persönliche Beratungsgespräch, die Gestaltung und Interpretation religiöser Riten usw. richten sich an Personen mit unterschiedlicher Sensibilisierung für religiöse Inhalte, mit unterschiedlichem Denkvermögen und auch mit unterschiedlicher Entwicklungsstufe des religiösen Urteils. Das, was also gesagt wird, ist nicht mehr zu behandeln, ohne die Voraussetzungen im Sinne des strukturgenetischen Ansatzes mitzubedenken. Dies gilt sogar in einfachsten Situationen, wo z. B. Personen Bibelszenen in den Glasfenstern einer Kathedrale betrachten, das »Wort zum Sonntag« hören, einer Taufe beiwohnen, der Auslegung eines Textes zuhören, im Religionsunterricht die Frage nach der Theodizee erörtern: Stets wird der entsprechende Inhalt je nach Stufe anders assimiliert. Die Voraussetzungen mitzubedenken, heißt daher z. B., unterschiedliche Stufenaussagen voneinander abzuheben, dann zu vereinfachen, bei denjenigen Stufen zu beginnen, auf der vermutlich Personen stehen und mögliche Transformationen mit darzustellen usw.

Die *Moraltheologie*, als zweites Beispiel, hat ihre eigenen idealtypischen und normativen Systeme auf den strukturgenetischen Ansatz hin zu transformieren und auch das *Werden* des sittlich autonomen Menschen in diesem Sinne mitzubedenken. Denn wenn es der moraltheologischen Hermeneutik darum geht, die sittliche Autonomie, den letzten Grund menschlichen Tuns und Sollens einsichtig zu machen und schließlich die sittliche Autonomie auch theologisch zu rechtfertigen, dann kann dies nicht ohne konkrete Bezugnahme auf die moralischen und religiösen Verstehensformen, wie sie sich in den konkreten Vollzügen heutiger Menschen manifestieren, geschehen. Die Stufentheorie des religiösen Urteils trägt dazu bei, das asymmetrische Verhältnis, die sich widerstreitenden Ansprüche von Moral und Religion erklärend und verstehend zu vermitteln. »Dabei geht es um die Frage, ob der Glaube an Gott die sittliche Autonomie des Menschen aufhebt, ob plötzlich der Mensch, sobald er glaubt, wieder zur Marionette wird, die an den Fäden des Willens Gottes hängt, an denen er – selbst willenlos – hin und her bewegt wird« (Hoffmann 1979, S. 215). Dies bedingt, daß die Moraltheologie die Stufen des religiösen Urteils vom Standpunkt der Moral her zu interpretieren lernen muß und umgekehrt die Stufen des moralischen Urteils sensu Kohlberg vom Standpunkt ihres theologischen Anspruchs.

Die *Systematische Theologie* gibt in ihren Themenkomplexen (theologische Erkenntnislehre, Gottes- und Schöpfungslehre, Christologie, Soteriologie, Eschatologie, Ekklesiologie) Auskunft über die historische wie die gegenwärtige Struktur (= Reflexion des Vermittlungsvorganges), Bedeutung und Funktion von Glaubensaussagen. Der Charakter der Theologie als System kommt darin zum Ausdruck, daß theologische Vernunft die Strategie ihrer Erkenntnis explizit macht und so den Zusammenhang in seiner Struktur darstellt. Und wenn man davon ausgeht, daß die allgemeinsten Grundlagen der systematischen Theologie in der Anthropologie zu suchen sind (vgl. z. B. Pannenberg 1973, S. 424), dann kann ihre besondere Aufgabe zusammenfassend darin gesehen werden, daß sie sich bemüht, »die religiösen Implikationen der empirisch festgestellten Sachverhalte aufzuarbeiten. Ihr wird es darauf ankommen, die theologische Relevanz der psychologischen, soziologischen, anthropologischen Einsichten zu untersuchen« (Greive 1975, S. 68).

Die Erweiterung im Sinne des strukturgenetischen Ansatzes müßte grundsätzlich so angestrebt werden, daß das Werden theologischer Systeme als Vergleich ontogenetischer und phylogenetischer Ansätze mitbedacht wird. Konkret würde das bedeuten, einerseits die verschiedenen theologisch-systematischen Konzepte der einzelnen Themenkomplexe, etwa der Christologie oder der Gotteslehre, mit den Stufen des religiösen Urteils zu korrelieren; andererseits wäre es notwendig, den strukturgenetischen Ansatz so konstitutiv in die systematischen Denkbemühungen miteinzubeziehen, daß eine theologische Grundaussage, wie etwa der Satz »Gott ist Liebe«, immer auch in ihrer genetischen Struktur plausibel und nachvollziehbar wird; ferner sind lebensgeschichtliche Ereignisse großer Theologen unter ontogenetischer Perspektive in den Verstehenshorizont des Werdens bestimmter Ansätze miteinzubeziehen. Die ontogenetische Betrachtungsweise innerhalb der Systematischen Theologie könnte dazu beitragen, den Zusammenhang zwischen historischen und gegenwärtigen Glaubensaussagen in bezug auf ihre subjektive und existentielle Relevanz hin aufzuhellen, um so zugleich die Verstehensvoraussetzungen von theologischen Systemen und Konzepten zu verbessern.

In der *biblischen Exegese* schließlich – und besonders in ihr – sind die geschichtlich-phylogenetischen Linien als Vorbedingung des ontogenetischen Ansatzes mitzubedenken. Aussagen des Alten und Neuen Testamentes sind, nebst ätiologischer, textanalytischer, schichtanalytischer, wirkungsgeschichtlicher usw. Analyse, auch unter der Fragestellung zu untersuchen, ob die phylogenetische Entwicklung religiösen Denkens der Entwicklung des religiösen Urteils einzelner Personen in einer bestimmten Weise entspricht. Ebenso wäre für die biblische Hermeneutik wichtig, einzelne Textformationen auf die ihnen inhärente Urteilsstruktur zu untersuchen, da angenommen werden kann, daß die Niveaus der religiösen Urteilsstruktur in den biblischen Texten aufgrund der Verschiedenheit des Kontextes, der Zuhörerschaft, der Gesellschaftsformation usw. erheblich differieren.

Dies sollen nur Andeutungen und Beispiele sein. Sie beziehen sich ebenso auf die Religionsgeschichte, Religionspsychologie und die Religionsphilosophie. Gerade in der Religionsphilosophie wurden immer wieder Spekulationen über Entwicklungen ohne direkten empirischen Gehalt vorgenommen. So finden wir z. B. Entwürfe von Entwicklungsstadien bei Hegel, Kierkegaard, Nietzsche und Fichte. Fichtes Entwicklungsansatz etwa – der in seiner Differenziertheit durchaus auch heute noch Beachtung verdiente – unterscheidet in seiner Religionslehre von 1806 (»Die Anweisung zum seligen Leben«) fünf mögliche praktische Lebenshaltungen oder Weltansichten: (1) Standpunkt der *Sinnlichkeit:* Vorherrschend ist der Sinn für objektive Dinge und Gegebenheiten und die damit verbundene Befriedigung; (2) Standpunkt der *Rechtlichkeit:* Vorherrschend ist der Sinn für soziale Realitäten und die damit verbundenen Erfordernisse und Genugtuungen; (3) Standpunkt der *Sittlichkeit* (Moralität): Vorherrschend ist der Sinn für Vernunft und die damit verbundene Verantwortung und Erfüllung; (4) Standpunkt der *Religion:* Vorherrschend ist das Bewußtsein der Einheit mit dem Absoluten und die damit verbundene innere Ruhe und Gewißheit. Der abschließende fünfte Standpunkt (Standpunkt der *Wissenschaft*) geht nur noch akzidentell über das hinaus, was schon das Wesen des religiösen Standpunktes ausmacht. Auf dem fünften Standpunkt wird für die Vernunftswissenschaft »genetisch, was für die Religion nur ein absolutes Faktum ist«, denn dieser »hebt allen Glauben auf und verwandelt ihn in Schauen« (Fichte 1971, SW, Bd. V, S. 472).

Als zweites Beispiel einer spekulativen Entwicklungslogik sei noch Jaspers (1962, S. 427) angeführt. Er sagt: »Die Befreiung geht von den dumpfen wilden Mächten zu den persönlichen Göttern, die jenseits von Gut und Böse stehen, zu den sittlichen Göttern, von den Göttern zum einen Gott – und zu letzter Freiheit dorthin, wo der eine und der persönliche Gott als Chiffre erkannt wird. Nenne man diese letzte Befreiung den Anstieg von Gott zur Gottheit, von den Chiffren zu dem, woraus alle Chiffren Sprache werden, es ist die Befreiung aus allen Fesseln der eigenen Vorstellungen und Gedanken hin zur Wahrheit selbst, vor der das Denken stillsteht.«

Solche Aussagen und Systematisierungen bilden einen möglichen Ausgangspunkt für einen Vergleich philosophischer »Stufen« der Wirklichkeitsbewältigung mit den empirisch gehaltvollen Beschreibungen einer Stufenentwicklung des religiösen Urteils.

Für die Theologie ergibt sich damit zumindest eine wichtige Konsequenz: Ihre Erkenntnisbemühungen sind nicht mehr nur abstrakt auf die Bedingungen der Möglichkeit von religiöser Erfahrung, Glauben usw. zu richten; vielmehr gilt es darüber hinaus, die theologisch-normativen Aussagen konstruktiv auf ihre Genese hin zu befragen und zu untersuchen. Dies könnte – wie oben angedeutet – in jeder theologischen Teildisziplin geschehen. In der theologiegeschichtlichen Auseinandersetzung von Emanzipation und Offenbarung läßt sich z.B. zeigen, daß sich die Entwicklung kognitiver Stufen des religiösen Urteils im geschichtlichen Prozeß religiöser Deutungssysteme verobjektiviert und diese Objektivierung wiederum die Entwicklung des einzelnen prägt (vgl. Singe 1982, 79 ff.). So zeigt Eicher z.B. auf (vgl. 1975, bes. 15–49; 1977), daß bis zum Tridentinum das Problem Offenbarung contra Emanzipation nicht aktuell ist, da Glaube und Vernunft niemals als selbständige Erkenntnisprinzipien auseinandertreten. Dieses Urteilsniveau der Stufen 1 und 2 wandelt sich durch die kulturellen Strömungen der Renaissance, der Reformation und des Deismus in ein Stufe-3- oder Stufe-4-Urteil. Durch die humanistischen Gedanken der Renaissance vorbereitet, beginnt der Kampf der Reformation gegen die natürliche Vernunft und die katholische Kirchenautorität. Im Deismus wird das Offenbarungsprinzip selbst von Vernunftkriterien naturwissenschaftlicher und geschichtlicher Erfahrungen in Frage gestellt. In der Aufklärung radikalisiert sich dieser Bruch zwischen Offenbarung und Vernunft und wird zugleich – etwa durch G. E. Lessing, der die innere Wahrheit der Offenbarung als Absage an den von Autorität bestimmten Offenbarungsglauben und als die Befreiung des Menschen zur Vernunft versteht – überwunden.

In dieser grob schematisierten Entwicklung hin zu einem Stufe-5-Niveau ließen sich sicherlich immer wieder regressive Tendenzen aufspüren. Ebenso erfaßt die aufgezeigte Entwicklung nie sämtliche Teilsysteme. Die katholische Reaktion auf die Aufklärung war denn z. B. auch ein Beharren auf dem Prinzip einer übernatürlichen Offenbarungsautorität gegen die emanzipierte Vernunft.

Die seit der Aufklärung besonders deutliche Auseinandersetzung um das Verhältnis von Offenbarung und Emanzipation ist ein Zeichen für die Abhängigkeit der Entwicklung eines Stufe-5- und Stufe-6-Niveaus von gesellschaftlichen Sozialisationsbedingungen. Ökonomische, politische und ideologische Systeme können je nach ihrer Struktur regressive oder produktive Entwicklungen begünstigen. Geschichtlich läßt sich also aufzeigen, daß die verschiedenen Regelsysteme immer wieder dazu benutzt wurden, entweder Offenbarung gegen Emanzipation auszuspielen oder Offenbarung im Hinblick auf Emanzipation abzulehnen. Das Prinzip der »Emanzipation durch Offenbarung«, das Eicher (1975, S. 34 ff.) als biblisches Handlungsprinzip aufweist, wird erst möglich auf dem Niveau höherer religiöser Urteilskompetenz.

Was bedeutet nun dieser Befund? Auf der einen Seite steht das biblische Handlungsprinzip »Emanzipation durch Offenbarung«, das nur auf Stufe-5- und Stufe-6-Niveaus erreicht werden kann, andererseits aber befindet sich der überwiegend größte Teil der (gläubigen) Bevölkerung auf dem Niveau der Stufen 1– 4. Diese Diskrepanz und Ungleichzeitigkeit zwischen »Ist« und »Soll« kann nun theologisch verschieden bewältigt werden. Meistens wird zwar versucht, mit mehr oder weniger plausiblen Kausalerklärungen die prekäre Situation analytisch »einsichtig« zu machen, die Folgen davon sind aber in der Regel mehr oder weniger hilf- und folgenlose Appelle. Dies macht es erforderlich, das in der Theologie noch vorherrschende spekulative Denken durch erfahrungswissenschaftliche Forschung zu ergänzen. Konstitutive theologische Kategorien und Annahmen der Persönlichkeitsgenese müssen prinzipiell empirischer Prüfung zugänglich bzw. auch empirisch begründet sein.

Eine Theorie der Ontogenese des religiösen Bewußtseins kann begründend einsichtig machen, daß etwa Appelle auf dem Niveau der Stufe 5 bei Personen, die sich selbst auf dem Niveau der Stufe 2 bewegen, ungehört verhallen bzw. Unverständnis auslösen müssen. Indem eine Entwicklungslogik des religiösen Bewußtseins die Genese religiöser Urteilsbildung offenlegt, wird es einerseits nicht nur möglich, die Diskrepanz zwischen dem, was ist (z. B. Stufe 2), und dem was idealiter sein sollte (z. B. Stufe 5), festzustellen, sondern darüber hinaus vermögen wir durch sie die Vermittlungsschritte im Sinne von strukturellen Bewußtseinstransformationen anzugeben. Daß dies für die Ebene der Glaubensvermittlung von besonderer Bedeutung ist, muß nicht eigens betont werden. Daher nochmals: will Theologie die Möglichkeiten zukünftiger Glaubensvermittlung eruieren, so darf sie sich nicht damit begnügen, in abstrakt spekulativer Argumentation einen unverzichtbaren Beitrag der Religion für die Subjektwerdung zu behaupten. Vielmehr ist es notwendig, theologisches Denken entschieden unter strukturgenetischer Perspektive zu betreiben, dies selbst dann, wenn, wie im obigen Beispiel zum Verhältnis von Emanzipation und Offenbarung, der Unterschied Phylogenese–Ontogenese durch neue, weiterführende Forschung herausgearbeitet werden muß.

Literaturverzeichnis

Aebli, H. (1969), Die geistige Entwicklung als Funktion von Anlage, Reifung, Umwelt- und Erziehungsbedingungen. In: H. Roth (Hrsg.), *Begabung und Lernen (Deutscher Bildungsrat: Gutachten und Studien)*. Stuttgart: Klett, 151–191

Apel, K.O. (1973), *Transformation der Philosophie. Bd. I: Sprachanalytik, Semiotik, Hermeneutik.* Frankfurt: Suhrkamp

Apel, K.O. (^{2}1981), *Transformation der Philosophie. Bd. II: Das Apriori der Kommunikationsgemeinschaft.* Frankfurt: Suhrkamp

Baltes, P.B./Goulet, C.R. (1979), Ortsbestimmung und Systematisierung einer Entwicklungspsychologie der Lebensspanne. In: P.B. Baltes/L.H. Eckensberger (Hrsg.), *Entwicklungspsychologie der Lebensspanne*. Stuttgart: Klett, 35–54

Berger, P.L./Luckmann, T. (1969), *Die gesellschaftliche Konstruktion der Wirklichkeit*. Frankfurt: Fischer

Berkowitz, M. W./Oser, F./Althof, W. (1987), The development of sociomoral discourse. In: W. M. Kurtines & J. L. Gewirtz (Hrsg.), *Moral Development Through Social Interaction*. New York: Wiley, 322-353

Bitter, G. (1981), Was ist Korrelation? Versuch einer Bestimmung. In: *Katechetische Blätter, 106*, 343–345

Bloch, E. (1968), *Atheismus im Christentum*. Frankfurt: Suhrkamp

Böckle, F. (1977), *Fundamentalmoral*. München: Kösel

Broughton, J.M. (1978), Development of concepts of self, mind, reality, and knowledge. In: *New Directions for Child Development, No. 1: Social Cognition*, 75–100

Broughton, J.M. (1980 a), *The development of philosophical thinking in adolescence. A progress report on a longitudinal study*. Harvard: Arbeitspapier

Broughton, J.M. (1980 b), Genetic metaphysics: The developmental psychology of mind body concepts. In: R.W. Rieber (Hrsg.), *Body and Mind. Past, Present and Future*. New York: Academic Press, 177-221

Brumlik, M. (1985), *Die religiöse Entwicklung von Martin Buber*. Unveröffentlichtes Manuskript. Pädagogisches Institut der Universität Freiburg/Schweiz

Bruner, J.S. (1973), *Der Prozeß der Erziehung*. Berlin: Schwann

Bucher, A. (1985), *Die religiöse Entwicklung des Dichters Rainer Maria Rilke*. Berichte zur Erziehungswissenschaft aus dem Pädagogischen Institut der Universität Freiburg/CH, Nr. 56

Bucher, A. (1987a), *Wenn zwei das gleiche Gleichnis hören, so ist es nicht das gleiche. Strukturgenetische Untersuchungen zur Rezeption dreier synoptischer Parabeln*. Unveröffentlichte Lizentiatsarbeit, Freiburg/CH

Bucher, A. (1987b), Gleichnisse – schon in der Grundschule? Ein kognitiv-entwicklungspsychologischer Beitrag zur Frage der altersgerechten Behandlung biblischer Gleichnisse. In: *Katechetische Blätter, 112*, 194–203

Bucher, A./Oser, F. (1987), Wenn zwei das gleiche Gleichnis hören, so ist es nicht das gleiche. Theoretische und empirische Aspekte einer strukturgenetischen Religionsdidaktik – exemplifiziert an der neutestamentlichen Parabel von den Arbeitern im Weinberg. In: *Zeitschrift für Pädagogik, 33*, 167–183

Bucher, A./Oser, F. (1988), Hauptströmungen in der Religionspsychologie: In: D. Frey et al. (Hrsg.), *Angewandte Psychologie. Ein Lehrbuch*. München: Urban & Schwarzenberg (im Druck)

Candee, D./Graham, R./Kohlberg, L. (1978), *Moral development and life outcomes*. Harvard: Internes Arbeitspapier

Chisholm, R.M. (1966), *Theory of Knowledge*. Englewood Cliffs: Prentice-Hall

Colby, A./Kohlberg, L. (1974), Relations between cognitive and moral stages. In: L. Kohlberg, *Moralization, the cognitive developmental approach*. Cambridge, Mass.: Center for Moral Education, Harvard University (hektographiert)

Colby, A./Kohlberg, L./Gibbs. J./Candee, D./Speicher-Dubin, B./Hewer, A./Kauffman, K./Power, C. (1982), *Standard Form Scoring Manual*. Form A und Form B. Harvard University (hektographiert)

Damon, W. (1982), Zur Entwicklung der sozialen Kognition des Kindes. Zwei Zugänge zum Verständnis von sozialer Kognition. In: W. Edelstein/M. Keller (Hrsg.), *Perspektivität und Interpretation. Beiträge zur Entwicklung des sozialen Verstehens*. Frankfurt: Suhrkamp, 110-145

Dietrich, R. (1978), Erklären und Verstehen als Aufträge der erziehungswissenschaftlichen Forschung. In: *Psychologie in Erziehung und Unterricht, 25*, 357–368

Döbert, R. (1978), Sinnstiftung ohne Sinnsysteme? In: W. Fischer/W. Marhold (Hrsg.), *Religionssoziologie als Wissenssoziologie*. Stuttgart: Kohlhammer, 52–73

Döbert, R./Nunner-Winkler, G. (1975), *Adoleszenzkrise und Identitätsbildung*. Frankfurt: Suhrkamp

Drehsen, W./Helle, H.J. (1978), Religiosität und Bewußtsein. Ansätze zu einer wissenssoziologischen Typologie von Sinnsystemen. In: W. Fischer/W. Marhold (Hrsg.), *Religionssoziologie als Wissenssoziologie*, Stuttgart: Kohlhammer, 38–51

Durkheim, E. (1912), *Les formes élémentaires de la vie religieuse*. Paris: Presses Universitaires de France. dt. 1981: Die elementaren Formen des religiösen Lebens. Frankfurt: Suhrkamp

Eckensberger, L.H./Villenave-Cremer, S./Reinshagen, H. (1980), Kritische Darstellung von Methoden zur Erfassung des Moralischen Urteils. In: L.H. Eckensberger/R.K. Silbereisen (Hrsg.), *Entwicklung sozialer Kognitionen. Modelle, Theorien, Methoden, Anwendung*. Stuttgart: Klett-Cotta, 335–377

Eicher, P. (1975), *Solidarischer Glaube*. Düsseldorf: Patmos

Eicher, P. (1977), *Offenbarung. Prinzip neuzeitlicher Theologie*. München: Kösel

Einstein, A. (1981), *Briefe*. Zürich: Diogenes

Eliade, M. (1957), *Das Heilige und das Profane*. Hamburg: Rowohlt

Elkind, D. (1961), The child's conception of his religious denomination, I. The jewish child. In: *Journal of Genetic Psychology, 99*, 209–225

Elkind, D. (1962), The child's conception of his religious denomination, II: The catholic child. In: *Journal of Genetic Psychology, 101*, 185–193

Elkind. D. (1963), The child's conception of his religious denomination, II. The protestant child. In: *Journal of Genetic Psychology, 103*, 291–304

Erikson, E.H. (1968), *Identity. Youth and crisis*. London: Faber & Faber (dt. 1981: Jugend und Krise. Die Psychodynamik im sozialen Wandel. München: Ullstein)

Erikson, E.H. (1971), *Kindheit und Gesellschaft*. Stuttgart: Klett

Erikson, E.H. (1975), *Der junge Mann Luther*. Frankfurt: Suhrkamp

Fetz, R.L. (1979), Die Gegenwärtigkeit aristotelischen Denkens. Erläutert am Werk Jean Piagets. In: *Vierteljahresschrift für Heilpädagogik, 48*, 221–236

Fetz, R.L. (1979a), Kreis des Verstehens oder Kreis der Wissenschaften? Anthropologie im Spannungsfeld von Philosophie und Wissenschaft. In: *Freiburger Zeitschrift für Philosophie und Theologie, 26*, 163–201

Fetz, R.L. (1981), Genetische Semiologie? Symboltheorie im Ausgang von Ernst Cassirer und Jean Piaget. In: *Freiburger Zeitschrift für Philosophie und Theologie, 28*, 434–470

Fetz, R.L. (1982), Naturdenken beim Kind und bei Aristoteles. Fragen einer genetischen Ontologie. In *Tijdschrift voor Filosofie, 44*, 473–513

Fetz, R.L. (1982), Pour une ontologie génétique. J. Piaget et la philosophie moderne. In: *Revue internationale de Philosophie, 142–143*, 409–434

Fetz, R.L. (1985), Die Himmelssymbolik in Menschheitsgeschichte und individueller Entwicklung. Ein Beitrag zu einer genetischen Semiologie. In A. Zweig (Hrsg.) *Zur Entstehung von Symbolen. Schriften zur Symbolforschung, Bd. 2*. Bern: Lang, 111–150

Fetz, R.L./Oser, F. (1985), *Weltbildentwicklung und religiöses Urteil*. Freiburg/Schweiz: Berichte zur Erziehungswissenschaft, 47, Pädagogisches Institut der Universität Freiburg. Gekürzt in: W. Edelstein/G. Nunner-Winkler (Hrsg.), Zur Bestimmung der Moral. Frankfurt: Suhrkamp 1986, 443-469

Fichte, J.G. (1979), Die Anweisung zum seligen Leben. In: *Sämtliche Werke*, hrsg. von I.H. Fichte. Berlin: de Gruyter, Bd. V, 397-574.

Filipp, S.H. (Hrsg.) (1981), *Kritische Lebensereignisse*. München: Urban & Schwarzenberg

Flavell, J.H. (1979), *Kognitive Entwicklung*. Stuttgart: Klett

Fowler, J.W. (1974), Stages in Faith. The structural-developmental approach. In: Th. Hennessey (ed.), *Values and Moral Development*. New York: Paulist Press, 173-211

Fowler, J.W. (1976), *Mapping faith's structure: A developmental overview*. Harvard Divinity School, Harvard University, Cambridge, Mass.

Fowler, J.W. (1991), *Stufen des Glaubens. Die Psychologie der menschlichen Entwicklung und die Suche nach Sinn*. Gütersloh: Mohn.

Fowler, J.W. (1982), Theologie und Psychologie in der Erforschung der Glaubensentwicklung. In: *Concilium – Internationale Zeitschrift für Theologie, 18,* 444-447

Fowler, J.W. (1987), *Faith Development and Pastoral Care*. Philadelphia: Fortress Press

Fowler, J.W./Lowin, R.W. (1980), *Trajectories in Faith*. Nashville: Abingdon

Fries, H. (1981), Theologie als Anthropologie. In: K. Rahner/H. Fries (Hrsg.), *Theologie in Freiheit und Verantwortung*. München: Kösel, 30-70

Fuchs, G. (1982), Roter Faden Theologie – eine Skizze zur Orientierung. In: *Katechetische Blätter, 107,* 165-180

Gilligan, C. (1977), In a different voice: Women's conception of self and of morality. In: *Harvard Educational Review, 47,* 481-517

Gilligan, C. (1982), Gibt es eine weibliche Moral? (Interview). In: *Psychologie heute, 9 (10),* 21-27, 34

Ginters, R. (1978), *Relativismus in der Ethik*. Düsseldorf: Patmos

Gmünder, P. (1979), Entwicklung als Ziel der religiösen Erziehung. In: *Katechetische Blätter, 104,* 629-634

Goldman, R. (1964), *ReligiousThinking from Childhood to Adolescence*. New York: Seabury

Greive, W. (1975), *Praxis und Theologie* München

Grimal, P. (1967), Der Mensch und der Mythos. In: P. Grimal (Hrsg.), *Mythen der Völker*. Frankfurt: Fischer, 12-27

Grom, B. (1981), *Religionspädagogische Psychologie. Kleinkind, Schüler, Jugendlicher*. Düsseldorf/Göttingen: Patmos/Vandenhoeck & Ruprecht

Gut, U. (1984), Analyse der Voraussetzungen der Stufen des moralischen und des religiösen Urteils. In: F. Oser & P. Gmünder, *Der Mensch – Stufen seiner religiösen Entwicklung* (1. Auflage) Zürich/Köln: Benzinger, 230ff.

Habermas, J. (1976), *Zur Rekonstruktion des Historischen Materialismus*. Frankfurt: Suhrkamp

Habermas, J. (1981), *Theorie des kommunikativen Handelns, 2 Bde*. Frankfurt: Suhrkamp

Hager, P. (1987), *Die religiöse Entwicklung von Johann Heinrich Pestalozzi*. Pädagogisches Institut der Universität Freiburg/Schweiz, unveröffentlichtes Manuskript

Hamann, B. (1982), *Pädagogisches Anthropologie*. Bad Heilbrunn: Klinkhardt

Hasenhüttl, G. (1979), *Kritische Dogmatik*. Graz: Styria

Hays, W.L. (1973), *Statistics for social sciences*. New York: Holt, Rinehart & Winston

Holenstein, E. (1980), *Von der Hintergehbarkeit der Sprache. Kognitive Unterlagen der Sprache*. Frankfurt: Suhrkamp

Holstein, C.B. (1978), Irreversible stepwise sequence in the development of moral judgment. A longitudinal study of males and females. In: *Child Development, 47,* 51-61

Hoffmann, J. (1979), *Moraltheologische und moralpädagogische Grundlegung, Bd.I: Moralpädagogik*. Düsseldorf: Patmos

Inhelder, B. (1978), Die Entwicklung von Zufall und Wahrscheinlichkeit bei Kindern. In: B. Inhelder/ H. Chipman (Hrsg.). *Von der Kinderwelt zur Erkenntnis der Welt.* Wiesbaden: Akademischer Verlag

Inhelder, B. (1979), Langage et connaissance dans le cadre constructiviste. In: M. Piatelli-Palmarini (Ed.), *Théorie du langage – Théorie de l'apprentissage. Le débat entre Jean Piaget et Noam Chomsky.* Paris: Edition du Seuil, 200–207

Izard, C.E. (1981), *Die Emotionen des Menschen.* Weinheim: Beltz

Jaspers, K. (1962), *Der philosophische Glaube angesichts der Offenbarung.* München: Piper

Kaufmann, F.X. (1970), Zur Rezeption soziologischer Einsichten in die Theologie. Soziologische Anmerkungen. In: F. Hausmann et al. (Hrsg.), *Kirchliche Lehre – Skepsis der Gläubigen.* Freiburg i. Br.: Herder, 101–129

Kaufmann, F.X. (1979), *Kirche begreifen. Analysen und Thesen zur gesellschaftlichen Verfassung des Christentums.* Freiburg i.Br.: Herder

Kegan, R. (1982), *The Evolving Self. Problem and Process in Human Development.* Cambridge, Mass.: Harvard University Press; dt. (1986),: *Die Entwicklungsstufen des Selbst.* München: Kindt

Keller, M.(1976), *Kognitive Entwicklung und soziale Kompetenz.* Stuttgart: Klett

Kesselring, Th. (1981), *Entwicklung und Widerspruch. Ein Vergleich zwischen Piagets genetischer Erkenntnistheorie und Hegels Dialektik.* Frankfurt: Suhrkamp

Kitchener, R.F. (1982), Holism and the organismic model in developmental psychology. In: *Human Development,* 25, 233–249

Klaghofer, R./Oser, F. (1987), Dimensionen und Erfassung des religiösen Familienklimas. In: *Unterrichtswissenschaft,* 15, 190-206

Kohlberg, L. (1971), The ethical life, the contemplative life, and ultimate religion – Notes toward stage 7. In: *Social Sciences 154.*

Kohlberg, L. (1974), *Zur kognitiven Entwicklung des Kindes.* Frankfurt: Suhrkamp

Kohlberg, L. (1974), Education, moral development and faith. In: *Journal of Moral Education,* 4, 5–16

Kohlberg, L. (1975), *Toward a stage 7 – rational science, rational ethics and ultimate faith.* Cambridge, Mass.: Internes Arbeitspapier

Kohlberg, L. (1977), Eine Neuinterpretation der Zusammenhänge zwischen der Moralentwicklung in der Kindheit und im Erwachsenenalter. In: R. Döbert/J. Habermas/G. Nunner-Winkler (Hrsg.), *Die Entwicklung des Ichs.* Köln: Kiepenheuer & Witsch, 225–252

Kohlberg, L. (1981), *The Meaning and Measurement of Moral Development.* Worcester, Mass.: Clark University Press (Heinz Werner Memorial Lecture Series, Vol. 13)

Kohlberg, L. (1981), *The Philosophy of Moral Development. Essays on Moral Development, Vol. I.* San Francisco: Harper & Row

Kohlberg, L. (1984), The Psychology of Moral Development. Essays on Moral Development, Vol. II. San Francisco: Harper & Row

Kohlberg, L./Colby, A./Gibbs, J./Power, C. (1978), *Assessing Moral Stages. A Manual.* Harvard University (hektographiert)

Kohlberg, L./Power, C. (1980), Religion, morality, and ego development. In: C. Brusselmans (ed.), *Toward Moral and Religious Maturity.* Morristown: Silver Burdett, 343–372

Kohlberg, L./Power, C. (1981), Moral development, religious thinking, and the question of a seventh stage. In: L. Kohlberg, *Essays on Moral Development, Vol. I.* San Francisco: Harper & Row, 311–372

Krappmann, L. (²1973), *Soziologische Dimensionen der Identität.* Stuttgart: Klett

Krings, H. (1979), Der Grundsatz und die Maßnahme. Anmerkungen zu einer Logik der Normenbegründung. In: W. Oelmüller (Hrsg.), *Materialien zur Normendiskussion, Bd. 3: Normen und Geschichte.* Paderborn: UTB Schöningh, 40–54

Krings, H./Simons, E. (1973), ›Gott‹. In: H. Krings/H.M. Baumgartner/Chr. Wild (Hrsg.), *Handbuch philosophischer Grundbegriffe, Bd. III.* München: Kösel, 614–641

Kubli, F. (1974), Einführung. In: J. Piaget (Hrsg.), *Abriß der genetischen Epistemologie.* Olten: Walter, 7–22

Kuhn, D./Langer, J./Kohlberg, L./Haan, N. (1977), The development of formal operations in logical and moral judgment. In: *Genetic Psychology Monography, 95,* 97-188
Kürthy, T. (1978), Geschlechtsspezifische Sozialisation, Paderborn: Schöningh
Levine, C.G. (1979), The form-content distinction in moral development research. In: *Human Development, 22,* 225-234
Lienert, A.G. (1973), *Verteilungsfreie Methoden der Biostatistik, Bd. I.* Meisenheim: Hein
Lübbe, H. (1979), Vollendung der Säkularisierung – Ende der Religion? In: S. Moser/E. Pillick (Hrsg.), *Gottesbilder heute. Zur Gottesproblematik in der säkularisierten Gesellschaft der Gegenwart.* Königstein: Hanstein, 11-21
Lübbe, H. (1980), Religion nach der Aufklärung. In: Ders., *Philosophie nach der Aufklärung. Von der Notwendigkeit pragmatischer Vernunft.* Düsseldorf: Econ, 59-86
Luhmann, N. (1977), *Funktion der Religion.* Frankfurt: Suhrkamp
Maier, F. (1978), *Intelligenz als Handlung. Der genetische Ansatz in der Erkenntnistheorie Jean Piagets.* Basel-Stuttgart: Schwab
Marcia, J.E. (1966), Development and validation of ego-identity status. In: *Journal of Personality and Social Psychology, 5,* 551-558
Mette, N. (1978), *Theorie der Praxis. Wissenschaftsgeschichtliche und methodologische Untersuchungen zur Theorie-Praxis-Problematik innerhalb der Praktischen Theologie.* Düsseldorf: Patmos
Mette, N. (1979), Religiöse Sozialisation und Entwicklung des Ich. In: G. Stachel (Hrsg.), *Sozialisation, Identitätsfindung, Glaubenserfahrung.* Zürich: Benziger, 136-147
Mette, N. (1982), *Voraussetzungen der Glaubensvermittlung – Thesen zur religiösen Sozialisation.* Arbeitspapier, Münster
Mette, N. (1983), *Voraussetzungen christlicher Elementarerziehung.* Düsseldorf: Patmos
Murray, G. (1925), *Five Stages of Greek Religion.* Oxford: Clarendon Press
Niggli, A. (1987 a), *Familie und religiöse Erziehung in unserer Zeit. Eine empirische Studie über elterliche Erziehungspraktiken und religiöse Merkmale bei Erzogenen.* Dissertation, Universität Freiburg/CH (Veröffentlichung unter dem angegebenen Titel: Bern: Lang 1988)
Niggli, A. (1987 b), Untersuchung über Zusammenhänge zwischen dem religiösen Erziehungsstil der Eltern und religiösen Entwicklungsstufen ihrer Kinder. In: *Unterrichtswissenschaft, 15,* 177-189
Nisan, M. (1984), Content and Structure in Moral Judgment. An Integrative View. In: W.M. Kurtines/J.L. Gewirtz (Hrsg.), *Morality, Moral Behavior and Moral Development.* New York: Wiley, 208-224
Noam, G./Kegan, R. (1982), Soziale Kognition und Psychodynamik: Auf dem Weg zu einer klinischen Entwicklungspsychologie. In: W. Edelstein/M. Keller (Hrsg.), *Perspektivität und Interpretation. Beiträge zur Entwicklung des sozialen Verstehens.* Frankfurt: Suhrkamp
Oevermann, U./Allert, T./Konau, E./Krambeck, J. (1979), Die Methodologie einer objektiven Hermeneutik und ihre allgemeine forschungslogische Bedeutung in den Sozialwissenschaften. In: H.G. Soeffner (Hrsg.), *Interpretative Verfahren in den Sozial- und Textwissenschaften.* Stuttgart: Metzler, 352-433
Oser, F. (1979), Zur Entwicklung kognitiver Stufen des religiösen Urteils. In: G. Stachel (Hrsg.), *Sozialisation, Identitätsfindung, Glaubenserfahrung.* Zürich: Benziger, 221-249
Oser, F. (1981), *Moralisches Urteil in Gruppen. Soziales Handeln, Verteilungsgerechtigkeit. Stufen der interaktiven Entwicklung und ihre erzieherische Stimulation.* Frankfurt: Suhrkamp
Oser, F. (1987), Grundformen biblischen Lernens. In: A. Stock/E. Paul (Hrsg.), *Glauben ermöglichen. Festschrift für Günter Stachel.* Mainz: Grünewald, 213-246
Oser, F. (1988 a), *Wieviel Religion braucht der Mensch? Studien zur Entwicklung und Förderung religiöser Autonomie.* Gütersloh: Mohn
Oser, F. (1988 b), Genese und Logik des religiösen Bewußtseins. Eine Entgegnung an meine Kritiker. In: K.E. Nipkow/F. Schweitzer/J.W. Fowler (Hrsg.), *Glaubensentwicklung und Erziehung.* Gütersloh: Mohn

Oser, F./Althof, W./Berkowitz, M. W. (1986), Lo sviluppo della logica argomentativa nei dialoghi fra pari. In: *Età Evolutiva, 24,* 76-85

Oser, F./Althof, W./Bucher, A. (1986), *Wisdom and religious maturity.* Paper presented at the Second European Conference on Developmental Psychology, Rom

Oser, F./Gmünder, P. (1984), *Der Mensch – Stufen seiner religiösen Entwicklung.* Zürich, Köln: Benziger (1. Auflage)

Oser, F./Patry, J.L. (1985), *Interventionsstudien für sozial-kognitive Kompetenz. Beispiele und theoretische Überlegungen zur Treatment-Validität.* Freiburg/Schweiz: Berichte zur Erziehungswissenschaft des Pädagogischen Instituts, 50

Oser, F./Reich, K.H. (1986), *Zur Entwicklung von Denken in Komplementarität.* Freiburg/Schweiz: Berichte zur Erziehungswissenschaft des Pädagogischen Instituts, 53

Oser, F./Reich, K.H. (1987), *Moral judgment, religious judgment, world views: Which relationship?* Berichte zur Erziehungswissenschaft aus dem Pädagogischen Institut der Universität Freiburg/Ch, Nr. 61

Pannenberg, W. (1972), Anthropologie und Gottesfrage. In: Ders., *Gottesgedanke und menschliche Freiheit.* Göttingen: Vandenhoeck, 9–29

Pannenberg, W. (1973), *Wissenschaftstheorie und Theologie.* Frankfurt: Suhrkamp

Pannenberg, W. (1980), Macht der Mensch die Religion oder macht die Religion den Menschen? In: T. Rendtorff (Hrsg.) *Religion als Problem der Aufklärung. Eine Bilanz aus der religionstheoretischen Forschung.* Göttingen: Vandenhoeck & Ruprecht

Pannenberg, W. (1983), *Anthropologie in theologischer Perspektive.* Göttingen: Vandenhoeck

Parsons, T. (1977), Der Stellenwert des Identitätsbegriffes in der allgemeinen Handlungstheorie. In: R. Döbert/J. Habermas/G. Nunner-Winkler (Hrsg.), *Entwicklung des Ichs.* Köln: Kiepenheuer & Witsch, 68–89

Peukert, H. (1976), *Wissenschaftstheorie – Handlungstheorie – Fundamentale Theologie. Analysen zu Ansatz und Status theologischer Theoriebildung.* Düsseldorf: Patmos

Peukert, H. (1981), Was ist eine praktische Wissenschaft? Handlungstheorie als Basistheorie der Humanwissenschaften: Anfragen an die Praktische Theologie. In: Christen für den Sozialismus – Gruppe Münster (Hrsg.), *Zur Rettung des Feuers. Solidaritätsschrift für Kuno Füssel,* Münster, 280–296

Peukert, H. (1982), Kontingenzerfahrung und Identitätsfindung. Bemerkungen zu einer Theorie der Religion und zur Analytik religiös dimensionierter Lernprozesse. In: J. Blank & G. Hasenhüttl (Hrsg.), *Erfahrung, Glaube, Moral.* Düsseldorf: Patmos, 76-103

Peukert, U. (1979), *Interaktive Kompetenz und Identität. Zum Vorrang sozialen Lernens im Vorschulalter.* Düsseldorf: Patmos

Piaget, J. (1926), *La causalité physique chez l'enfant.* Paris: P.U.F.

Piaget, J. (1947), *The psychology of intelligence.* London: Routledge

Piaget, J. (1972), *Problèmes de psychologie génétique.* Paris: Méditations

Piaget, J. (1973), *Der Strukturalismus.* Olten/Freiburg i. Br.: Walter

Piaget, J. (1973a), *Einführung in die genetische Erkenntnistheorie.* Frankfurt: Suhrkamp

Piaget, J. (1974), *Die Bildung des Zeitbegriffs beim Kinde.* Frankfurt: Suhrkamp

Piaget, J. (1977), *Epistémologie génétique et équilibration. Hommage à Jean Piaget.* (Réd. B. Inhelder/R. Garcia/J. Vonèche). Neuchâtel: Delachaux & Nestlé

Piaget, J. (1978), *Das Weltbild des Kindes.* Stuttgart: Klett (französisch 1926)

Piaget, J. (^{3}1979), *Das moralische Urteil beim Kinde.* Frankfurt: Suhrkamp (französisch 1932)

Portele, G. (1977), Moralisches Urteilen bei Wissenschaftlern verschiedener Disziplinen. In: L.H. Ekkensberger (Hrsg.), *Entwicklung des Moralischen Urteilens – Theorie, Methode, Praxis.* Bericht über einen Workshop an der Universität des Saarlandes vom 2.–5.10.1977

Pröpper, Th. (1976), *Der Jesus der Philosophen und der Jesus des Glaubens.* Mainz: Grünewald

Radding, Ch.M. (1978), Evolution of Medieval Mentalities: A Cognitive–Structural Approach. In: *American Historical Review, 83*, 577–597

Rahner, K. (²1957), *Geist in Welt*. München: Kösel

Raske, M. (1981), Glaubenserfahrung – Gesellschaftskritik. Schöpferische Aneignung. Drei Fragen zur Didaktik der Korrelation. In: *Katechetische Blätter, 106*, 346–350

Rendtorff, T. (1980), Religion nach der Aufklärung. Argumentationen für eine Neubestimmung des Religionsbegriffs. In: Ders. (Hrsg.), *Religion als Problem der Aufklärung. Eine Bilanz aus der religionstheoretischen Forschung*. Göttingen: Vandenhoeck & Ruprecht, 185–202

Rössler, D. (1976), *Die Vernunft der Religion*. München: Piper

Rohrmoser, G. (1980), Politik und Religion am Ende der Aufklärung. In: T. Rendtorff (Hrsg.), *Religion als Problem der Aufklärung. Eine Bilanz aus der religionstheoretischen Forschung*. Göttingen: Vandenhoeck & Ruprecht, 202–220

Rosenberg, R. (1977), *Die Entwicklung des Gebetsbegriffs bei jüdischen Kindern in Israel*. Jerusalem (Arbeitspapier)

Sauter, G. (1980), Sinn und Wahrheit. Die Sinnfrage in religionstheoretischer und theologischer Sicht. In: T. Rendtorff (Hrsg.), *Religion als Problem der Aufklärung. Eine Bilanz aus der religionstheoretischen Forschung*. Göttingen: Vandenhoeck & Ruprecht, 69–107

Schaie, K.W. (1979), Methodische Probleme bei der deskriptiven entwicklungspsychologischen Untersuchung des Erwachsenen- und Greisenalters. In: P.B. Baltes /L.H. Eckensberger (Hrsg.), *Entwicklungspsychologie der Lebensspanne*. Stuttgart: Klett, 179–208

Schelling, F.W. (1954), Philosophie der Offenbarung. In: *WW 6. Ergänzungsband* (ed. M. Schröter). München

Schibilsky, M. (1978), Konstitutionsbedingungen religiöser Kompetenz. In: W. Fischer/W. Marhold (Hrsg.), *Religionssoziologie als Wissenssoziologie*. Stuttgart: Kohlhammer, 73–101

Schildknecht, M. (1984), *Entwicklung von Argumentationsstrategien in moralischen und religiösen Diskussionen*, Freiburg/Schweiz: Unveröffentlichte Lizentiatsarbeit

Schillebeeckx, E. (1971), *Glaubensinterpretation. Beiträge zu einer hermeneutischen und kritischen Theologie*. Mainz: Grünewald

Schoonenberg, P. (1977), Auf Gott hindenken. In: *Theologie der Gegenwart, 20*, 193–243

Schröer, H. (1974), Forschungsmethoden in der Praktischen Theologie. In: F. Klostermann/R. Zerfass (Hrsg.), *Praktische Theologie heute*. München, Mainz: Kaiser/Grünewald, 206-224

Schulz, W. (1974), *Der Gott der neuzeitlichen Metaphysik*. Pfulingen: Neske

Schupp, F. (1975), *Vermittlung im Fragment. Überlegungen zur Christologie*. Innsbruck (hrsg. von der Fakultätsvertretung der Hochschülerschaft an der Theologischen Fakultät der Universität Innsbruck)

Schütz, A. (²1984), *Der sinnhafte Aufbau der sozialen Welt*. Frankfurt: Suhrkamp

Seckler, M. (1977), Theologie, Religionsphilosophie, Religionswissenschaft. Versuch einer Abgrenzung. In: *Theologische Quartalschrift, 157*, 163–176

Seiler, T.B. (1973), Die Bereichsspezifität formaler Denkstrukturen. Konsequenzen für den pädagogischen Prozeß. In: K. Frey/R. Lang (Hrsg.), *Kognitionspsychologie und naturwissenschaftlicher Unterricht*. Bern: Huber, 249–285

Selman, R.L. (1973), *A structural analysis of the ability to take another's perspective: stages in the development of role-taking ability*. Paper presented to the Society for Research in Child Development, Philadelphia

Selman, R.L. (1974), *The development of conceptions of interpersonal reasoning based on levels of social perspective taking*. Cambridge, Mass.: Harvard University (Judge Baker Social Reasoning Project). Unveröffentlichtes Manuskript

Selman, R.L. (1975), *The relation of social perspective-taking to moral development. Analytic and empirical approach*. Harvard Graduate School of Education

Selman, R.L. (1976), Toward a structural analysis of developing interpersonal relations concepts: Research with normal and disturbed preadolescent boys. In: A. Pick (Hrsg.), *Minnesota Symposia on Child Psychology, Vol. 10*. Minneapolis, Minnesota: University of Minnesota Press, 156–200

Selman, R.L. (1980), *The growth of interpersonal understanding*. New York: Academic Press (dt.: Die Entwicklung des sozialen Verstehens. Entwicklungspsychologische und klinische Untersuchungen. Frankfurt: Suhrkamp 1984)

Siegel, S. (1976), *Nichtparametrische statistische Methoden*. Frankfurt: Fachbuchhandlung für Psychologie

Simons, E. (1974), Transzendenz. In: H. Krings/H.M. Baumgartner/Chr. Wild (Hrsg.), *Handbuch philosophischer Grundbegriffe, Bd. 6*. München: Kösel, 1540–1556

Singe, G. (1982), *Zur Ontogenese religiösen Bewußtseins. Entwicklung kognitiver Stufen des religiösen Urteils als Element einer religiösen Sozialisationstheorie im Hinblick auf die Praxis der Christen*. Unveröffentliche Diplomarbeit, Bonn

Spaemann, R. (1973), Die Frage nach der Bedeutung des Wortes Gott. In: J. Kopperschmidt (Hrsg.), *Der fragliche Gott*. Düsseldorf: Patmos, 45–66

Spaemann, R. (^{2}1975), Gesichtspunkte der Philosophie. In: H.J. Schultz (Hrsg.), *Wer ist das eigentlich – Gott?* Frankfurt: Suhrkamp, 56–66

Swanson, G.E. (1960), The Birth of the God. The origin of primitive beliefs. Ann Arbor: University of Michigan Press

Tillich, P. (1980), Die verlorene Dimension. In: M. Baumotte (Hrsg.), *Die Zweideutigkeit des Lebens. Bd. 2*. Gütersloh: Gerd Mohn, 7–14 (Erstausgabe: 1958)

Trautner, H.M. (1978), *Lehrbuch der Entwicklungspsychologie, Bd. I*. Göttingen: Hogrefe

Turiel, E. (1971), *The Development of Concepts of Social Structure: Social Conventions*. Arbeitspapier, Berkeley

Turiel, E. (1978), Distinct conceptual and developmental domains: Social convention and morality. In: C.B. Keasey (Hrsg.), *Nebraska Symposion on Motivation 1977*. Lincoln, Nebr.: University of Nebraska Press, 77–116

Turiel, E./Davidson, P. (1986), Heterogeneity, inconsistency, and asynchrony in the development of cognitive structures. In: I. Levin (Hrsg.), *Stage and Structure. Reopening the Debate*. Norwood, N.J.: Ablex 106-143

Van der Ven, J.A. (1984), Unterwegs zu einer empirischen Theologie. In O. Fuchs (Hrsg.), *Theologie und Handeln. Beiträge zur Fundierung der Praktischen Theologie als Handlungstheorie*. Düsseldorf: Patmos, 102–128

Vergote, A. (1980), Neue Perspektiven in den Religionswissenschaften. In: T. Rendtorff (Hrsg.), *Religion als Problem der Aufklärung. Eine Bilanz aus der religionstheoretischen Forschung*. Göttingen: Vandenhoeck & Ruprecht, 36–52

Vinh-Bang, N. (1978), Die klinische Methode und die Forschung in der Kinderpsychologie. In: B. Inhelder/H. Chipman (Hrsg.), *Von der Kinderwelt zur Erkenntnis der Welt*. Wiesbaden: Akademischer Verlag

Waardenburg, J. (1980), Religion unter dem Gesichtspunkt der religiösen Erscheinungen. In: T. Rendtorff (Hrsg.), *Religion als Problem der Aufklärung. Eine Bilanz aus der religionstheoretischen Forschung*. Göttingen: Vandenhoeck & Ruprecht, 13–36

Wechsler, D. (1956), *Die Messung der Intelligenz Erwachsener*. Bern: Huber

Weitz, S. (1977), *Sex roles*. New York

Zilleßen, D. (1982), *Emanzipation und Religion*. Frankfurt: Diesterweg